中世奥羽の世界

新装版

大石直正
入間田宣夫
遠藤　巌
伊藤喜良
小林清治
藤木久志

吉川弘文館

目　次

大石直正

中世の黎明

鎌倉幕府と奥羽両国　入間田宣夫

南北朝内乱の中で　遠藤巌

国人の連合と角逐の時代　伊藤喜良

中世の黎明

大石直正

一　安倍氏以前

奥羽の平安時代史をどうみるか

かつて太平洋戦争以前には、東北地方の古代史は古代律令国家による蝦夷の征服、拓殖の過程、まつろわぬ民蝦夷の服属の過程としてだけ画かれていた。われわれがこれから問題にしようとする中世の成立期、平安時代中期以後の歴史も当然その延長上に位置づけられる。十一世紀後半の前九年・後三年の合戦は蝦夷征伐の延長、源頼朝の奥州遠征、平泉藤原氏の滅亡は最後の蝦夷征伐ということになる。このような歴史の見方は、近代日本の膨張政策・植民地政策と深くかかわりあって主張されていたものである。

戦後の研究はそれに対する反省から、蝦夷社会の内部に目を向け、その独自の発展の過程を追究するようになった。そこでは、十一・十二世紀の安倍氏・清原氏・藤原氏などは、八・九世紀に律令国家の支配に抵抗した蝦夷の族長、伊治公呰麻呂《いじのきみあさまろ》や大墓公阿弖流為《たものきみあてるい》などの発展したものとしてとらえられる。これらの族長は律令国家の征服に抵抗して、蝦夷自らの政治的社会を作り出す可能性をひらいた人びとであり、安倍・清原・藤原氏はそれを現実のものとしたのである。そして安倍氏よりは清原氏、清原氏よりは藤原氏が、その支配領域の上でも権力組織の上でも、より整ったものとなり、藤原氏の段階にいたれば、それは一個の政治権力、すなわち「平泉政権」とよびうるものにまで成長した、といわれるのである。

このような見方を代表するものが、高橋富雄の一連の蝦夷、平泉藤原氏の研究であり、通説的位置をもつものといえる。征服されるものの側から歴史をみようとするこの観点は、被支配者の側から歴史をみる立場に通じる。その意味でこの観点は今後とも継承、発展させられねばならない。だが安倍氏も清原氏も藤原氏も、支配者階級に属するものである。この点を忘却して、もっぱら中央との対抗にだけ目を奪われ、その奥羽支配を美化し、讃美することにとどまるならば、それは被支配者の側から歴史をみることにはならないであろう。

これに対して遠藤巌は、高橋に代表されるこれまでの平泉藤原氏研究を「奥羽独立国家論」であるとして批判し、平泉藤原氏の権力を院政期の国家の支配機構の一部分として理解しようとしている（「中世国家の東夷成敗権について」）。遠藤の主張するところは、平泉藤原氏の権力は、院政期の国家によって東北地方の北部から北海道にかけて住むところの蝦夷の支配を委ねられた、いわば国家の機関であるというにある。当然平泉藤原氏の権力は、蝦夷社会の内側からその自生的な発展の結果として生み出された、などというものではない、ということになる。ここでは平泉藤原氏と中央の国家との対抗関係よりは、藤原氏とその支配下の人民との間の対抗関係の方が重要なものと、考えられるようになる。

私もまたこの観点を受けついでいきたいと思う。だが蝦夷社会の内側からの発展なしには、国家の支配機構の改編もありえない。院政時代に国家が平泉藤原氏をその支配機構の一部に取りこまざるをえなかったのは、それまでの支配機構では蝦夷の支配が行なえなくなったからなのであって、それは蝦夷社会の独自の発展の結果なのであると思う。したがって問題は右の二つの観点のいずれをとるかにあるのではなく、どう止揚するかにある。私は被支配者人民の立場に立って、この二つの見方を止揚すること、それが今後の研究にとって必要なことであると思う。なお高橋富雄の研究は、その著作も多く、論点も多岐にわたっている。本書ではいちいち名前を挙げることはできなかったが、その研究成果に負っている点はきわめて多い。とくにその編纂になる『奥州藤原史料』の恩恵ははかりしれないものがある。巻末の参考文献目録によって、是非、高橋自身の著作を参照していただきたい。

奥六郡の成立

前九年合戦の当事者安倍氏のことからはなしをはじめたい。前九年合戦とは、いうまでもなく永承六年（一〇五一）から康平五年（一〇六二）までの一二年間、奥羽の地を覆った戦乱で、古くは「十二年合戦」といわれたものである。その乱の経過を今日に伝えている陸奥話記は、その冒頭を、「六箇郡之司安倍の頼良という者あり。是は同忠良の子也。父祖忠頼東夷の酋長となり。威風大いに振い、村落みな服す。六郡を横行し、人民を劫略し、子孫もっとも滋蔓す」という言葉ではじめている。安倍氏の奥州支配者としての由来を述べたほとんど唯一の史料であるが、周囲の関連史料から考えて、ほぼ信用しうるものとみられている。

まず安倍氏は「六箇郡之司」といわれているが、この六箇郡というのが、胆沢・江刺・和賀・稗貫・斯波・岩手のいわゆる奥六郡をさすものであることは、これまでもいわれてきた如くである。

「六箇郡之司」というのは、いちおうその六郡の郡司という意味である。この奥六郡は平泉藤原氏とも特別な関係をもっている。吾妻鏡では、三代藤原秀衡は源頼朝から「御館《みたち》は奥六郡の主」と呼びかけられているし、初代藤原清衡は継父清原武貞からこの六郡を伝領したものと伝えている。つまりこの奥六郡は安倍氏から前九年合戦を間にはさんで清原氏へ、さらに後三年合戦を間にはさんで藤原氏へと伝えられているのである。その藤原清衡が天治三年（一一二六）三月の中尊寺供養願文で、自らを「東夷之遠酋」「俘囚《ふしゅう》之上頭」といっていることは、あまりにも有名である。三代秀衡の段階においても、藤原氏は京都の貴族から「夷狄《いてき》」あるいは「俘囚」といわれていた。「奥六郡の司」という地位と、「東夷の酋長」という地位とは、二つながら安倍・清原・藤原と辺境の政治権力の間で受けつがれていったものだったのである。

それでは安倍氏がこの二つの地位を合わせ持つようになるのはいつごろからのことで、それはどんな意味をもつことなのだろうか。陸奥話記の冒頭の「父祖忠頼」が頼良の祖父のことだとすれば、それはほぼ十世紀末のころということになろう。直接的な推測の根拠はこれくらいしかないが、間接的には奥六郡の郡としての成立の時期から考えていく方法がある。東北地方の北部には、平安時代に入ってからもいくつかの新しい郡が建置されている。郡を建てるということは、そこに郡司が置かれ、人民がまがりなりにも調庸の民として編戸されていること、つまりそこには律令国家の内国なみの支配が及んでいることを意味する。まったくの蝦夷地には郡の設置はないのである。

奥六郡のうち胆沢・江刺の二郡は、十世紀初頭の延喜式にもみえて、九世紀中には成立していたことが確かである。また延喜式にはみえないが、和賀・稗貫・斯波の三郡は弘仁二年（八一一）に成立していることが正史の記事にあって、この範囲まではかなり早いうちに郡ができていたことが確かである。問題は最北部の岩手郡であるが、正史にも延喜式・倭名抄にも記載がないことから考えて、その成立が十世紀にかかることは間違いない。高橋富雄は岩手郡玉山村東楽寺の十一面観音像などの仏像の製作時期から推定して、岩手建郡は十世紀中ごろを下らないころと述べている（『胆沢城』）。以上確かな根拠はあまりないが、安倍氏の「奥六郡の司」という地位は、古くみても十世紀中ごろをさかのぼることはありえない。私としては、今のところ後述する貢馬の制のはじまりや、軍制の変化の時期なども考慮して、十世紀の後半というのがその時期ではあるまいかと推定している。

岩手郡以南の五郡は、九世紀における坂上田村麻呂・文室綿麻呂《ふんやのわたまろ》らの蝦夷経営、軍事行動の結果、建置されたものである。胆沢城の鎮守府、斯波城、徳丹城などがこれと並んで建設された。この五郡は鎮守府の軍政下に置かれ、そこには征服された蝦夷すなわち俘囚が定住せしめられたものという。それから一世紀以上を経た十世紀の後半に、その北に新たに岩手郡が建置され、これまでの五郡と一括して奥六郡といわれるまとまりが生まれ、その郡司に「東夷の酋長」安倍氏が起用されたのである。そこには九世紀以来の単なる延長ではない、蝦夷問題の新たな段階が見通されるのである。

九・十世紀の蝦夷叛乱

九世紀末から十世紀にかけて、奥羽の北部では大小とりまぜていくつかの蝦夷・俘囚の叛乱が記録されている。貞観十七年（八七五）十一月の渡島の荒狄《あらえびす》の叛乱、元慶二年（八七八）の元慶の乱といわれる出羽の蝦夷の大規模な叛乱、寛平五年（八九三）の出羽の奥地の俘囚と渡島の狄《てき》との間の戦闘、天慶二年（九三九）の出羽の俘囚の大規模な叛乱、天暦元年（九四七）の陸奥国の狄坂丸なるものの一党による鎮守府の使者の殺害事件、などが記録されたものである。さらに元慶六年四月には蝦夷叛乱に備えて、陸奥国から出羽国に派兵が行なわれており、延喜三年（九〇三）には陸奥・出羽両国から飛駅使《ひえきし》が発せられている事実がある。いずれも出羽国の蝦夷あるいは俘囚の叛乱にかかわるものと考えられている。記録された限りではほとんどが出羽国関係であるが、延喜十四年の三善清行の意見十二条では、「陸奥・出羽両国ややもすれば蝦夷の乱有り」と述べられていて、不穏な形勢は両国共通のものであったと思われる。

こうした蝦夷叛乱の記録は、右の天暦元年をもって終り、以後十一世紀後半の前九年合戦まで、それは見られなくなる。この事実と安倍氏の「奥六郡の司」「東夷の酋長」としての登場は、時期的にも関連しあう。両者の間には何らかの内的関連があるのではなかろうか。結論を先にいえば、私は安倍氏は右のような蝦夷反乱に対処するために、十世紀の王朝国家によって登用されたものであり、「東夷の酋長」というのは、遠藤巌が平泉藤原氏について考えたような国家の機関であったと考える。「威風大いに振い、村落みな服す」といわれた安倍氏の威勢は、蝦夷社会の階級分化の中から生み出されたというよりは、王朝国家の蝦夷支配の要請に基づいて、上から取り立てられた、という側面が強いのではないかと。

蝦夷と交易と叛乱と

延喜元年（九〇一）九月、菅原道真は任中に死んだ陸奥守藤原滋実《しげざね》を悼んで、五言四十韻からなる詩を詠じた。滋実の死の遠因となったと目される蝦夷との交易の困難さや、国司その他の官吏の腐敗ぶりが痛烈に攻撃されているのであるが、ここではとくに「古《いにしえ》より夷《えびす》の変、交関に不軌を成すなり」、蝦夷の叛乱は交易上の紛争がもとになって起こっている、と述べられているところが注目される。道真によれば、人びとが陸奥国に対して求めるのは金・重裘《ちょうきゅう》（皮衣）・鷹・馬などであるが、それらはみな辺鄙《へんぴ》において夷民との交易によって得るものである。ところが辺鄙の風俗はあらあらしく、夷民の性はみな狼の如きものであって、交易はなかなかうまくいかない。昔から夷民の変はこの交易上の紛争がもとになって起こっている。だが「邂逅《たまさか》に事無きときに当りては、贏《かが》を兼《ま》すこと、意の指すが如し」、うまくいきさえすれば、もうかることこの上もない、ところがこの時代の国司の僚属は多く買官の者であって、争ってその利を求めるため、官長すなわち国守との対立が絶えない、というのである。

貴族の立場からではあるが、蝦夷との交易、国司部内の対立、蝦夷叛乱、この三者の関係がみごとにとらえられている。蝦夷との交易の利を求めていたのは国司だけではない。すでに延暦六年（七八七）陸奥国で王臣百姓が綿・冑鉄《ちゅうてつ》などを売って狄馬・俘奴婢を買い求めることが禁じられ、弘仁六年（八一五）には、「権貴之使、豪富之民」が争って往来して蝦夷の馬を求めるため、馬のあたいが騰貴し、兵馬が得がたくなっている、という事実が指摘され、それが禁制の対象とされている。また出羽方面では、延暦二十一年に王臣諸家が渡島の狄から争って好皮を求めるため、狄が貢物とするところの雑皮が粗悪なものになってしまうことが指摘されている。九・十世紀の奥羽の北辺では、意外に活発な商業活動が蝦夷との間に展開していたのである。

だがその商業活動は相手が蝦夷であることを利用したもので、蝦夷社会には破壊的な影響を与えるものであった。三善清行の手になる藤原保則伝は、この点をはっきりと指摘し、それが元慶の乱の因をなしていることを述べている。権門のものが年来善馬・良鷹を求めて雲の如くにあつまってくる。これに対して辺民は愚朴であって、安い値で求めに随うだけである。ために民衆はみな貧窮となり、奸猾の輩だけが富むことになる、というのである。これによって蝦夷社会の階層分化は破壊的な形で進行せしめられたであろう。だが一方商業活動の展開は蝦夷社会とその外側との接触を拡大し、内民との間の新しい交流を可能にする。前にふれた延暦六年の禁令などは、そのような王臣百姓と蝦夷との新しい交流を示すものであるかもしれない。このことは蝦夷の閉鎖的社会を前提とした掠奪的交易を困難にするものであった。菅原道真の詩は、それを貴族の側からいったものであると思う。そして九・十世紀の蝦夷叛乱は、このような交易活動のもたらすさまざまな矛盾が爆発したものであり、「六箇郡之司」「東夷の酋長」安倍氏の登場は、それに対する王朝国家側の対応であった。

奥羽両国を通して、このころ問題になっている蝦夷との交易品目は、金・毛皮・馬・鷹などであるが、中でも馬に言及したものが多く、これが交易品目の中心であったものと思われる。この馬については、貢金と並ぶ陸奥国の貢馬の制が有名であり、平安時代の末には平泉藤原氏がその責任者とされていた。この貢馬の制は延喜式などにはみえず、律令時代にはなかった制度であって、十世紀の後半にはじめて史料に現われる。そしてそれ以後恒例化して、年間二〇疋と定められ、陸奥国司の責任において貢納されている。記録には「陸奥貢馬」あるいは「陸奥交易馬」と書かれていて、国の正税によって交易入手して、貢納されたものであったことがうかがわれる。この制度は、高橋富雄の研究によって、東国の勅旨牧の制が衰退したことに応じてはじめられたものであることが明らかにされていて（「古代東国の貢馬に関する研究」、『歴史』一七）、その点から考えても十世紀後半に入ってからはじめられたものであることは確かであるが、陸奥国でこれをはじめるためには、何らかの形で国内の馬の交易体制が整えられていることが必要であったろう。それは当然蝦夷との交易である。十世紀後半はこの面からみても、蝦夷支配の体制に変化があった時期であると考えられ、安倍氏がここに登場するのは、単なる偶然とは考えられないのである。

二　前九年・後三年合戦の意義

六箇郡の司、東夷の酋長

今昔物語集の巻三十一に、「陸奥国の安倍頼時胡国に行きて空しく返ること」と題された説話がある。陸奥国の奥に「夷《えぞ》」というものがいて、朝廷に叛乱をおこそうとしたので、陸奥守源頼義がこれを攻めようとした。そのとき安倍頼時はその「夷」に同心しているのではないかと疑われ、頼義の攻撃を受けることになった。とても勝ち目はないと思った頼時は、「此の奥の方より海の北に幽《かすか》に見渡される地」があるので、一族をあげてそこへ逃げようと考えて船出をした。ところがそこは胡国というところで、とても人の住めるようなところではなかったので、空しく帰ってきた、というのである。前九年合戦で捕えられて筑紫に流された安倍宗任（頼時の子）が人に語ったという話である。

いろいろの点で興味深い話である。陸奥《みちのく》のさらに奥に「夷」がいて、そしてそのさらに北の海の彼方に胡国があり、安倍氏は「夷」と深い関係にはあるが、「夷」そのものではない、とされていること、前九年合戦が「夷」の叛乱にはじまるとされていること、などがとくに興味をひかれる。胡国というのはほぼ北海道のことであろう。安倍氏の根拠地は奥六郡である。そのさらに奥、すなわち北海道と奥六郡の間に「夷」の地があるということになろうか。

事実、奥六郡設置以後、陸奥国北部はこのように編成されていた。奥六郡の北および東は、中世では糠部《ぬかのぶ》・閉伊《へい》・久慈《くじ》の三郡からなっており、その西は鹿角《かづの》・比内《ひない》の二郡、さらにその北の津軽地方は津軽平賀・津軽山辺・津軽鼻和・津軽田舎の四郡と、郡相当単位としての外浜・西浜からなっている。だがこれらの郡が成立するのは早くても十二世紀はじめである。それまではこの岩手県東北部に青森県の全域、秋田県の一部を含む広大な地域は、全部蝦夷の村として把握されていたのである。たとえば延久二年（一〇七〇）陸奥守源頼俊は衣曾別嶋の荒夷《あらえびす》と閉伊七村の山徒を討ち随えたという。衣曾別嶋というのはどこか分からないが、閉伊七村というのは後の閉伊郡、奥六郡の東北にあたる。それが十一世紀末になっても郡とは把握されずに、蝦夷の村としてとらえられていたのである。また陸奥話記には、源頼義が鉇屋《かなや》・仁土呂志《にとろし》・宇曾利《うそり》三郡の蝦夷をそそのかして、安倍頼時に叛乱をおこさせた、というはなしが載せられている。鉇屋・仁土呂志というのはどこか不明であるが、宇曾利は下北地方のことである。中世の糠部郡の一部にあたる。三郡とも糠部郡のあたりと考えて大過ないであろう。そしてこれは郡とはいわれていても、中世の郡とはつながらないもので、名前からいってもその実体は蝦夷の村であった。

古代においては蝦夷社会の政治的まとまりは村として把握されていて、それが事実上郡に相当する広がりをもっていても、やはり村としかいわれなかった。奥六郡は俘囚の定住地で内国とは異なっているが、俘囚は服属した蝦夷であって、蝦夷そのものではない。それ故奥六郡は郡たりえたのであって、その北の蝦夷村と区別されていたのである。奥六郡を建置するということは、国家の側からみてそこまでしか郡の建置が及びえなかったという消極的意味をもつだけではなく、その北を蝦夷村としてはっきり区別し、その居住者をもっぱら蝦夷としてあつかおうとする積極的意味があったのである。九・十世紀の蝦夷叛乱は、前述したように蝦夷との交易、交通の新しい展開にともなう矛盾に発するものであった。奥六郡建置は王朝国家の側からそれに対応する政策として行なわれたもので、蝦夷の居住地を奥六郡の奥に限るとともに、その居住民を蝦夷という身分に固定し、奥六郡を通してそれを支配しようとするものであった。それは当然これまで以上に強化された蝦夷支配である。「奥六郡の司」「東夷の酋長」というのは、そのような王朝国家の政策を現地において執行し、蝦夷との交易を統轄するものとして、新たに置かれたものであった。そして「陸奥交易馬」の制は、このような体制のもとで「糠部の駿馬」を交易し、入手することによってはじめられたものだったと思うのである。

以上これまでもっぱら陸奥国の側から、奥六郡についてだけ述べてきたが、九・十世紀の蝦夷叛乱はむしろ出羽国にとって大きな問題を投げかけていたはずである。出羽の側は陸奥に比べてよりいっそう史料が少ないため、詳細はまったく不明であるが、出羽国で安倍氏に相当するのは、前九年合戦で決定的な役割を果たした「出羽山北《せんぽく》の俘囚主」清原氏であり、その支配下の雄勝・平鹿・山本の山北三郡が奥六郡にあたる。山北三郡がまとまって清原氏の支配下に置かれ、「出羽山北の俘囚主」清原氏が出現したのは、「奥六郡の司」「東夷の酋長」安倍氏が史上にあらわれるのと同じ十世紀後半であったと推定する。

なお出羽国には十世紀以後に新しくできた郡はなく、陸奥国のようにその北部に蝦夷村を置くことはないかの如くであるが、この時代においては、津軽地方およびその北の渡島（北海道）は出羽国の管轄下にある蝦夷村であった。それが陸奥国の管轄下に入るのは、後述するように十二世紀に入ってからであって、それはまた津軽地方に郡が置かれる時期でもあった。

前九年合戦の参加者

永承六年（一〇五一）から康平五年（一〇六二）までのいわゆる前九年合戦は、安倍頼時の陸奥国守に対する叛乱にはじまり、陸奥守源頼義・義家親子による安倍氏一族の討伐が行なわれ、出羽の清原氏がそれに協力したもの、と理解されている。陸奥話記によれば、安倍頼時の長男貞任が陸奥権守藤原説貞《あきさだ》の娘を妻に望んで断わられたのをうらんで、説貞の子光貞・元貞らの部下の人馬を殺傷した。

国守頼義はこれを怒って、貞任を処罰しようとした。これが頼時叛乱の契機であるという。だがこれは乱の契機ではあっても真の原因ではあるまい。

先に紹介した今昔物語巻三十一の「陸奥国の安倍頼時胡国に行きて空しく返ること」と題する説話は、安倍氏とは区別される「夷《えぞ》」の叛乱が先にあって、安倍氏はそれに同心しているという疑いをかけられ、源頼義に攻められたものと述べている。安倍氏の側から前九年合戦の原因を語ったものとして、これまでも注目されてきたはなしである。先に述べた如く、安倍氏は十世紀後半に蝦夷支配のための新しい体制の中で登用されたものである。したがって右の今昔物語集の説話によれば、前九年合戦は十世紀後半以来のこの蝦夷支配体制に対する蝦夷の叛乱をひとつの契機としているということになる。私も前九年合戦の背後にはたしかに蝦夷叛乱の要素があったものと思う。だがそれは単純な蝦夷叛乱ではなく、十世紀後半以来の支配体制全体の矛盾に発するものだったと思う。

その点を考えるための手がかりとして、前九年合戦の参加者を調べてみよう。この戦闘に参加しているのは、安倍氏の同族や源氏の一族だけではない。頼義・義家側の勢力は国衙、鎮守府の公的機構を通して動員したものであろうから、それが広い範囲に及ぶのは当然である。これに対して安倍氏の側はどうか。この場合も安倍以外の姓を名のるものは、陸奥話記をみるだけでも、ただちに散位《さんい》藤原経清、同重久、同経光、同正綱、同正元、同業近、同頼久、同遠久、散位平孝忠、散位物部惟正《これまさ》、金《きん》師道《もろみち》、同依方、同為行、同則行、同経永などを数えることができる。

このうち散位藤原経清は平泉の初代清衡の父である。秀郷流藤原氏の出身で、亘理権大夫経清あるいは亘理権守経清などといわれていた。陸奥話記にこの経清と並んで出てくる人物で、頼義側について殺された人に、伊具十郎平永衡というものがいる。前の陸奥守藤原登任《たかとう》の郎従として陸奥国に下向し、土着して一郡（伊具郡）を領し、安倍頼時の娘を娶って、源頼義に仕えていたものだという。高橋富雄は、藤原経清もまた同じ様な経歴の人物で、さる国守にしたがって奥州に下向し、そのまま土着したものであろうと推定している（『奥州藤原氏四代』）。したがうべき見解であろう。

十世紀から十一世紀にかけて、国守が中央の官人や武士を引きつれて任国に下向し、彼らを手足として国内の支配を行なうことは、広い範囲でみられる現象である。それらの官人や武士が土着して、国衙の在庁官人になる場合が多いということも、一般的に指摘されているところである。また散位、権大夫、権守などと称する地方の人には、国衙の在庁官人が多い。そしてさらに十世紀末、十一世紀初頭は郡司制の上でも大きな変化があった時期である。高田実の研究によれば、この時期に古代以来の伝統的な郡司の家が没落し、国衙の在庁官人出身の新しいタイプの郡司と交替する例が多くみられるという（「中世初期の国衙機構と郡司層」、『東京教育大学文学部紀要史学研究』六六）。伊具十郎平永衡や亘理権大夫藤原経清などは、右のように国守にしたがって下向し、陸奥国の在庁官人となり、伊具郡・亘理郡の郡司となって土着した武士であったと思う。散位平孝忠、散位物部惟正や経清以外の藤原姓の人びとのなかにも、同じような経歴の持主がかなりいたのではないだろうか。そしてこうした人びとが多数安倍氏の側に参戦していることは、前九年合戦が単純な俘囚安倍氏の叛乱ではなかったことを推測させる。

「つわもの」たちの対立抗争

右の人びと以外にも十世紀後半から十一世紀にかけて、奥羽を活躍の舞台としていた武士たちはかなりいたのではないかと思われる。たとえば今昔物語集巻二十五「平維茂《これもち》、藤原諸任《もろとう》をうちたること」に登場する「余五君《よごのきみ》」平維茂と「沢胯四郎《さわまた》」藤原諸任は、それぞれ鎮守府将軍平貞盛の甥、田原藤太秀郷の孫というれっきとした武士であるが、実方《さねかた》中将が陸奥守であったころというから、十世紀もごく末のころ陸奥国にならびなき「兵《つわもの》」として、私闘をくりひろげていた。今昔物語集のこの説話は、今はそれを紹介している余裕のないのが残念だが、新興の「兵」たちの実像を活写したものと評されており、十世紀末の武士の風貌を如実に伝えるものといわれている。また十一世紀初頭の寛弘三年（一〇〇六）、平八生なるものが陸奥国押領使に任じられているが、この平八生は平良兼の孫であるから、「余五君」とは父親どうしが従父兄弟という間柄になる。「門風の扇《あお》ぐところ、唯武群を抜く」といわれる生粋の「兵」の家柄であった。

実は安倍氏自身、今昔物語集などでは、「今は昔、陸奥の国に安倍の頼時と云ふ兵有けり」といわれているように、「兵」の家柄だったのである。また安倍貞任の伯父安倍為元は、散位安倍為元とか字赤村介とかいわれていた。その面では平永衡や藤原経清とかわりのない家柄だったのである。十世紀後半から十一世紀にかけての奥羽には、こうした武士たちが相ついで下向し、郡司や国衙の在庁官人などとなって土着し、先の余五君と沢胯の説話にみられるような私闘をくりひろげていた。その出身が蝦夷であるかどうかはともかくとして、実態においては、安倍氏もまたその一員だったのである。

多数の武士たちが下向、土着していた理由は、もはやいうまでもないであろう。安倍氏の登用が、九・十世紀の蝦夷叛乱に対処するための新しい支配体制の中で行なわれたものであるとすれば、武士の下向、土着はそのための軍事力増強であったと考えられる。前記平八生の押領使任命の理由は、「此の国北は蛮夷に接し、南は中国を承ける。奸犯の者、ややもすれば劫盗《こうとう》を以てす」ということであった。

戸田芳実は、中世の武士が「弓馬の士」と称せられる弓射騎兵であったことに注目して、その源流を狩猟・放牧民に求めている（「国衙軍制の形成過程」）。蝦夷は戸田の指摘の如く、代表的な狩猟・放牧民である。当然「弓馬の戦闘は、夷獠《いりょう》の生習、平民の十、其の一に敵すること能《あた》わず」といわれる如く、弓射騎兵戦に長じたものであった。それに対抗しうる軍事力は、当然すぐれた「弓馬の士」である必要があった。余五君や沢胯のような、のちのちまで語りつたえられる早い時期の勇士の活動が、奥羽の地を舞台としているのは、理由のないことではなかったのである。平安時代の奥羽の歴史は、武士発生史の上でも重要な役割を果たしていたといえる。

前九年合戦は、このような十・十一世紀の強化された蝦夷支配体制全体の矛盾に発するものであったと考えられる。蝦夷の反抗、それに土着しつつある武士たちの複雑な利害の対立が結びつき、そこへ陸奥守源頼義が介入する、といったところが、その真相だったのではなかろうか。陸奥話記は、源頼義が鉇屋・仁土呂志・宇曾利三郡の蝦夷をそそのかして蜂起させ、安倍頼時の背後をつかせようとした、というはなしを載せている。そしてそのときこれら三郡の蝦夷をひきいて蜂起したのは、安倍氏の同族安倍富忠というものだったという。陸奥話記は、この乱の鎮圧者頼義の側に立ってこの合戦の経過を記述したものである。したがってこの記述を、蝦夷の動向に安倍氏一族の分裂・対立が結びつき、そこへ頼義が介入したものとよむことは、さほど無理なことではないと思うのである。

前九年合戦のあとの後三年合戦が、武士たちの代表者である清原氏の内部分裂に陸奥守源義家が介入することによってひき起こされたものであるとは、これまでもいわれてきたことである。そのさい分裂した清原氏の一族真衡・清衡・家衡および吉彦《きみこ》秀武の背後に、それぞれ彼らにつき随った「兵」たちの動向を読みとることができるとすれば、後三年合戦も前九年合戦と本質的にはかわりのないものとなり、その延長上にとらえることが可能となるであろう。

三　中世的郡・庄・保の成立

中世的「郡」の成立

巻末「中世初期陸奥・出羽両国の郡・庄・保一覧」は、遠藤巌作成のもので、中世の古文書の断片的な記載から、地頭補任の単位などとして、現に生きて機能していたと考えられる郡・庄・保などの行政単位を復元し、図示したものである。これが中世奥羽の基本的枠組だった。中世奥羽の政治史も経済史もこの枠組の上で展開する。そしてその基本的部分は平安時代の歴史の中で形成されたものとみられる。中世奥羽の開幕を述べるにあたって、この枠組の形成過程を述べないわけにはいかない。

以下この分布図をもとにして、しばらく考えてみよう。

まず第一に注目されるのが、郡である。中世奥羽の国衙領は郡を基本として組み立てられていて、鎌倉時代の地頭職も多くは郡を単位として任命されていた。だがそれは同じく郡とはいっても、律令制下の郡とは大きく異なるものであった。その点は第一に、十世紀の延喜式や倭名抄には見られない新しい郡がかなり現われていることによっても明らかである。それは陸奥国の北部と南部に顕著であって、陸奥国でも中央部、現在の宮城県から岩手県南部にはそれがみられない。だが変化しているのはそれだけではない。分布図には表現されないが、古代においては郡の内部の単位として生きていたものと思われる倭名抄の郷は全く消滅してしまっている。中世にも郷は存在するが、それは倭名抄の郷とは別のもので、村というのと同義のものである。その意味で、陸奥の中央部のように一見古代の郡がそのまま中世に生きつづけたかにみえる場合でも、その中味は全く変っているのであって、やはり中世的郡といいうるものであった。

まず南奥、現在の福島県域からみていこう。九世紀には、この地域に白河・磐瀬・会津・耶麻・安積・信夫・菊多・磐城・標葉・行方・宇多の一一郡があったことが知られているが、これらの郡は、平安時代を通じてほぼ次表のように分裂、変化したものと推定される。

一一の郡が一二郡・二保・一四庄に変化したことになる。一二郡のうち半分の六郡が九世紀以来の名称をもつ郡で、残り六郡が新出の郡であるが、石川庄、安達庄、田村庄などははじめ郡として分出し、しかる後庄園化したものとみられるから、実際には新出の郡はもっと多いはずである。このうち

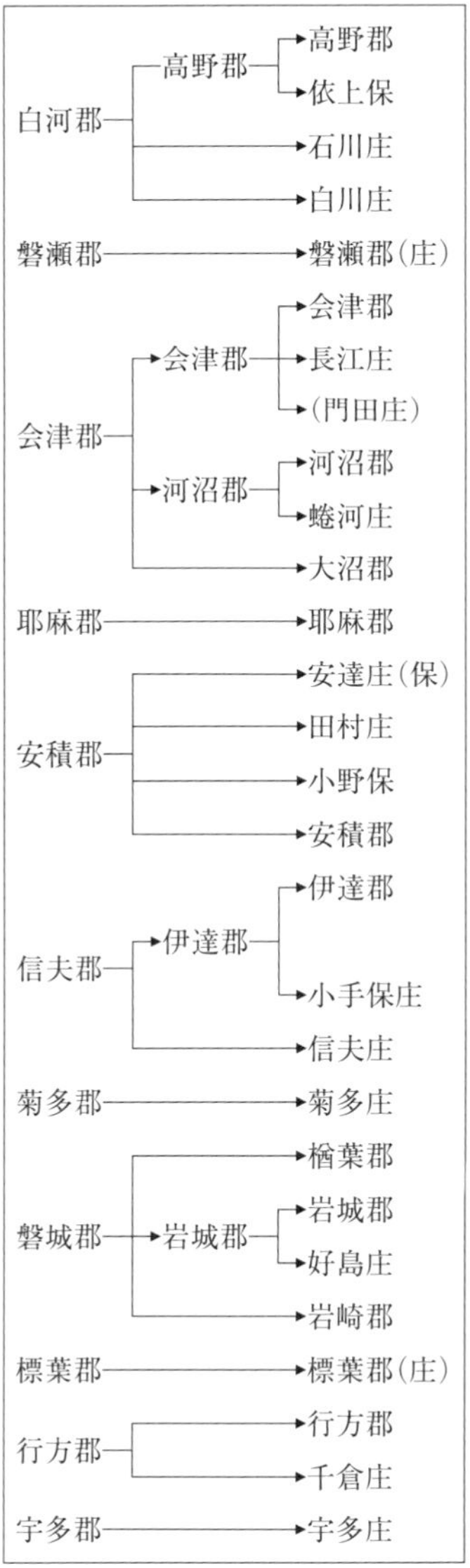

分出の時期の明らかなのは、安達郡と大沼郡だけで、それはいずれも十世紀はじめである。庄や保との関係で考えると、すべて郡の分裂後に庄・保ができたと考えるのが自然であって、その逆はひとつもない。たとえば白河郡は高野郡・石川郡・白川郡の三郡に分裂した後、高野郡から依上保が分出し、石川庄・白川庄が成立したものと推定されるのである。庄・保の成立は早くても十一世紀後半、多くは十二世紀に入ってからと考えられるが、その点からいっても、南奥の郡の分出の時期が十一世紀前半を降ることはありえない。

北奥においては奥六郡の形成がほぼ同じ時期にあたる。中世においては奥六郡のさらに奥にあたる閉伊、下北、津軽の地方にも郡が建てられていたこと、その建置の時期が十二世紀まで下ることは前述した如くである。

開発と保の形成

新しい郡の分出が南奥・福島県域の特徴であるとすれば、陸奥国の中部、宮城県から岩手県南部にかけての地域は、保の形成が顕著である。福島県域にも保はあるが（四保）、そこでは庄の成立も顕著であって、庄・保が隣接して存在する。その点は宮城県の北部から岩手県南部にかけての地域も同様である。この地域には遠野・平泉・奥玉・興田・黄海の五保が集中して存在しているが、それと並んで本吉・小泉・栗原・高鞍・大田などの庄が成立している。これに対して宮城県の中部域には、南宮庄・八幡庄などの庄があって、庄園の成立がみられないわけではないが、それらはいずれも狭小であって、他の地域の庄園とは異なっている。そしてこれにかわって、高城・苦谷・大谷・長世・深谷・小田・柳戸の七つの保が隣接して成立している。その面積も広大なものである。

保は十一世紀の後半以後、在地領主の開発を契機として成立する国衙領内の一種の私領であるといわれるが、国衙の在庁官人などが開発し、国司に申請、成立するいわゆる在庁別名とは異なって、権門や官司などがその成立に大きな役割を果たしているといわれる。たとえば陸奥国の場合でも、場所は明らかでないが、平泉藤原氏初代の清衡が比叡山延暦寺の千僧供のために保を立てて、七〇〇町の公田を押しこめ、大治二年（一一二七）に新立庄園として停廃されたという事実がある。藤原氏自身の開発によるものかどうかは明らかでないが、何らかの形の開発を前提として、そこに山門の力が加わって保が立てられたものと思う。また安達保の場合は、本領主右史生《うししょう》惟宗定兼《これむねさだかね》が仁平元年（一一五一）に国守藤原基成に申請して、太政官厨家縑《かとり》便補保に申立てたものであるという。陸奥国が太政官厨家に対して負担していた縑（上質の絹）の負担を免れるかわりに、安達保を太政官厨家の私領とすることを認めたもので、本領主惟宗定兼は陸奥の地つきの人ではないが、何らかの形でこの地の開発にかかわっていた人であろうと思われる。

高城保以下の七保は、いずれも高城川・鳴瀬川（長世川）・江合川・迫川・北上川などの氾濫原低湿地上に立地している。これは近代に至るまで、大規模な開発・再開発がくりかえされてきた地帯である。高城・大谷・長世の各保が立地しているところは、品井沼といわれる広大な沼があったところであり、その全面的な干拓はまだ記憶に新しい。また伊達騒動の導火線のひとつにもなったといわれる、谷地《やち》（低湿地）の争奪が行なわれたのは、ほぼ深谷・長世保にあたる地域である。そこを舞台として近世仙台藩の大規模な新田開発が行なわれ、それが新開地であるが故に争奪の対象になったのである。右の七保もこの低湿地上に堤防を築き、排水路を掘るなどの開発努力の上に建てられたものであった。

遠藤巌の調査によれば、この地域には長者伝説が多く分布しているという。かつて石母田正は、「辺境の長者—秋田県横手盆地の歴史地理的一考察—」という論文で、横手盆地の長者伝説を盆地内の条里制遺構に類似する地割や「——小屋」という地名の分布と関連させて分析し、それを平安時代のこの地方の豪族（在地領主）による開発伝説であると推定した。この地方の長者伝説もまた平安時代以来の在地領主による開発・再開発のくり返しの記憶を伝説化したものであろう。

なおこの宮城県域の保については、先に福島県域について示したように、律令制下の郡との関係を示すことができない。特定の保がどの郡から分出したものかが分からないのである。これはこれらの保をつくり出した開発、再開発の運動が郡の境を破壊して、かなり徹底した形で行なわれたことを物語っている。中世の奥羽では倭名抄の郷は破壊され消滅してしまったのであるが、ここでは郡も破壊されてしまっている。だが程度の差はあっても、他の地域でも活発な開発がくりかえされていたことは疑いない。倭名抄の郷はそのために破壊されたのである。

これらの七保の開発領主が誰なのかは、まったく分からない。だがそれが陸奥国衙多賀城の後背地に立地していて、それがすべて庄園化せずに国衙領内にとどまっていたことから考えれば、あるいはその開発に国衙の在庁官人および国守そのものの力が大きく加わっていたのかもしれない。またこの地域に大きな庄園が成立していないのは、国衙に比較的近く、国衙領の中心であったからに他ならないが、そのことは同時に国衙そのものが、健在であったことをも示している点を忘れてはならない。

国衙とその周辺

一般に中世の国衙領のかなりの部分は、国衙の在庁官人によって開発され、その私領化した在庁別名によって構成されているといわれるが、陸奥国の場合はっきり在庁別名といいうるのは、国府所在郡である宮城郡内の高用名だけである。高用名は鎌倉時代にすでに「たかもちの名」とも「かうゆふみやう」ともいわれているが、本来は後者で、「国府用の名」すなわち国衙に附属する名の意味であったと思われる。国府津《こうづ》の如く、国府を「こう」とよむ例は多い。この名《みよう》は余部・村岡・椿・岩切などの村をそのうちに含む広大なもので、鎌倉時代には在庁官人の統率者である留守職を世襲する留守氏の所領であった。留守職そのものが平安時代にさかのぼるものであることは確実であるから、留守職と高用名の関係も平安時代以来のものと推定されるが、高用名はその名前からみても、在庁名としてはやや特殊なものであった。

宮城郡内には高用名のほかに八幡庄・南宮庄・山村（庄）などの領有者を異にする所領があったことが確実である。苦谷保も旧宮城郡の一部であったと思われる。塩釜の津というのも独立した単位所領であったろう。こうみてくると、国府所在郡である宮城郡はかなり多数の領有者を異にする単位所領によって分割され、宮城郡というまとまりはほとんど失われているかの如くである。それだけ徹底した開発・再開発が行なわれていたものとみられるが、一方平安時代の陸奥の国衙には、留守職のほかに、介《すけ》、大掾《だいじょう》、税所《さいしょ》などと名のる在庁官人がいたことが確実である。それらは鎌倉時代以後にはみな宮城郡内の在地領主になっている。旧宮城郡はこれらの在庁官人によって分割領有されていたものと思われるのである。こうしたはげしい郡の分割は陸奥国の他の地域ではみられないところである。

出羽国の国衙はしばしば移動しているが、鎌倉時代の国衙は飽海《あくみ》郡新田目《あらため》にあって、そこには陸奥国同様に留守職がおかれていた。いずれも平安時代末にさかのぼることは確実であるが、国衙所在郡である飽海郡の内部がどのように編成されていたかは不明である。

摂関家領庄園と平泉藤原氏

巻末「陸奥・出羽両国庄園一覧表」を御覧いただきたい。これと「中世初期陸奥・出羽両国の郡・

庄・保一覧」を対照していただければ、中世奥羽の庄園のほぼ全体がつかめるはずである。まずその分布は、①南奥すなわち福島県域、②宮城県北部から岩手県の南部にかけての地帯、③出羽国の南半部に、比較的集中してみられる。①②は保の分布地域でもあり、庄・保が隣接して分布している。また③の地域は庄園化の比率がきわめて高く、とくに最上郡・置賜郡では、そのほとんどの地域が庄園あるいは保と化してしまい、郡の実質はほとんど失われてしまったようにみえる。なおここで最上郡というのは、現在の東・西村山郡に相当する地域である。古代・中世では、最上郡と村山郡が江戸時代以後とは逆になっていたのである。

奥羽の庄園のうちで庄園領主の明らかなのは二三庄である。そのうち過半数を占める一二庄が、その成立の当初においては摂関家藤原氏の家領であった。そのほかは皇室領四、その他の貴族領五、寺社領一、関東御領一である。摂関家領のうち四庄は藤原頼長の所領であって、保元の乱後没官《もっかん》され、後院《ごいん》領に編入された。これを皇室領に数えれば皇室領八、摂関家領八となる。またその他の貴族領は、その上に本家として皇室あるいは摂関家をいただいていた可能性が強い。いずれにしても摂関家領の数が多く、それに対して寺社領の数が少ない。

摂関家領のうち(1)本良・小泉・栗原・高鞍の四庄が宮城県北部、(2)成島・屋代・大曾祢・寒河江《さがえ》・小田嶋・遊佐の六庄が出羽国南半部、(3)長江・蜷河《になかわ》の二庄が会津地方に分布している。そして(1)の地域の三庄と(2)の地域の三庄が平泉藤原氏と深い関係にあったことがたしかである。高鞍・本良・屋代・大曾祢・遊佐の五庄は藤原基衡の管理下にあって、仁平三年（一一五三）本家の左大臣藤原頼長と基衡との間で年貢増徴のやりとりが行なわれていることが、頼長の日記の台記にみえている。基衡はこれら五庄の年貢を一括して本家に納入する責任者の地位にいたのである。また小泉庄については、保安元年（一一二〇）に摂関家の厩舎人《うまやとねり》兼元なるものが、この庄の定使《じょうし》として下向し、藤原清衡の金・馬・檀紙などを押取るという事件がおこっている。やはり清衡が年貢納入の責任者だったのであろう。史料にみえるのはこれだけであるが、他の摂関家領も隣接したところにあるのだから、このほかにも平泉藤原氏を年貢納入の責任者とする庄があったのではないかと思われる。

辻善之助はかつて、平泉藤原氏はこれらの荘園の寄進を媒介として摂関家藤原氏と関係を結び、その庇護下に入って、藤原氏と称した、という説を述べた（『奥羽沿革史論』）。その後、高橋富雄はこの説を批判して、これらの庄園は早ければ十世紀末、おそくとも十一世紀なかばには成立したものであって、平泉藤原氏はその経営の危機にあたって、摂関家藤原氏の側から積極的に登用されたものである、という説を主張した（『奥州藤原氏四代』）。辻の右の説は、平泉藤原氏を蝦夷そのものとみ、奈良・平安時代の奥羽の歴史を蝦夷の服属の過程としてとらえるという戦前の見方にもとづいたものである。高橋の批判はその意味では当をえたものであり、平泉藤原氏が藤原氏と称するのは、別に摂関家藤原氏の庇護があったからではなく、れっきとした秀郷流藤原氏の出身だったからである。

だがこれらの庄園の成立時期をあまりさかのぼらせるのは、無理なように思う。建長五年（一二五三）の近衛家領目録には、栗原庄と寒河江庄は「京極殿領内」、蜷河庄は「冷泉宮領内」であると書かれている。京極殿というのは、承保二年（一〇七五）から寛治七年（一〇九三）まで摂関であった藤原師実のことであり、冷泉宮というのは三条天皇の皇女儇子《けんし》内親王のことで、藤原頼通（九九〇〜一〇七四）の甥の信家に嫁いだ人である。二人とも十一世紀後半の人である。したがって近衛家領目録のこの記載が信じうるものであれば、右の三庄は十一世紀後半までには成立していたことになる。しかしこの三庄以外には、十一世紀にその成立をさかのぼらせうる証拠をもった庄園はない。一般に庄園が急激ないきおいで形成されるのは、十二世紀の院政時代であるといわれており、奥羽の場合も、その例外であったと主張するほどの証拠は今のところない。

これらの庄園はいずれもいわゆる寄進地系庄園と考えられ、開発などを契機として形成される在地領主私領が寄進されることによって成立したものである。奥羽の場合は、保延四年（一一三八）の岩瀬郡の寄進にみられるように、郡そのものが庄園化する場合もあって、在地領主私領とはいっても、どこまでが私的な開発にもとづくものなのか疑問なところもある。しかし奥羽においても十一・十二世紀に大規模な開発の運動があったことは、先に保の形成の項について述べたとおりである。また史料に若干の疑問はあるが、中尊寺の経蔵別当自在房蓮光なるものが、中尊寺創建にあたって自らの往古私領骨寺村を経蔵に寄進したといわれている。事実とすれば、村規模の私領の形成もあったことになる。

こうしたことを念頭において考えれば、平泉藤原氏が直接右に述べた摂関家領庄園などの開発領主であった可能性は少ないといわねばならない。各庄の開発領主たちが一次的に藤原清衡や基衡のもとに寄進したものを、彼らが摂関家に再寄進するというようにして成立したというのが、もっとも考えやすいところである。だが十一世紀末、十二世紀前半というこれらの庄園の形成期の政治情勢は複雑であり、右のように簡単なものであったかどうか、なお検討が必要である。庄園の成立時期についての推定はともかくとして、高橋富雄が述べたような可能性も否定するわけにはいかない。

だがいずれにしても、庄園制の形成は平泉藤原氏による在地領主のある程度の組織化を前提とし、かつそれを進めるという役割を果たしたものと思う。安倍氏が新しい郡の分出をふまえていたとすれば、藤原氏は庄・保の形成、なかんずく庄園制の形成をふまえているということができるであろう。そのさい陸奥国の摂関家領が会津の蜷河・長江の両庄を除けば、平泉の周辺に集中してみられることは、興味深い。このことは庄園寄進、土地所有を媒介とする平泉藤原氏の在地勢力の組織化が、陸奥国の場合はそう広い範囲には及んでいなかったことを物語るのであろう。国衙領の中心である宮城県中部や南奥の福島県域へは、このような形での藤原氏の勢力扶植は及んでいなかったものとみられる。

それなら出羽国の摂関家領はどう考えたらいいのだろうか。藤原基衡が出羽国の屋代・大曾祢・遊佐の三庄を管理していたことは、先述した如くである。私はこれは藤原氏の出羽押領使という地位にもとづくものではないかと推測する。後述する如く平泉藤原氏は陸奥・出羽の押領使という地位にあった。清衡のときから一貫して両国の押領使だったのかどうかははっきりしないが、基衡が出羽押領使だったことはたしかなようである。押領使というのは軍兵の統率、犯罪人の追捕などにあたる武士であるが、同時に官米の運上にもあたっていたといわれる。こうした官米運上、京との交通にかかわりをもつ地位に基衡がいたことが、彼をこれらの庄園の年貢運上の責任者に取立てさせる大きな理由をなしたのではなかろうか。

四　平泉政権をめぐって

平泉と国衙

平泉藤原氏は三代秀衡の段階では、事実上陸奥・出羽両国のほとんどをその支配下に収め、平泉を主都として、「平泉政権」とよびうるような独自の支配機構を整えていたといわれる。たしかに秀衡はその晩年には陸奥守兼鎮守府将軍という地位にあって、陸奥国の民政・軍政を一手に管領していた。秀衡が鎮守府将軍に任ぜられたのは嘉応二年（一一七〇）五月、同じく陸奥守に任ぜられたのは、養和元年（一一八一）八月のことである。だが秀衡が鎮守府将軍の地位にあったのは、再任を考えても元暦元年（一一八四）ころまで、陸奥守だったのも元暦元年までである。これは平氏政権下の軍事的緊張の中で、平氏の強引な推挙によって実現したもので、とくに後者は治承・寿永内乱の最中のできごとである。同様な例は他にもあって、越後守城資永、安芸守佐伯景弘、大宰少弐原田種直などはいずれも平氏の軍事的支配体制の一環として、平氏の推挙によって国守あるいはそれ以上の地位についた地方武士である。彼らはその官職を取り除けば有力な国衙・大宰府の在庁官人・武士であるにすぎない。平泉藤原氏もその意味では、これらの有力在庁とかわりのない存在だったのである。

文治五年（一一八九）九月、平泉藤原氏を滅亡させた源頼朝は、葛西清重を奥州総奉行に任じて、

「陸奥国御家人事」の奉行と、「平泉郡内検非違使所」の管領を命じ、翌年三月平泉残党の大河兼任の乱のあとで、伊沢家景を陸奥留守職として多賀城の陸奥国府に送りこみ、在庁官人を指揮して「民庶之愁訴」を聞き、「勧農之沙汰」を行なうことを命じている。伊沢家景の留守職補任は、このとき本留守、新留守がともに大河兼任に与同したためにその職を没収し、新恩として与えられたものという。石井進はこの葛西清重に与えられた権限を軍事指揮と治安維持、家景に与えられたものを国衙機構と郡郷地頭の支配というように整理し、前者を国の総追捕使、後者を総地頭に相当するものと理解している（「鎌倉幕府論」、岩波講座『日本歴史』中世1、一九六二年）。

この二人の奥州総奉行の制度については、次章においてくわしく扱われるところであるが、ここで注意しておきたいのは、鎌倉幕府は平泉藤原氏滅亡の時点では留守職を改替していない点である。留守職が平泉藤原氏と主従制的な結びつきをもっていたならば、その職は藤原氏の滅亡とともに没官された可能性が強い。だがそれが没官されず、大河兼任への与同という決定的な事実が出来《しゅったい》するまでは、藤原氏滅亡以前の状態にとどめておかれたのである。

留守職は目代にかわって、在国して国衙の在庁官人を指揮するもので、国衙機構の実質的長官というべきもの、在国司というのとかかわりないものと思われる。その存在が平安時代の末期、平泉藤原氏の時代にさかのぼることは疑いない。したがって右の事実は、藤原氏滅亡の時点においても、多賀城の陸奥国衙が藤原氏からは相対的に自立した存在であったことを物語っているといえよう。逆にいえば、平泉藤原氏が一国の範囲においてふるうことができた固有の権限は、葛西清重に与えられたと同じ軍事指揮・警察権だけだったのではなかったか。

平泉藤原氏滅亡の時点では、奥羽両国の省帳・田文すなわち土地台帳などは平泉に集められていたといわれる。これまではこのことから、本来は国衙のものであった奥羽両国の行政機能は平泉の館に吸い上げられてしまったものと考えられていた。だが省帳・田文の類いは軍事指揮・警察権の行使という限られた行政においても、両国内の武士の動員や兵粮の徴収などのために不可欠なものだったはずである。ちょうど鎌倉幕府が、番役など御家人役徴収の必要から、諸国の国衙に命じて大田文、図田帳の作成を行なわせたように。したがってこのことから簡単に奥羽両国衙の行政機能が失われ、平泉にそれが集中するようになったとはいいがたい。出羽については何の証拠もないが、奥羽両国衙はともに平泉藤原氏の支配からは、相対的に独立していたのではなかろうか。

陸奥・出羽押領使の系譜

平泉藤原氏の奥羽両国にわたる軍事指揮・警察権は、陸奥・出羽押領使という地位にもとづくものであったと考えられる。吾妻鏡・尊卑分脈などの記事によれば、初代清衡は陸奥押領使、二代基衡は六郡押領使・出羽押領使、三代秀衡は出羽・陸奥押領使であったという。六郡押領使などという官職が本当にあったのかどうか、三代秀衡はまったく押領使にはならなかったのか、などの疑問もあるが、平泉四代は何らかの形で押領使の地位にあったものと思う。六郡押領使というのは尊卑分脈の記事であるが、これは吾妻鏡が泰衡のことを「出羽・陸奥押領使として六郡を管領す」と述べているように、平泉藤原氏にとって安倍氏から継承した奥六郡の支配権と押領使の地位が、分かちがたく結びついているところからくる誤まりであろう。秀衡については、鎮守府将軍、陸奥守という極官の故に、それより下位の押領使は記録されることがなかったものと考えられる。

一方この軍事指揮・警察権は、系譜的にいえば、安倍氏および清原氏のもっていたものを、前九年・後三年の両合戦を通して継承したものということができる。だが安倍氏や清原氏のもっていた軍事指揮・警察権は、「奥六郡の司」、「出羽山北の俘囚主」としてのものであって、奥羽全域にわたるものではない。安倍氏や清原氏の上に位置する鎮守府や秋田城の軍事的機能も、本来蝦夷に対するものとして創始されたものである。これに対して押領使は国衙に属するものであって、さきにふれた平八生の場合も鎮守府ではなく陸奥国の申請によって任じられている。当然その軍事指揮・警察権は陸奥国の南部にも及んだものと思われる。したがって平泉藤原氏が押領使になったのは、単に安倍氏や清原氏の遺産を継承しただけではない。そこにはひとつの飛躍があったのである。

ところで鎮守府と陸奥国衙は相互に独立する政庁であるから、その長官である鎮守府将軍と陸奥守は、本来別人であるはずである。ところが前九年合戦のときの陸奥守源頼義が天喜元年（一〇五三）に鎮守府将軍を兼ねたのをはじめとして、十二世紀はじめからはこの二つは兼ねるのがふつうになってしまっている（巻末「中世初期陸奥・出羽両国の国守一覧表」参照）。陸奥守に任じられた後に鎮守府将軍を兼ねるのがふつうである。これはいちおう鎮守府の有名無実化、その国衙への吸収というように解釈することができる。だが鎮守府の有名無実化というのは、実はその実権が「奥六郡の司」清原氏そして藤原氏へと移ってしまったことに他ならない。したがってその形式的支配権の国衙への吸収は、その実権の吸収を意味しない。むしろその実態は、軍政面における鎮守府と国府の一体化、その実権の平泉藤原氏への移行であって、それが右のような制度上の変化を生み出したのではなかろうか。

一方出羽においては、秋田城介が永承五年（一〇五〇）の平繁成の城介任命を最後として廃絶する。永承五年は前九年合戦の直前である。秋田城は陸奥における胆沢城に相当するもので、古代では出羽方面からする蝦夷経営の最前線であった。秋田城介は鎮守府将軍に相当するものである。そして雄勝・平鹿・山本の山北三郡が陸奥の奥六郡に相当し、「出羽山北の俘囚主」清原氏が「奥六郡の司」安倍氏にあたることは、前にも述べた如くである。また前九年合戦が清原氏の参戦によって終結し、戦後清原武則が鎮守府将軍になって奥六郡の支配を継承したこと、その遺産が後三年合戦のあとでそっくり藤原清衡の手に入ったこともいまさらいうまでもない。以上のことを総合して考えれば、秋田城介の廃絶は、出羽方面からする蝦夷の軍事的支配権が清原氏・藤原氏の手に移ることによって、組織としてはその機能が陸奥の鎮守府に吸収されてしまったことを意味するものと考えられる。

こうして陸奥・出羽両国にまたがる一元化された広域軍政府が、平泉藤原氏のもとに出現する。尊卑分脈の伝えるように、初代清衡は陸奥押領使、二代基衡は六郡押領使・出羽押領使であったとすれば、その時期は二代基衡のときからということになる。だがそれは、一面で前九年・後三年合戦の歴史的経験をふまえた権力側の対応の結果、出現したものであることを忘れてはならない。そこでは一元化されているだけに、それまでよりはずっと強力な軍事力が用意されることになったはずである。

俘囚の上頭、東夷の遠酋

安倍氏や清原氏の軍事力は蝦夷支配のためのものであった。その軍事力が平泉藤原氏によって継承・拡大されたとすれば、蝦夷支配の側面は平泉藤原氏のもとではどうなったであろうか。鎌倉時代以後に「蝦夷」あるいはたんに「夷」という場合、人の上ではアイヌ、地域的には津軽地方の一部から主として北海道をさすのがふつうである。たとえば南北朝時代の庭訓往来では「夷の鮭」は、「奥州金」「奥漆」と明らかに区別されている。この場合の「夷」は後のいわゆる「蝦夷地」にあたる。高橋富雄や遠藤巌によれば、このような「蝦夷」概念は、平安時代後期ほぼ十二世紀ごろからあらわれるという。遠藤は、この時代の和歌に「えぞ」という言葉が、「千島のえぞ」「みちのくのえぞの千島」「えぞが住む津軽の小野」というような形であらわれることをその証拠としてあげている。このような変化が一挙に起こったとは考えられないが、平安時代後期から「蝦夷」概念に変化がおこりつつあったことは事実であろう。そしてこれを逆にいえば、平安時代後期には奥羽の大部分の地域に住む人は蝦夷ではなくなったことになる。

また前述したように、鎌倉時代の陸奥国北部には津軽四郡をはじめとして、糠部《ぬかのぶ》・閉伊《へい》・久慈《くじ》・鹿角《かづの》・比内《ひない》などの諸郡が新たにみられるが、十一世紀まではこれらの地域は閉伊七村・宇曾利などといわれる蝦夷村であった。そしてこれらの地域に郡がおかれるのは、津軽地方が陸奥国の一部となってから、秋田城介制が廃止され、出羽方面からする蝦夷支配が陸奥の鎮守府に統合されてから後、すなわち平泉藤原氏の時代に入ってからであったと考えられる。それが清衡のときなのか、あるいはずっと下って秀衡のときなのかは明らかでないが。郡が建てられ、蝦夷村がなくなるということは、当然のことながらそこが蝦夷地ではなくなり、その地の大部分の人が蝦夷ではなくなるということである。

こうして平泉藤原氏のもとでは、実際上奥羽の大部分の地は一体化し、蝦夷地ではなくなりつつあったものと思う。民衆のレベルではもちろんのこと、現地での支配方式の上でも、蝦夷と一般公民の区別を立てることは困難になりつつあったと思う。だがそれにもかかわらず、依然として平泉藤原氏は、蝦夷として把握されていた。初代清衡が天治三年（一一二六）の中尊寺供養願文において、自らを「東夷之遠酋」「俘囚之上頭」といっていることは、あまりにも有名であるが、三代秀衡の段階でも、なお彼は「奥六郡の主」「夷狄」といわれていたのである。この矛盾はどのように理解されるべきであろうか。

私はそれは院政期国家の政治編成の上では、平泉藤原氏は依然として蝦夷の統轄者として位置づけられていたからであると思う。現実の進行と国家の政治編成との間に、ギャップが存在するのである。藤原氏がれっきとした秀郷流藤原氏の出身であるにもかかわらず、蝦夷といわれ、自らもそう称していたことについては、これまでもいろいろな解釈が行なわれてきた。だが藤原氏の先輩に当る安倍氏や清原氏についても、それが本当に蝦夷の出身なのかどうかということになると、何ともいえないのではないかと思う。

安倍氏も清原氏も系図の上ではいちおう中央の貴族の後裔になっている。もとより信ずべきことではないが、安倍氏は大化の左大臣安倍内麻呂や阿倍比羅夫の同族であるといい、清原氏は舎人親王の後裔であるという。清原氏は陸奥話記には「清原真人」と記されていて、中央の清原氏と同じ真人姓であったらしい。安倍氏についても、今昔物語集の説話などでは、それが蝦夷とは区別される存在として扱われていることは、先に述べたとおりである。確かな根拠は何もないが、本当に蝦夷の出身なのかどうか、疑わしいことは事実である。

だがその出身がどうであれ、当時彼らが「俘囚」「俘囚主」「東夷の酋長」といわれていたことが問題である。先にも述べたように蝦夷の集団は、事実がどうであるかにかかわりなしに、村としか把握されなかった。それと同様に当時の支配者にとっては、その社会的結合様式は族長制的なものとしか認められなかった。血すじの上での結びつきのあるなしにかかわらず、蝦夷の統率者は「東夷の酋長」でしかなかった。だから安倍氏も清原氏もそして藤原氏も、国家がその政治編成上で彼らを蝦夷の統轄者として位置づけている限り、彼らは依然として「蝦夷」といわれざるをえなかったのである。

布と馬と金の庄園

いささか観念的にすぎる説明になったようである。最後に平泉藤原氏の管理下にあった庄園の年貢の問題を通して、もう一度この問題を考えてみよう。仁平三年（一一五三）に左大臣藤原頼長と平泉藤原氏二代目の基衡との間で、高鞍庄以下五箇庄の年貢増徴の交渉があったことは先にもふれたところである。その交渉経過を表示すれば、別表のようになる。A↓B↓CとあるうちのAは本数すなわち増徴交渉以前の額、Bが頼長の要求額、Cが基衡の妥協案である。たとえば高鞍庄の砂金はもと一〇両であったものを、頼長は五〇両に増加するように要求し、基衡はもとどおり一〇両とするよう提

別表

	砂金(両)	布(段)	馬(疋)	細布(段)	水豹皮(枚)	漆(斗)	鷲羽(尻)
高鞍庄	10→50→10	200→1000→300	2→3→3	10→0→10			
大曾祢庄		200→700→200	2→2→2		0→0→5		
本良庄	10→50→20	0→200→50	2→4→3				
屋代庄		100→200→150	2→3→3			1→2→1.5	
遊佐庄	?→10→10		?→2→1				?→10→5

案したのである。

この年貢は基本的には奥羽の公田の官物を継承したものと考えられる。この五箇庄の年貢物の中心は布と砂金と馬とである。入間田宣夫によれば、奥羽の公田の官物は奥布という布を基準として定められているといわれるが、この五箇庄の場合も遊佐庄を除く四庄が布を中心的年貢としている。また砂金は奥羽のすべての土地に官物として賦課されていたわけではないが、鎌倉時代には産金地域の公田の中に「金田《きんでん》」という土地が設定され、一町あたり一両という形で金が賦課・徴収されていた。高鞍・本良両庄はいちおう産金地域と考えられ、この場合も公田官物を継承したものとみることができる。坂本賞三によれば公田の官物率法が定められるのは、十一世紀中ごろのことであるという(『日本王朝国家体制論』)。これらの庄園の年貢が、中世的な新しい支配体系を前提としていることは疑いない。

だが五箇庄のすべてにみられる馬には問題がある。中世奥羽の公田の官物そのものに馬が賦課されていることを推測させる史料は、北奥糠部郡にみられるが、糠部郡は「糠部駿馬」の産地であり、この年貢馬は金田のような形で徴収されたものかと思う。しかし右の五箇庄のすべてが馬産地とは考えにくい。とすれば、この年貢馬調達の背後には、当然何らかの交易が考えられねばならない。

この場合興味深いのは、大曾祢庄の水豹皮（海豹、すなわちあざらしの皮）である。山形県内陸部の大曾祢庄で海豹がとれるはずはないのであるから、これは当然交易、それも蝦夷地との交易によって入手、納入されるものであるが、問題はそれが年貢増徴交渉の中で、基衡の側から提案されていることにある。基衡としては水豹皮の如き珍貴な品物によって頼長の歓心をかい、交渉を有利にしようとする意図があったものと思う。頼長の側にも当然その期待があったのであろう。その期待とは、奥六郡・山北三郡の支配者として蝦夷を統轄する立場にある平泉藤原氏に対する期待である。こうして平泉藤原氏の管理下にある庄園の年貢物は、基本的には公田の官物を継承しつつも次第に特殊な形態をとるようになる。五箇庄に共通してみられる馬や、遊佐庄の金・鷲羽などの特殊な年貢物も、もともとこのようにして決められた年貢だったのではなかろうか。

京都の貴族にとっては、平泉藤原氏は依然として安倍氏や清原氏と同じ蝦夷の統率者として意識されていたのである。平泉藤原氏もまたそれを最大限に利用して、庄・保の成立という新しい事態に対応していったものと考えられるのである。鎌倉時代以後の史書や説話集にあらわれる平泉藤原氏は、何か途方もないものとして画かれている場合が多い。その財力にしてもすることにしても、常識では考えられないスケールのものとして立ちあらわれるのである。そのほとんどが伝説であることはいうまでもないが、そこには何か異国に対するような驚きが感じられる。それはやはり平泉藤原氏が、事実蝦夷社会と深いつながりをもっていたからであると思う。その意味で平泉藤原氏の時代は、まだ十世紀以来の奥羽との連続上にあった。いや、平泉藤原氏の軍事的支配・庄園管理の奥羽全域への拡大は、奥羽全域を拡散した蝦夷地、特殊な地域であるとする観念を生み出すようにさえなった。文治五年（一一八九）の平泉藤原氏の滅亡はその連続をいちおう断ち切ることになった。だがそれにもかかわらず、奥羽の地を蝦夷地とする観念は、その後においても完全に消え去ってしまうことはなかった。それが中世奥羽の歴史にどのような烙印を焼きつけることになったか。それはもはや次章以下の課題である。

鎌倉幕府と奥羽両国

入間田宣夫

一　文治五年奥州合戦と中世国家

日本六六ヵ国総動員令

文治五年（一一八九）七月十九日鎌倉を出発した源頼朝の軍勢は途中、阿津賀志山《あつかしやま》（福島県伊達郡国見町）の堅陣を破り、八月二十二日平泉に入った。頼朝自ら率いる大手（中央）軍、そして東海道（浜通り）・北陸道（出羽）方面軍をあわせて、二八万四〇〇〇騎という数である。それにたいする陸奥・出羽両国の軍勢は一七万騎といわれた。

この頼朝の軍事行動を、「奥州征伐」と称するのは鎌倉幕府の記録、吾妻鏡である。当時の幕府側の文書では、「奥入」「奥州追討」などともいわれている。だが、平泉そして奥羽の住人の側からいえば、それは侵略行動にほかならない。「征伐」か侵略か。問題は複雑である。これまで多くの史書が吾妻鏡によって「奥州征伐」と記してきた。それはあまりにも素朴すぎる態度であったといわなければならない。

頼朝側にも平泉側にもかたよらないで、両者の軍事的衝突をそれ自体として客観的にとらえた表現はないか。そこで想起されるのが飯野八幡宮縁起注進状案に見える「己酉歳 奥州合戦」という文言である（『いわき市史』第八巻 原始 古代 中世資料）。己酉歳（つちのえとりのとし）とは文治五年のことだから、いいかえれば「文治五年奥州合戦」となる。尊卑分脈にも桑名桓平が「文治五年奥州合戦」に参戦して忠勤を抽《ぬき》んじたとある。この表現こそが本書にはふさわしいのではないか。

さて、二八万四〇〇〇騎という頼朝の軍勢のなかみだが、その主要構成員は吾妻鏡文治五年七月十九日条の交名《きょうみょう》（名簿）にしめされるごとく関東御家人であったことはいうまでもない。だが、それだけではない。

安芸国の大名葉山介宗頼は守護人伊沢五郎（武田信光）の命をうけて奥州に向ったが、駿河国まで来たときに頼朝がすでに鎌倉を発ったことを知って無断で帰国してしまった。それを梶原景時が咎めたために、宗頼は所領没収の罪を科せられたという（吾妻鏡文治五年十月廿八日条）。同じく、豊前国伊方庄の住人貞種は、「貴賀（鬼界）嶋征伐」に加わらず「奥州追討」にも参会しなかったので所領没収の刑をうけた（佐田文書建久三年二月廿八日源頼朝下文写）。それとは反対に、南九州薩摩国鹿児島の郡司藤内康友、同国島津庄北郷の弁済使日置兼秀などは「奥入の御供」をして所領の安堵・宛行をうけている。島津庄住人にたいする動員令が出されたのは二月九日であった。おのおの武装のうえ七月十日以前に関東に参着すべしとある。頼朝の鎌倉進発に先だつこと五ヵ月あまりのことであった（薩藩旧記雑録一、文治五年十一月廿四日源頼朝書状、同文治五年十月三日源頼朝書状、同文治五年十一月日惟宗忠久下文案、島津家文書文治五年二月九日源頼朝袖判下文など）。

頼朝の動員体制が中国・九州一円にまで及ぶ広汎なものであったことがわかる。奥羽二国（六六郡）の征圧のために日本六六ヵ国の軍勢（正確には六四ヵ国というべきか）が動員されたのである。日本史上空前の大動員体制である。二八万余騎という数が、まったくの虚構ではないことを知る。

治承四年（一一八〇）以来一〇年間の内乱を通じて、頼朝が築きあげてきた、軍事権門としての幕府の地位、すべての在地領主を指揮統制するという幕府の権限が、このような大動員を可能にしたわけだが、逆に今度の動員によって、そのような幕府の地位がいよいよ確かなものに固められていったということにも注目しなければならない。日本全国すべての在地領主は鎌倉殿の指揮統制下に入るべしという原則を、たてまえだけのものに終らせないで、実際の動員によって実行し確かめること。そのことのもつ巨大な意義を、頼朝は十分すぎるほどに認識していたにちがいない。

九州や安芸国の在地領主までが軍勢催促をうけ参陣をせまられる。無事着陣すればよし、不参・遅参などは許されない。不参者には所領没収の運命が待っている。鎌倉殿の傘下に入るか、さもなければ没落か。このような厳しい選択をせまることを通じて、全国の在地領主の忠誠度をはかり、その再編成をおこなう。それが鎌倉殿の意図ではなかったか。

奥州合戦は頼朝にとって、またとない機会であった。この合戦によって頼朝は奥羽二国を得ただけではない。同時に軍事権門としての幕府の地位をうち固め揺るぎないものにすることができたのである。建久元年（一一九〇）の頼朝の上洛は、この合戦の勝利によって、はじめて可能になったといわなければならない。

泰衡のあとを追い平泉からさらに北上した頼朝は、九月四日志波郡陣岡蜂杜《じんがおかはちもり》（岩手県紫波郡紫波町）に陣した。出羽国を通過した北陸道方面軍が合流したので、三方面軍の総勢がここにそろったことになる。はてしなく澄みきった秋空の下、秋尾花（薄《すすき》）の野に白旗が林立するさまは、まことに壮観であった。「軍士廿八万四千騎、ただし諸人の郎従等を加う」と吾妻鏡が記すのは、この時である。全軍を見渡す頼朝の胸には、いかなるおもいが去来していたことであろうか。

西海と東奥

ところで、奥州合戦とならんで注目されるのは西海の鬼界島《きかいがしま》（鹿児島県薩南諸島）の「征伐」である。前にも記したように、豊前国伊方庄の住人貞種の所領没収の理由として、「貴賀《（鬼界）》嶋征伐」そして「奥州追討」への不参があげられていることが、両者の関連をしめす何よりもよい証拠である。

文治三年（一一八七）九月、頼朝は鬼界島「征伐」を宇都宮信房・天野遠景に命じた。義経の与党が隠れすんでいるかもしれないという理由からである（吾妻鏡文治三年九月廿二日条）。ところが鎮西御家人等の多くは参会せず、摂政藤原兼実からも反対の申入れがあった。三韓降伏は上古のことで、末代の今においては、海外遠征などは力の及ぶところではないというのが京都側の論理である。そのほか諸人の諷諫もあり、いったんは計画中止となった（同文治四年二月廿一日条）。しかし、頼朝の意向は変わらず島にいたる絵図を見るなどして、ますます「征伐」の意志をかためたのである（同文治四年三月五日条）。

五月十七日鎮西から鬼界島降伏の報告が届いた。天野遠景以下のものが渡海し合戦を遂げたという（同当日条）。意外に簡単な結末であった。頼朝としては振りあげたこぶしのやり場がなかったというところであろう。

このような鬼界島「征伐」の延長線上に、奥州「征伐」は位置づけられなければならない。文治三年二月義経が奥州に入って以来、頼朝はたびたび京都に使を送って、義経ならびに秀衡・泰衡の追討を申入れた。それにたいする京都側の反応は消極的であった。文治五年二月から閏四月にかけて、京都側にたいして、追討の宣旨を下されるよう強硬な申入れをくりかえすとともに、頼朝は独自に使を派遣して奥州の情勢を偵察させるにいたった（吾妻鏡文治五年二月廿二日、廿五日、三月廿二日、閏四月廿一日条）。南九州島津庄の事例から知られるように、七月の開戦を予定して、全国的動員体制がすでに早く二月には準備されつつあったのである。

閏四月三十日義経が泰衡に討たれた（同文治五年閏四月卅日条）。その報が京都にもたらされると、後白河法皇は大いに満足をしめすとともに、義経問題はこれで一件落着、奥州「征伐」の必要はもはやなしとの態度を頼朝に伝えた（同文治五年六月八日・廿四日条）。頼朝としては、鬼界島のときと同様にふたたび、振りあげたこぶしのやり場に困るという状況になった。

だが今度ばかりは武器をそのままおさめるわけにはいかない。鎌倉には軍勢が集まりはじめている（同文治五年六月廿七日条）。方々の寺社では泰衡降伏の祈禱がおこなわれている。関東の寺社はもちろんのこと、安芸国厳島神社でも祈禱の声が響いた（厳島神社文書建暦二年六月日厳島社神官等解）。

六月二十五日頼朝は追討の宣旨を重ねて申請した（吾妻鏡文治五年六月廿五日条）。さらに「武家の古老」として「故実」に通じた大庭景能をよびよせ尋ねた。勅許なくして勝手に動員令を発して追討軍を動かすということはいかがなものであろうかと。大庭は即座にこたえる。軍中にあっては将軍の命令を聞き天子の詔は聞かないということです。また、平泉藤原氏は源家累代の御家人の家柄であるから、泰衡は頼朝の家来筋にあたる。主人が家来を治罰するのに、いちいち天皇の許しを乞う必要はございますまいと。これで、頼朝は出陣の腹を決めた。

泰衡追討の宣旨が頼朝にとどいたのは九月九日紫波郡陣岡の営中においてであった。宣旨の日付は頼朝が鎌倉を出発した七月十九日となっていた。まったくの事後承諾である。

鬼界島「征伐」と奥州「征伐」との両者に共通するのは、頼朝のきわめて積極的な姿勢と京都側の消極的対応とのとりあわせである。頼朝がよりどころにしている義経追討なる大義名分が文字通り名分だけのものであって表面的理由にすぎないことは、これまでのべてきた経過から察せられよう。頼朝を動かす真の動機は何か。

それは、くりかえしになるが、軍事権門としての鎌倉殿の立場にほかならない。日本全国すべての在地領主が鎌倉殿の指揮統制にしたがうべしという原則を、文字通り日本のすみずみにまで貫徹しようとするならば、西海のはて鬼界島と東方のはて奥羽二国の征服は不可避であろう。日本の東西のはてまで到達しなければ、軍事権門としての幕府の地位は安定しないのである。このような内在的論理に頼朝は突き動かされていたのではないか。京都側が消極的だった理由がうかがえるというものである。

ことに、泰衡追討の宣下を待たずに、奥州「征伐」を強行したさいに、頼朝と大庭景能とのあいだに交《かわ》された会話は重要であろう。軍陣にあっては天子の詔を聞かず。あるいは従者の成敗に天皇の許可は不要だという論理は、独立した軍事政権の長たる鎌倉殿にもっともふさわしいものであろう。天皇の命によって謀叛人を追討するというたてまえがくずれたときに、軍事政権としての本質をしめすこのような論理が表出してくるのである。軍事権門として天皇を守護する幕府という権門体制のたてまえと、独立した軍事政権としての幕府の本質との複雑な関連は、鎌倉時代国家論の基本的テーマであるが、奥州「征伐」の経過のなかに早くも、その問題が見られたのであった（入間田「鎌倉時代の国家権力」を参照）。

東夷成敗権

鬼界島そして奥州の「征伐」は日本中世国家の東西の境をきわめるということを通じて、独立した全国政権としての鎌倉幕府の最終的確立をもたらした。だがそれだけではない。東西の境のかなたには、別の国家、別の民族があったのである。

東の境にあったのは蝦夷をはじめとする異民族である。それらの諸民族のうえに君臨して、陸奥・出羽さらには「粛慎・挹婁」（北海道）を統轄する存在が平泉藤原氏であった。藤原氏は「東夷之遠酋」「俘囚之上頭」と自称した。藤原氏にかわって鎌倉幕府が、これらの諸民族と関係することになる。

鎌倉末期の幕府関係の法律書、沙汰未練書には、「武家ノ沙汰」として、六波羅探題の洛中警固ならびに西国成敗のこと、鎮西探題の鎮西九国成敗のこととならんで、東夷成敗のことがあげられている。「東夷成敗のことは関東においてその沙汰あり」という本文の下に、「東夷とは蝦子《エツ》のことなり」という注記がある。明らかに蝦夷にたいする支配行為が、幕府の三大政務のひとつとしてあげられているのである。奥州「征伐」によって頼朝が得たもののひとつとして、この東夷成敗権をあげることができよう。

鎌倉時代を通じて、夷島《えぞがしま》は犯罪人の流刑地であった。京都の検非違使庁に捕えられた強盗・海賊など重要犯罪人が幕府に引き渡されて夷島に流された例が知られる。犯罪人を「奥州夷《えびす》」に給うという表現もある。のちにふれる「蝦夷管領」安藤氏が犯罪人の身柄を管理したということであろう。中世国家において軍事・警察部門の担い手として位置づけられている幕府にとって、国家的流刑地夷島はなくてはならない存在であった。「征夷大将軍」という官職が鎌倉殿のシンボルマークとなったのは、それだけの理由があったと考えられる（以上、蝦夷問題については、遠藤巌「中世国家の東夷成敗権について」を参照）。

頼朝の奥州「征伐」を、奈良・平安以来の「蝦夷征伐」の延長として位置づけて、「我が國に於ける最後の民族的戦役」とする喜田貞吉の学説には、一面の真理があったといわなければならない（「源頼朝奥州役後の處分と『みちのく』の蝦夷」）。

史料としての吾妻鏡

奥州合戦は鎌倉幕府の全国支配の完成をつげる、幕府成立史上画期的なできごとであった。頼朝がみずから鎌倉を出て遠征の途についた唯一の戦争であった。それだけに、この合戦についての吾妻鏡の記述は詳細をきわめている。東海・北陸道方面軍の動向についてはほとんど記述がないが、大手軍にかんしては一日一日の合戦の経過を知ることができる。頼朝の大手軍には従軍記者がいたのではないかと思われるほどである。それはともかくとして、奥州合戦にかんする、なんらかの実録風な記録が存在していて、それが吾妻鏡の記述の基礎とされたことは疑いがないように思われる。あるいはまた、畠山・梶原などの諸家に伝えられた記録類も編集材料として利用されたことであろう（武久堅「畠山物語との関連」、『文学』四四—一〇を参照）。

それらがいかに正確な記録であったかということは、吾妻鏡文治五年（一一八九）八月廿日条と、同日付の源頼朝書状（薩藩旧記雑録二）とを比べてみればわかる。頼朝書状は、北条・三浦十郎・和田太郎・相馬次郎・小山田之輩・奥方先陣の輩・和田三郎・武蔵の党々の輩にたいして、功をあせらず落ちついて行動すべきこと、平泉には二万騎の勢をそろえてから入るべきことを指示している。それと全く同じ内容の記事が吾妻鏡八月廿日条にもみられるのである。島津家文書中に現存する八月十五日付の源頼朝書状からも同様なことがいえる。

これまで奥州合戦について記した研究書が吾妻鏡の記事に全面的に依拠してきたのは当然といえるかもしれない。だが、前にものべたように、吾妻鏡には「奥州征伐史観」とでもいうべき片寄りがあるのであって、それを批判しながら吾妻鏡を利用するという態度が必要だったのである。吾妻鏡にはまた、平泉の実力を実際以上に強大に感じさせるところがある。空前の大動員をもって頼朝みずから戦場に赴いた戦争の相手ということになれば、やはりそれ相応に強大な勢力であったという印象にどうしてもなってしまうのである。それはまた、奥州合戦に参加した、当時の鎌倉武士の印象でもあった。平泉を強大な独立政権とみなす傾向は、当時からあったといわなければならない。

なかでも、吾妻鏡文治五年九月十七日条は興味深い。そこには、中尊・毛越寺衆徒に注進させた「寺塔已下注文」が、そのまま掲載されている。初代の清衡が、白河関から外浜にいたる道の一町毎に、金色阿弥陀像を画いた笠率都婆《かさそとば》を立てさせたことに象徴される平泉の栄華物語を、吾妻鏡は両寺の衆徒の語る通りにそのまま首肯するかのごとくである。そして、現代の歴史家もまた、この栄華物語によって平泉のありし日を想いえがくことになっている。だが、このような平泉像のえがきかたには、再検討の余地があるのではないか。頼朝の当時からすでに存在して現代にもおよぶ平泉伝説を考えなおす時期にきているのではないか。吾妻鏡の平泉関係記事は批判的に読まれなければならない。

二　奥羽両国の支配機構

郡（庄・保）地頭職

文治五年（一一八九）奥州合戦とそれに継起する大河兼任の乱の結果、奥羽の地はこれまでの主《あるじ》を失い無主の地、広大な欠所地となった。そこに新たな主として登場するのが関東の勢力である。これ以後、鎌倉時代を通じて、奥羽両国は関東の植民地ともいうべき状態におかれることになったのである。

守護・地頭制度に代表される幕府の地方支配制度は、内乱期を通じて次第に形をととのえて、奥州合戦の頃には、その姿をほぼ完成しつつあった。奥羽両国の支配にあたって頼朝は、その最新の支配方式を大々的にとり入れることになる。広大な欠所地、真空地帯の存在は、新しい支配方式の導入にとってきわめて好都合であった。鎌倉幕府地方支配制度の典型が、僻遠の地、奥羽両国において、かたちづくられる。なんとも興味深い歴史の展開である。奥州合戦が幕府の動員体制をためす場であったとするならば、奥羽の支配は幕府の地方支配制度をたしかめる場であったといわなければならない。

文治五年九月二十日平泉において、頼朝による奥羽両国統治の開始を飾る吉書始《きつしよはじめ》の儀式がとりおこなわれた。ついで論功行賞がおこなわれ、東海道方面軍の大将軍、千葉介常胤が最初に勲功の賞をうけた。行方《なめかた》・亘理《わたり》など東海道（浜通り）方面の郡地頭職であった。畠山重忠は葛岡郡（長岡郡ともいう）を賜った。このほか多くの人々が恩賞を与えられた（吾妻鏡文治五年九月廿日条）。

なかでも、葛西清重は抜群の勲功をあげて、「陸奥国御家人事」奉行、「平泉郡内検非違使所」管領の重職に任ぜられるとともに、伊沢・磐井・牡鹿・江刺などの五郡および興田《おきた》・黄海《きのみ》の二保の地頭職を与えられた（同九月廿二日・四日条、中尊寺文書嘉元三年三月日中尊寺衆徒解状）。平泉を中心とする広大な領域である。そして、大河兼任の乱後、陸奥国留守職となった伊沢家景には高用名地頭職が与えられた。高用名《こうゆうみよう》とは、陸奥国留守所の長官が職務上管理する特別の領地である。このように、奥羽の郡・庄・保の新たな主人公となったのは、葛西・伊沢・畠山・北条・三浦・足利など関東御家人であった。奥羽の住人が地頭として生きのびたところは、陸奥国八幡庄・好島庄・出羽国由利郡など例外的な存在にすぎない。しかも、その例外的なばあいでも、前代の領主がそのまま地頭になったというのではなく、一族内の別人が地頭になるなど、なんらかの新旧勢力の交代があったようだ（巻末

「鎌倉期陸奥・出羽両国の郡（庄・保）地頭一覧表」参照）。

奥羽両国における地頭職補任の形態的特徴は、郡・庄・保、なかんずく郡を単位とするところにあった。郡そして郡に准ずる独立の行政区域としての庄園・保が平泉のとき以来、奥羽の中世的行政組織の基本的単位となっていたことを考慮した結果であろう。

郡（庄・保）地頭職にともなう権益は広汎にわたる。領域内の公田の掌握（土地調査権）、布・馬・金など年貢の収納、検断（警察）、庶民の相論の裁判、寺社造営役の催促などである。二、三の実例をあげよう。

陸奥国玉造郡の地頭金沢氏は弘安七年（一二八四）の頃、郡内の公田から一町別十段の布（麻）を徴収し、その総計は銭に換算して八七〇貫におよんだ。そのうち「国司方御年貢」として上進されたのは五三貫余にすぎず、大部分は鎌倉の金沢氏の納所に送られたのであった。さらにまた、公田とは別に金田を設定して、一町別一両の砂金を年貢としていたことにも注目しなければならない（入間田「金沢氏と陸奥国玉造郡地頭職」）。

正治二年（一二〇〇）陸奥国長岡郡小林新熊野社僧のあいだで坊領境の相論が起きたときに、社僧らは「惣地頭畠山次郎重忠成敗」を望んだが、公家・武家の祈禱所として特別な地位にある当社の相論に干渉することを重忠は好まず、「自専《じせん》しがたし」と称して幕府に裁決を委ねた。ここから逆に、領内における一般の相論については、地頭の「自専」に属していたことが知られる（吾妻鏡正治二年五月廿八日条、笠松宏至「中世在地裁判権の一考察」、『日本社会経済史研究』中世編）。

幕府の行政命令が郡地頭にたいして宛てられたことにも注目すべきであろう。暦仁二年（一二三九）幕府が発した白河関以東の銭貨流通禁止令は、陸奥国遠田郡・津軽四郡などの地頭であった北条泰時にも届けられた（鎌倉幕府法追加九九条）。正嘉二年（一二五八）出羽・陸奥両国の夜討・強盗のとりしまりのために、郡内の宿《しゅく》々に宿直屋《とのい》を造り結番警固すべきこと、などを命じた幕府の命令は、柴田郡地頭阿波前司（薬師寺朝村）をはじめとする諸郡の地頭に宛てられていた（鎌倉幕府法追加三一九条、吾妻鏡正嘉二年八月廿日条）。諸国の守護に匹敵するような役割を郡地頭がはたしていたことがわかる。

このように広汎な権益を行使する郡（庄・保）地頭職は、幕府による奥羽支配の基軸となったのである。地頭制度が、国内統治上これほど重要な役割をはたした国は奥羽両国のほかにはない。それは鎌倉幕府地頭制度の極限にまで展開した姿であった。

陸奥国留守職

鎌倉時代にはいっても依然として、国府（国衙《こくが》の所在地）は一国の中心としての位置を失うことはなかった。伊勢太神宮造営役夫工米《やくぶくまい》・大嘗会米《だいじょうえまい》などの一国平均役、広大な公領からあがる所当官物（年貢）などは国衙機構を通じて催促徴収されて、京・鎌倉方面に送られたのである。一国の主《あるじ》として、国衙機構を動かすとともに所当官物をわが物にできる知行国主・国守の地位は、依然として魅力ある存在であった。陸奥・出羽のばあい知行国主・国守となったのは、鎌倉時代の初めこそ、京都の貴族であったが、承久の乱前後を境として、鎌倉殿が国主、北条・安達・足利・二階堂・中条・佐々木などの有力御家人が国守となる例が多くなった（もちろん貴族のばあいもある。巻末「中世初期陸奥・出羽両国の国守一覧表」を参照されたい）。この国主・国守の地位を通じて、幕府による両国支配が進展したであろうことは疑う余地がない。

だが、それだけではない。鎌倉殿は両国にたいして特別の発言権を有していたのである。奥羽両国を「管領」し「国務」をおこなっていた平泉藤原氏のあとをうけて、頼朝には「奥州羽州地下《じげ》管領」権あるいは陸奥・出羽両国の知行権とでもいうべき権益が与えられたのである（吾妻鏡文治五年十二月六日、宝治二年二月一日条）。「奥州征伐」という既成事実を足場に京都側から勝ちとった政治交渉の成果である。それによって幕府は、知行国主・国守とは別個に国衙機構を動かし両国の行政をとりおこなうことができる根拠をえたのである。この両国にたいする幕府の権益は、東国全般にたいする幕府の権益、東国行政権といわれるものと重なりあいその一部をなすものであった。

「奥州羽州地下管領」権にもとづく幕府行政のにない手として、郡（庄・保）地頭職とならんで注目すべきは、きわめて特色ある国衙レベルの行政機構の存在である。

建久元年（一一九〇）三月、大河兼任の乱に加担して職を追われた陸奥国留守所の長官（「本・新留守」）にかわって、伊沢家景が陸奥国留守職に任命された。かの国に住み民庶の愁訴を聞き鎌倉に申し伝えるべしというのがその任務である（吾妻鏡建久元年三月廿五日条）。家景はもと九条入道大納言光頼の侍であったが、文筆の才を買われて鎌倉に仕えることになった能吏である（同文治二年二月廿八日条）。

同年十月「陸奥国諸郡郷新地頭等所」宛に出された頼朝の下文によって、陸奥国留守職の職権内容はより一層具体的にしめされることになった。在庁官人とともに先例を守って国務を沙汰すべきこと。陸奥国興復の前提たるべき勧農の沙汰は家景がおこなうべきこと。地頭等が国務にしたがわないときには、家景自身が現地に赴いて下知を加え、なお従わないばあいには鎌倉に注申すべきこと。などの権限が知られる(同建久元年十月五日条)。

陸奥国衙を鎌倉殿の意のままに自由に動かして国務をとりしきる現地の最高責任者、それが陸奥国留守職伊沢家景であった。

建久四年、将軍に献上された淡路国産の九本足の異馬を陸奥国外ヶ浜に放つ。翌年六月京都から鎌倉へ送検された獄囚数輩を奥州へ流す。これらはいずれも将軍の命をうけて家景が沙汰した(同建久四年七月廿四日、同五年六月廿五日条)。建久六年九月には、平泉寺塔の修理、今に存生する秀衡後家の保護を、葛西清重とともに命ぜられた。家景・清重の両人がその任にあたったのは、「奥州惣奉行たるによってなり」と吾妻鏡は記している(同建久六年九月三日・廿九日条)。

陸奥国留守職の活動は家景の死後も絶えることがない。宝治元年(一二四七)、宝治合戦に関連して佐原秀連を奥州で捕えたことを鎌倉に馳申《はせ》した(同宝治元年六月廿一日条)。翌年十一月には、津軽海辺に「人状のごとき」大魚の死体が浮かんだことを報告した。それ以前に噂が鎌倉にまで達して、真偽を報告するようもとめられたのである(同宝治二年十一月十五日条)。建長二年(一二五〇)、陸奥・常陸・下総の三国に博奕の禁令が出された。その宛所は陸奥留守所兵衛尉(伊沢家広)・宍戸壱岐前司・千葉介である。宍戸・千葉はそれぞれの国の守護であったから、陸奥留守所も同様な存在であったことがわかる。陸奥国留守職の職権内容には諸国の守護と共通するような側面がふくまれていたのである（同建長二年十一月廿八日条）。正嘉三年（一二五九）には、飢饉のため食をもとめて山野河海にさまよう浮浪人を、領内から追い出そうとする地頭の無慈悲な行為を止めるようにという法令が、「陸奥留守殿」に宛てて出された。この法令は同時に、陸奥国伊具庄地頭駿河守（北条有時）をはじめとする諸郡・庄・保の地頭にも届けられたものと考えられる（鎌倉幕府法追加三二三条）。

幕府による諸国の国衙行政掌握の事例のうちで、もっとも進んだ形態を陸奥国留守職のうちに見い出すことができよう。それは、守護や国地頭の制度を超えた、幕府による国衙行政掌握の極限的形態であった（大山喬平『鎌倉幕府』を参照）。

葛西氏と平泉

奥州惣奉行として伊沢家景とならび称せられる葛西清重のばあいは、国府との関連よりもむしろ平泉との関連で権限を行使していたように思われる。平泉における奥羽の吉書始めの翌々日、葛西清重は陸奥国御家人のことを奉行すべし、御家人になろうと望むものは清重を通じて子細を申せという決定があった（吾妻鏡文治五年九月廿二日条）。ついで二十四日、「平泉郡内検非違使所」のことを管領して、郡内諸人の濫行を停め、罪科を糺断すべきことが清重に命じられた。平泉周辺の五郡二保地頭職の補任も同時であった（同九月廿四日条）。頼朝が鎌倉に帰ったあとも、清重だけは特命を帯びて「奥州条々のこと」「奥州所務のこと」を沙汰するために在国を続けた（同十月廿六日条、十一月八日条）。

同年十一月八日、清重宛に出された頼朝の指示は詳細をきわめている。

一、平泉周辺諸郡の窮民を救うために、岩井・伊沢・柄（江）差の三郡には出羽国山北方面から、和賀・部貫（稗）二郡には出羽国秋田郡から、それぞれ種子農料をとりよせるべきこと。

二、佐竹義政の子息と称して泰衡の陣営にあった人物を、路次の宿々を守って、搦め進すべきこと。

三、泰衡の幼息を尋ね進すべきこと。

四、所領内に市を立てたことは感心である。国中静謐のよし神妙である。

五、病母のことは心配せず帰国の心をおさえて、国中警固につとめるべきこと。

などである。

奥州合戦の戦後処理のために清重に与えられた権限は強大なものであった。御家人統制・検断、そして所務とりわけ勧農にまでおよぶ広汎な権限である。それは文治元年（一一八五）義経追討を目的として諸国に補任された国地頭の権限とあい通じるものがある。どちらも戦時的色彩にいろどられた軍政機関であったからである（大山喬平『鎌倉幕府』前掲）。

これらの権限のうち、御家人奉行のことにしめされる国内武士にたいする指揮権、「平泉郡内検非違使所」のことにしめされる検断権などは、明らかに平泉藤原氏からうけついだものであった。所務なかんずく勧農権も平泉周辺の諸郡において行使されたものである。清重はおそらく平泉の地にあって、藤原氏の後継者としての権限行使をおこなうという立場におかれていたのではないか。陸奥・出羽押領使としての軍事指揮権、そして奥六郡・山北三郡などの諸郡における特殊な権益（国衙行政権）

を、藤原氏からうけつぐことによってはじめて、葛西清重の広汎な権限行使は可能となったのではないか。そして大河兼任の乱以前の時期には、陸奥国府の「本・新留守」はまだ追放されておらず、多賀城にたいする清重の影響力はおのずから限られていたと見られる。

兼任の乱の結果、陸奥国留守職が設置され、幕府による国衙の直接的掌握が達成されると、葛西清重の活動範囲はますます平泉関係のことに限定されるようになる。御家人奉行・「平泉郡内検非違使所」にかかわる権限は残されたかもしれないが、所務勧農にかかわる権限は留守職のもとに吸収されてしまったように思われる。戦後処理の段階をすぎたいま、軍政機関としての広汎な権限がある程度失われるようになったのは当然といえよう。

建久六年（一一九五）九月清重は、平泉寺塔の修理、秀衡後家の保護を伊沢家景とともに命ぜられた。これが奥州惣奉行としての葛西氏の活動について吾妻鏡が記す唯一の事例である。実は、兼任の乱以前の広汎な権限を行使していた段階の葛西氏の地位を奥州惣奉行と明記した史料はひとつもないのである。伊沢・葛西両氏がならびたつ段階になってはじめて、両者の通称として奥州惣奉行なる概念が生まれたものと思う。伊沢氏の陸奥国留守職にたいして、この段階における葛西氏固有の役職名を何とよんだか、それも史料がない。だが、平泉藤原氏にかかわる、そして奥羽両国にかかわる役職名であったことだけはたしかであろう。

嘉元三年（一三〇五）・建武元年（一三三四）の中尊寺衆徒の申状によれば（中尊寺文書）、葛西氏は「御願所仏神事御代官」「（中尊寺内）七社御祭使」「関東御代官」として、幣帛を捧げ法会仏神事の費用を沙汰すべき立場にあった。それは清重以来のことで、出羽・陸奥両国の所済物（年貢）を催し取り、秀衡・泰衡の時と同じように、中尊寺に運上すべしという右大将家（頼朝）御下文が葛西氏のもとに伝えられていたという。

中尊寺の主《あるじ》として奥羽両国に君臨していた秀衡・泰衡にかわって、鎌倉殿がその地位につき、中尊寺は将軍家御願所（あるいは御祈禱所）となった。そして、鎌倉殿の代官として中尊寺に臨んだのが葛西氏なのであった。

それは平泉内の他の諸寺社についてもあてはまるであろう。藤原氏の滅亡後、平泉全体が平泉保という名の幕府直轄の特別行政区域となるのである。その現地責任者としての地位に、葛西氏はあったのではないか。平泉保をとりまく五郡二保の地頭職が葛西氏に与えられたことには、それだけの意味があったのである。

陸奥国における伊沢・葛西両氏の併立は、多賀城の国府と平泉とが鎌倉時代に入ってもなお、一国の政治的中心であり続けたことの反映であった。なお、伊沢・葛西両氏の奥州惣奉行としての活動を、鎌倉初期に限定して考える見解があるが（佐々木光雄「奥州惣奉行小考」など）、それが当らないことはこれまでの記述から明らかであろう。

出羽国のばあい

出羽国においても幕府による国衙支配が陸奥国同様に進展していたことは、はやくも奥州合戦の直後に、出羽国留守所にたいして、一国検注（地）を命じていることからも知られる（吾妻鏡文治五年十月廿四日条）。承久二年（一二二〇）には、出羽国両所宮（鳥海山を祀《まつ》る）の修造を命じた関東御教書が「北目地頭新留守殿」に宛て出されている（大物忌神社文書）。出羽国留守所も陸奥国留守職と同様に広汎な権限を行使していたのではないか。そしてまた同様に、出羽国留守所も関東御家人として鎌倉から派遣された存在ではなかったろうか。関東御家人河村秀清の母が「出羽留守女《（娘）》」であったことはその意味でも興味深い（『続群書類従』六輯下、秀郷流系図河村）。

出羽国留守所とならんで注目すべきは秋《あき》田《た》城介《じょうのすけ》安達氏の存在である。出羽介の兼務たる秋田城介の職は、十一世紀初頭以来補任される人がなく空席のままになっていたが、建保六年（一二一八）、幕府の要人安達景盛が補任されることになった（吾妻鏡建保六年三月十六日条）。安達氏はその後代々この職を継いで秋田氏あるいは城氏と称された。その職務内容は明確ではないが、出羽国北半において何らかの実質的権益を行使するものであったと推測される。あるいは陸奥・出羽にまたがる葛西氏の職権内容のうち、出羽国に関係する部分をひき継いだものであろうか。陸奥国における伊沢・葛西両氏の併立体制との比較において、出羽国の留守所・安達両氏の関係を明らかにすること、それは今後の課題であろう。

蝦夷管領

最後に、蝦夷支配の機構について記そう。鎌倉時代のはじめ、「東夷の堅《かた》め」、あるいは「夷島《えぞがしま》の押《おさ》え」として、安藤太（五郎）が津軽に派遣されたのが「蝦夷管領」安藤氏のはじまりである。津軽外浜に交易のために往来する松前・函館など北海道方面の住民をもふくめて、北辺の蝦夷全体を統轄する役割を、安藤氏は果たしていたものと思われる。鎌倉末期、安藤氏の内紛にさいして、毒に浸した魚骨の鏃をもつ数千の夷族が動員されたというが、蝦夷＝アイヌにたいする安藤氏の統制力をしめす絶好の材料であろう。

実は、安藤太（五郎）が津軽に派遣されたのは、北条義時の代官としてであった。とすると「蝦夷管領」の正員は北条氏、その代官が安藤氏ということになる（以上、諏訪大明神絵詞・保暦間記・異本伯耆巻などによる）。鎌倉末の安藤宗季のときにも、「えそのさた」御代官職を北条氏から安堵されていることが知られる（新渡戸文書正中二年九月十一日安藤宗季譲状）。幕府―北条氏（得宗家《とくそうけ》）―安藤氏という蝦夷支配の機構が鎌倉時代を一貫して存在していたわけである。北条氏は義時以前から鎌倉時代を通じて、津軽四郡・外浜・中浜・西浜という当時では日本最北辺の地頭職に補任されていた。それと不可分なものとして蝦夷管領職はとらえられなければならない（以上、遠藤巌「中世国家の東夷成敗権について」を参照）。

蝦夷管領の権限内容、あるいは幕府の蝦夷支配の具体的な内容については、不明な点があまりにも多い。さきにのべた犯罪人の流刑にかんすることのほかに、交易のために群集する蝦夷の船から関税を徴収することなどが考えられるが断定はさしひかえたい。「関東御免の津軽船」（幕府公用船）以下の「和船」そして「夷船」（蝦夷の船）でにぎわう十三湊《とさみなと》。そこには、京・鎌倉にまで運ばれる夥しい量の昆布・鮭など北辺の産物が山積され、中国から舶載された青磁・白磁の類そして銅銭の陸上《りくあ》げが行なわれている。このような風景を想いうかべながら、蝦夷管領のもつ意味をあれこれ推量するのみである。

三　先例の論理と開発の論理

秀衡・泰衡の先例

文治五年十月一日多賀国府において頼朝がしめした陸奥国統治の基本方針は、「国中のことにおいては秀衡・泰衡の先例にまかせてその沙汰をいたすべし」というものであった。出羽国留守所にあてた十月二十四日の頼朝書状にも、「出羽・陸奥は夷《えびす》の地たるによって度々の新制にも除かれおわんぬ。ひとえに古風を守りて、さらに新儀なし」と記されていた（吾妻鏡当日条）。この原則は正治二年（一二〇〇）頼家のときにも再確認されている（同正治二年八月十日条）。

平泉以来の現状を変えることなく維持するという原則が、奥羽は「夷の地」であるという認識によって理由づけられている（喜田・遠藤前掲論文）。この認識はさらに、「この国《（陸奥）》はきわめてしむこく《（神国）》なり、かまへて〳〵らうせき《（狼藉）》すな」という頼朝の認識と関連があるように思われる（島津家文書文治五年八月十五日源頼朝書状）。「夷の国」であり、かつ「神国」である奥羽両国は、他の諸国と異なるあつかいをうけることになったのである。

暦仁二年（一二三九）幕府は白河関以東における銭の流通を禁止する法令を出した（鎌倉幕府法追加九九条）。絹布の年貢を、現物を出さないで銭で済ましてしまう者が多くなった。金・馬・布などの現物を地元で、交易などによって調達して、京・鎌倉に届けるという平泉以来の体制が、貨幣経済の浸透によって、揺ぎつつあったのである。それにたいして、関東方面からの銭の流入をとどめることによって、現物の絹布を確保しようとする政策である。

弘安七年（一二八四）幕府は東国の御牧（官営牧場）の廃止を決めた。だが出羽・陸奥だけは例外として御牧の存続が命じられた（同追加五一九条）。優秀な奥州馬だけはなんとしても確保しようという政策である。

文治五年九月二十日平泉における奥羽の吉書始のさいに、国中仏神事とならんでとくに問題とされている「金師等」とは、砂金採りの技術者集団のことではないか（吾妻鏡当日条）。かれらにたいする地頭の干渉をとどめて保護を加えることによって、平泉時代と同様の砂金貢納を期待するという頼朝の方針がうかがえる。

奥羽両国は平泉のとき以来、金・馬・布（麻）・絹の産地として位置づけられてきた。郡・庄・保の所当年貢として京・鎌倉に運ばれるこれらの産物の確保、それは中世国家の威信にかかわる重大な政治課題であった。このような現実的課題との関連において、平泉以来の先例を守るという幕府の政策基調は理解することができよう。

その一方では、地頭の新田開発を奨励する幕府の政策が見られる。陸奥国長世保《ながせのほ》では地頭が開発した新田を地頭の名田《みょうでん》とする。関東御領陸奥国好島庄では、地頭の開発後三年間は無税、三年以後は地頭別名《べつみょう》として一町別十段の准布（麻布）を納めるのみで雑公事を免除するという法令が出されている

（高洲《たかす》文書承元三年三月廿九日関東御教書、飯野文書文永九年五月七日関東下知状）。このような開発奨励策は、東国全般を通じて見られるものであるが、奥羽両国のばあいはとくに、地頭の強力な権限を利用しながら開発が大々的に進められたものと考えられる。そして開発の進展は奥羽の農村の変貌をもたらし、平泉以来の現状維持という基本政策と矛盾するようになるのである。

また、夜討・強盗・博奕の輩・悪党などの禁圧、奥大道（後の奥州街道）など交通路の保全は、奥羽における重要な政治課題であった。建久六年強窃二盗・博奕の禁令が陸奥・出羽以下の国々に出された（吾妻鏡建久六年八月廿八日条）。建長二年（一二五〇）にも博奕の禁令が出されたが、陸奥国は常陸・下総とならんで浪人（浮浪者）が多く、博奕の盛んな国であったという（同建長二年十一月廿八日条）。建長八年には奥大道の夜討・強盗の禁圧のために、道筋の地頭二四人にたいして、宿々の警固を命じた。正嘉二年（一二五八）にも出羽・陸奥の夜討・強盗の禁令が出された（鎌倉幕府法追加三〇七・三一九条）。そして、幕府の命運を決することになる蝦夷の叛乱（安藤氏の乱）にいたるまで、奥羽の治安維持のために幕府は最後の最後まで苦しんだのであった。

地頭の開発

奥羽の郡・庄・保の新たな主人公となった関東御家人の多くは、関東の本領はもちろんのこと西国（中国・四国・九州）の各地にも所領をもち、みずからは鎌倉に住んで将軍に近侍する存在であった。奥羽の所領の管理は一族あるいは家臣の手にゆだねられた。そして、一族・家臣もまた直接現地に赴くことは少なく、実際の管理は現地の住人にまかせられることが多かったのである。

陸奥国宮城郡山村の地頭高柳宗信の「代官郡司太郎」（朴沢《ほうざわ》文書永仁三年三月廿八日関東下知状）、同国一迫《いちのはざま》莉敷郷の「沙汰人金藤三郎」（地頭は甲斐為行）（朽木文書嘉元三年閏十二月十二日関東下知状）などの名前が知られる。地頭の現地支配にとって、沙汰人はなくてはならない存在であった。かれらは農民から取った米穀の年貢とひきかえに、布・馬・金などの現物を交易などの手段によって調達し（鎌倉幕府法追加九九条）、夜討・強盗を見聞しだい注進すべき義務を課せられるような存在であった（同三一九条）。

かれらを支配機構の末端に組織することによって、地頭の正員たる関東御家人は鎌倉にいながらにして、奥羽の布・馬・金などを年貢として手に入れることができたのである。

年貢収益の増大をめざして、地頭は新田開発に力を入れた。地頭のもつ権力と財力が最大限に発揮された。幕府の開発奨励政策が有利に作用した。

陸奥国高用名の地頭留守（伊沢）氏の新田開発はその典型であろう。七北田川《ななきたがわ》から南宮《なんぐう》にのびる自然堤防周辺の沼沢地（泥炭地帯）において、大規模な開発が進展している。自然堤防北側の「荒野七町」（一町は三六〇〇坪）は文暦元年（一二三四）の頃には開発が終り、その周辺の低湿地にむけて開発がさらに継続していた（留守文書文永十二年岩城分荒野七町絵図）。南側でも「荒居打越」とよばれる新田ができ、そこからやがて「荒居村」ができあがった（同正安二年五月廿一日留守家政譲状・元亨四年六月十九日留守家明譲状）。

沼沢地の開田は底なしの汚泥とたたかいながら排水路を設け用水路を引くという難工事であった。

その労働力となったのはどのような人々であったろうか。留守一族の法眼良弁が開発主となった「南宮内手殖《てうえ》参（三）町」の耕作者は、淡路房・伊与（予）房・清次郎・藤内兵衛の四人であった（同正安二年五月廿一日留守家明譲状）。また留守家明の娘、四保女子に譲られた水田五町の作人として、長町・荒居入道・河内房などの名前が見える（同元亨四年六月十九日四保女子分田在家坪付注文）。

このうち、淡路・伊与（予）・河内などの国名を名乗るものは、宿《しゅく》の非人であったと考えられる。岩切東光寺の下、七北田川のほとりには河原宿五日市庭（場）があった。留守氏は宿の住人を在家ごとに掌握、文配下においていた。道路の清掃（きよめ）・雑芸・雑業・乞食などで生活を送る宿の非人たちを、新田開発の労働力そして開発田の作人として動員することが、留守氏には可能であったのである。奥羽の地は飢饉などの影響もあろうが、浪人（浮浪者）が多かったといわれる。かれらを開発の労働力として利用することもあったと考えられる。もちろん一般の農民のばあいもある。さきの清次郎・藤内兵衛などがそうであろうか。

このような開発によって地頭の力はますます強大になり、新しい村や郷が生まれるなどの経済的発展がもたらされた。だが、開発にともなう矛盾の存在も忘れてはならない。陸奥国大谷保《おおやのほ》三宅村の地頭菅原有信は用水を引くために隣村の麦桑畠を潰して訴えられた（田代文書建治二年七月廿日菅原有政代僧浄心和与状）。同じく中尊寺領衣河北保村でも、隣村の地頭が用水のために垣林を散々に切払って訴えられている（中尊寺文書正応元年七月九日関東下知状）。また、新田開発のために現作耕地を荒廃させたり、あるいは現作耕地を荒廃田と称して地頭名に囲い込んだりする非法行為も見られた。開発の進行は、旧来の田・畠・荒野の境を動かし、用水の慣行を破壊するなど、人々の争いをひき起こす原因になるのである。

在地の抵抗

正治二年（一二〇〇）五月陸奥国葛岡郡小林新熊野社で坊領境《さかい》をめぐる相論がおきた。この相論は地頭畠山重忠を越えて将軍頼家の直接裁断するところとなった。当事者の申し立てを聞き実検使を派遣するなどの手続を経ないで、いきなり絵図の中央に墨を引いて境を定めるという専断措置がとられた（吾妻鏡正治二年八月廿八日条）。頼家の人柄を物語る有名な事件である。新熊野社では建暦元年（一二一一）にも相論がおきた。畠山重忠にかわって地頭となった平資幹《すけもと》が、神田押領のかどで訴えられたのである。訴人は隆慶という社僧であった（同建暦元年四月二日条）。

正治二年八月には陸奥国伊達郡で境相論がおき、幕府の実検使、本邦無双の算術者、大輔房源性が派遣された（同正治二年十二月三日条）。出羽国でも、承元三年（一二〇九）五月羽黒山の衆徒が群参して地頭大泉二郎氏平を訴えた。氏平は一万八千枚の福田料田を押領し、山内のことに口入（干渉）をおこなったという（同承元三年五月五日条）。

このような情勢のなかで、正治二年八月の幕府法令が出された。頻発する境相論などの紛争にたいして、「陸奥・出羽両国諸郡郷地頭の所務のことは秀衡・泰衡の旧規を守るべし」という頼朝以来の方針があらためて確認されている。秀衡のときに懸けられた境ごとの札（標識）を守って、境相論をおこさないようにとある（同正治二年八月十日条）。頼朝から頼家・実朝の代になって、地頭の勢力が次第に浸透し、開発が進みはじめると、奥羽の天地は激しい紛争の場と化したのであった。それにたいして、秀衡以来の先例を守れという幕府の基本原則は、いつまで有効性を保ち続けることができたであろうか。

正治二年九月陸奥国柴田郡で合戦がおきた。当郡の豪族芝田次郎は病気と称して鎌倉に出頭せず謀叛人として追討をうけることになった。芝田の館が陥落したのは九月十四日であった。追討使として鎌倉から派遣された宮城四郎家業は、伊沢家景の弟であった（同正治二年八月廿一日・十月十三日条）。家業の追討使就任は、家景の陸奥国留守職と無関係ではなかろう。両者あいたずさえて叛乱の鎮圧にあたったのではないか。かれらの子孫たちは代々、戦国時代にいたるまで、芝田の乱における先祖の活躍を語り伝えた。芝田次郎は身長八尺二分（二・四六メートル）、七百人力の朝敵弥次郎左衛門ということになっている（余目《あまるめ》氏旧記、永正十一年成立）。鎌倉時代の伊沢一族さらには奥州全体にとって、この乱が重要な意味をもっていたことを傍証するものであろう。この乱の直接的原因は明らかではない。だが、奥羽における一連の相論・紛争のなかに、この乱を位置づけて考えることは可能であり魅力的なことであろう。芝田次郎の乱はこの時期におきた一連の相論・紛争のピークとなる事件ではなかったか（遠藤巌「石巻地方における中世的開発に関する一考察―とくに長者伝説の分析から―」）。

これらの一連の相論・紛争において多くのばあい、原告となったのは奥羽の現地の住人、被告は地頭を代表とする関東の人々であった。関東の勢力の浸透にたいする奥羽の側の根強い抵抗が見られる。陸奥国小林新熊野社や出羽国羽黒山は、いずれも平泉以来の伝統をもち頼朝の安堵状をうけるなど格式の高さを誇っていた。それ故に地頭を告発することが可能だったといえないことはない。だが、正治二年八月の幕府法令が語るように、地頭の所務をめぐる境相論以下の紛争は一、二に止まらず頻発したのであって、小林新熊野社や羽黒山の事例は例外どころか、むしろ典型ともいえる事件なのであった。

地頭にたいする住人の側の抵抗は、地頭の先例侵犯つまり新儀非法を非難するというように、先例をたてにとっていることが多い。奥羽のばあい、その先例とは平泉以来の慣行、すなわち秀衡の先例にほかならない。奥羽の住人にとって、秀衡の先例は地頭に対抗するうえで強力な武器となったのである。秀衡の先例を守るべしという基本政策を幕府に採用させ維持させる無言の圧力となったのは、このような奥羽の住人の動向ではなかったか。かれらを鎮めることなしに、奥羽の金・馬・布を手に入れることはむずかしい。住人の側はまた、この基本政策を最大限に利用して地頭との法廷闘争を展開したのであった。

その意味で興味深いのは平泉中尊寺の衆徒（僧侶）等の動向である。藤原氏の滅亡以後、中尊寺には惣別当職が置かれることになった。代々その職についた鎌倉の高僧たちは代官を派遣して寺の管理をおこなっていた。この惣別当にたいして、前代以来の寺住者たる衆徒の集団は、鎌倉時代を通じて抵抗を続けたのである。衆徒の人事・所領相続にたいする別当の介入、あるいは寺塔の修理不履行のことなどが、衆徒等の告発の対象であった。二代別当理乗坊印鑁《いんばん》、五代別当宰相法印最信などはいずれも衆徒等の訴訟によって解職された（中尊寺文書建武元年八月日中尊寺衆徒等言上状）。

衆徒等はまた、平泉に絶大な影響力をもつ葛西氏にたいしても訴訟をくりかえした。建治・弘安・正応の頃（一二七五～九二）には、山野・用水などのことが問題となった。寺僧等の山野草木採用にたいして公事課役をかけ、寺領百姓等を狩などの雑役にかりたて銭貨を徴収し、あるいは用水を通すために寺領衣河北保村の垣林を切払うなど、葛西一族の新儀非法が告発の対象となった（同正応元年七月九日関東裁許状）。嘉元三年には、仏神事をめぐる相論がおきた。六ヶ度大法会以下の仏神事の費用を横領して納めない、あるいは「御願所仏神事御代官」として自ら幣帛を捧ぐべきところを郎従に代参させるなど、葛西惣領宗清の不法行為が告発の対象であった（同嘉元三年三月日中尊寺衆徒等言上状）。

秀衡以来の先例を高々と掲げて、鎌倉の惣別当そして葛西氏に対抗した中尊寺衆徒等の動向は、奥羽の住人全体の心情をもっとも明瞭に写しだす鏡であった。

四　北条氏所領の展開

地頭支配の危機

奥羽の支配機構の根幹をなした郡（庄・保）地頭職は、鎌倉時代を通じて転々ともちぬしを交替した。陸奥国名取郡地頭職は最初、和田義盛に与えられたが、建保元年（一二一三）和田合戦の後、三浦義村に替えられ、宝治合戦によって三浦氏が滅亡すると、北条時頼の所領となった。遠田郡地頭職も和田合戦の結果、山鹿《やまが》遠綱から北条泰時に替わり、加美郡地頭職も宝治合戦によって、加藤氏から足利氏に替わった。畠山重忠の葛岡郡地頭職は元久二年（一二〇五）畠山一族の滅亡によって、常陸大掾一族の平資幹の所領となった。

このような地頭職の交替の結果、鎌倉時代のなかばをすぎる頃には、奥羽の諸郡（庄・保）の大半が北条氏の所領となったのである。それは、畠山・和田・三浦などの諸氏を次々と滅亡させて、北条氏が専権を確立してゆく中央政局の推移と揆を一にする現象であった（巻末の地頭表を参照）。

それとともに注目すべきは、郡（庄・保）地頭職の内部的変化の過程である。地頭の勢力が領内に浸透し開発が進むにつれて、郡（庄・保）内の村・郷を財産として地頭の一族に分割・譲与する例が多くなってくる。村・郷地頭職の成立である。

陸奥国大谷保三宅村の地頭菅原有信と隣接の泉田村の地頭有政とは兄弟であった。かれらは父政光の分譲をうけて村地頭となったのであった。政光はさらに、その父から村々の分譲をうけたのである。このように、大谷保内の村々は菅原氏一族のあいだで次々と分譲されていったと考えられる。もちろん、大谷保地頭職という保全体にわたる権益は分割されることなく菅原氏の惣領の系統に保持されていたと見られる（田代文書嘉禎元年十二月二日菅原政光譲状その他）。陸奥国宮城郡山村（庄）の地頭高柳忠行は、五人の男子に所領を分譲するとともに、嫡子行泰を惣領として大嘗米などの公事配分の責任を負わせ、全体の管轄に当らせた（朴沢文書永仁三年三月廿八日関東下知状）。

だが、村々郷々の地頭として、一族が枝状に分かれ発展していく反面には、複雑な問題が生じつつあった。郡（庄・保）全体にわたる権益を有する惣領家が村々郷々の庶子家を統轄しながら、一族集団としてまとまって農民支配を遂行するという惣領制的支配方式は、鎌倉時代の後半に入ると次第にその矛盾を露呈しはじめる。開発が限界に達して行きづまり、新たに分譲すべき村・郷が少なくなってくる。年貢収入をふやそうにも農民の抵抗があってむずかしい。所領をめぐって一族間の争いが激しくなる。

大谷保の菅原有信・有政の兄弟は、用水のことだけではなく、農民の屋敷一宇（軒）・田一町をめぐって争ったのである（田代文書建治二年八月廿五日関東下知状）。山村（庄）でも、腹ちがいの弟、宗信に分譲された猪沢・薯蕷《いも》沢を、惣領行泰が押領しようとした。相論に敗れた行泰の所領は幕府に没収された（朴沢文書永仁三年三月廿八日関東下知状）。それでも相論が一族の内部にとどまっているうちはまだよい。婚姻等を通じて、一部の村・郷が他家の手にわたったばあい事態はより一層深刻であった。

陸奥国一迫の村々は地頭狩野氏一族の所領となっていた。ところが狩野為時の四女文殊が近江国の御家人佐々木道頼の妻となったために、板崎郷だけは佐々木氏の手にわたることになった。板崎郷地頭佐々木義綱にとって、母文殊の弟で苅敷郷地頭となっていた甲斐六郎為行は叔父にあたる。この両郷の間に境相論が発生、苅敷郷側は大勢の人数をくりだして、板崎郷の百姓仏阿・平太二郎・藤平二・金藤太郎・平三郎の名田作稲を苅取ったとして告発されるにいたった（朽木文書嘉元三年閏十二月十二日関東下知状）。農民間の相論が領主間の相論を惹起したかたちである。

陸奥介平景衡は陸奥国八幡庄の地頭であったが、庄内の蒲生郷および鎌倉の屋敷地一町を娘鶴石に分譲した。そして鶴石の夫、那須資長から、その子高頼へと伝えられたのである。同じく隣接の萩薗郷も景衡から飯高長経へ、さらにその子胤員へ伝えられた。八幡庄全体にわたる権益が景衡の嫡統に伝えられたことはもちろんであるが、婚姻関係を通じて領内に他家が入り込んできたことは複雑な事態をまきおこした。文永九年（一二七二）、飯高胤員の萩薗村と那須資長の蒲生村との間で、境相論が起きた。ついで正安二年（一三〇〇）には、惣領陸奥介景綱と蒲生村の那須高頼との間で、公事配分をめぐる紛争が起きた。高頼は召米以下の御家人役の割あてに応ぜず相論となったが、庄全体の公事の五分の一を高頼が分担することでやっと妥協がなった（以上、秋田藩家蔵文書・白河文書文永元年十月十日関東下知状、同正安二年十二月廿日将軍家政所奉行人連署下知状、その他による）。

葛西氏のばあいも、岩井・伊沢などの所領を、惣領宗清・伊豆太郎時貞・彦五郎親時らの一族で分割して、それぞれ代官を置いていたことが知られる（中尊寺文書正応元年七月九日関東下知状）。ところが岩井郡千馬屋《せんまや》郷は宗清の父清経のときに、茂木《もてぎ》氏に嫁いだ娘に分譲されて葛西氏の手を離れることになったのである（茂木文書弘安八年三月十五日尼慈阿譲状その他）。北条氏所領のなかには、このような婚姻関係を通じて北条氏のもとに流入したものがあったようである。

所領の細分化、領主間の相論の激化など、地頭支配の危機ともいうべき困難な事態をむかえて、さまざまな対応が見られた。所領のこれ以上の細分化、他家への流出を防止するために、嫡子以外の庶子や女子にたいする所領の分譲をさしひかえることが多くなった。所領支配を現地住人にまかせておけなくなって、鎌倉から奥羽の地に移住して来る人々も多くなった。鎌倉御家人の地方下向・土着といわれる現象である。かれらのうち在地に根を下すことに成功した人々は、やがて南北朝期以後の奥羽世界のにない手となってゆくのである。反対に奥羽の所領に見切りをつけて、西国の所領に移住した人々もいる。たとえば陸奥国長世保木間塚村の地頭山鹿遠忠は奥州の所領を他人に与え、交換に備後国高洲庄内に所領をえた。遠忠の子孫はその後、備後国で栄えた（高洲文書延応元年九月廿六日将軍家政所下文写）。

郡（庄・保）地頭職そして奥州惣奉行（出羽国留守所・秋田城介）を支配機構の基軸として、平泉以来の先例の維持という政策を基調とする幕府の奥羽両国支配は、破産寸前のところにまで来ていた。このような危機的状況のなかで、北条氏所領が飛躍的な拡大を展開する。その秘密は一体どこにあったのであろうか。

北条氏所領の内部構造

鎌倉後期奥羽の大半を覆いつくした北条氏所領の成立事情は複雑である。鎌倉初期以来の北条氏所領は津軽四郡・外浜・西浜・中浜など、奥羽の最北辺の一画にすぎなかった。さきにも記したように、和田合戦・宝治合戦などの結果、いわば中央政局の推移の結果として獲得された所領がそれに加わる。それが基本である。さらに婚姻関係などを通じて流入したものが加わる。北条氏の権勢にとり入ろうとして、多くの御家人が娘を嫁がせ、所領を持参させた。所領の一部を北条氏に手渡しても、領主間の紛争・相論その他の場面で北条氏の政治的援助をえられれば十分におつりが来る。御家人が所領を北条氏に寄進・贈与することは原則として禁じられていたが、婚姻関係という抜け道を通ってことが進んだのである。また、相論に敗れたり犯罪行為などの事情によって没収された御家人の所領も北条氏所領となることが多かったと見られる。罪科によって没収された相馬師胤の所領三分の一が、北条高時の側近長崎思元に宛行なわれたという事例もある（相馬文書・欠年月日長崎思元代良信申状）。

こうして、さまざまな手段を通じて、他家の所領を吸収合併して雪だるまのように拡大した北条氏所領の内部には、この時期の地頭が直面していた多くの困難がそのまま持ち込まれることになったのである。北条氏所領の内部には実にさまざまな要因がふくまれていたのである。

全国各地にひろがる北条氏所領の管理の中心は鎌倉の公文所《くもんじょ》であった。公文所の事務官僚は、各地の所領から上る年貢の計算や行政命令の文書（北条氏公文所奉書という）の作成にあたるなど、いそがしくたち働いていた。各地の所領には村・郷ごとに地頭代（給主）が任命され支配をまかせられていた。

たとえば、鎌倉末期の陸奥国糠部郡では、郡内の村々を一戸《いちのへ》〜九戸に分けて、一戸には工藤四郎左衛門入道・浅野太郎・某、二戸は横溝《よこみぞ》六郎三郎入道浄円、三戸は横溝新五郎入道・大瀬次郎・合田四郎三郎、五戸・六戸は不明だが、七戸は工藤右近将監・横溝弥五郎入道・横溝浄円、八戸に工藤左衛門次郎、九戸に右馬権頭茂時などが給主として知られる。このうち、工藤・横溝・大瀬・合田などの一族は北条氏被官として著名な存在であった。かれらは鎌倉に住んで北条氏に近侍しながら、全国各地の村々の地頭代（給主）職を兼帯していた。現地には所務代官として地元の住人が採用されていた（豊田・遠藤・入間田「東北地方における北条氏の所領」を参照のこと。北条氏関係の記載は、とくに注記するものを除いて、それによる）。

津軽四郡のうち平賀郡では、大平賀・岩楯郷は曾我氏、乳井《にゅうい》郷は平姓小川氏、なかのまちい郷（沼楯村）は片穂《かたほ》氏から婚姻関係を通じて曾我氏が地頭代となっていた。このうち曾我氏は陸奥国名取郡土師塚《はじづか》郷・四郎丸郷（若四郎名・おたかせ村）の地頭代職を兼ねていた。片穂氏も名取郡平岡郷・筑前国綱別庄小法師丸名などの地頭代であった。また曾我光高の所領大平賀村の所務代官摩祢牛入道は、私宅に年貢銭百余貫文・小袖・帷などの財宝を貯えていた。近隣の鼻和《はなわ》郡摩祢牛郷に関係のある高利貸的存在であろうか。

村・郷単位の地頭代（給主）とは別に、郡（庄・保）ごとに政所がおかれていた。津軽では、平賀郡政所綿貫入道、山辺郡政所などの存在をたしかめることができる。かれらは鎌倉の公文所から派遣された実務官僚で、村・郷の給主に公文所の命令を伝達し年貢の催促をした。ただし、給主がなく政所が直接支配をおこなう政所直領の村・郷もあった。反対に、政所の統制を受けず年貢額も半額の公田段別白布1／2反という特権を与えられたばあいもある。それを別納（請所）の村・郷という。政所の統制下のふつうの郷は例郷という。曾我氏の平賀郡平賀郷は別納請所として、郡政所や検非違所の使の立ち入りを停めるという特権を与えられていた。

政所―地頭代（給主）という支配方式は、摂津国多田庄など早くから北条氏の所領となっていたところに採用されたものと思われる。陸奥国では、津軽四郡・糠部郡のほかに遠田・名取など比較的早く北条氏所領となった諸郡（庄・保）に、この方式が見られた。これらの諸郡（庄・保）では、政所を中心として地頭代（給主）を結節点とする網の目のような組織によって、支配がおこなわれていたのである。多くのばあい、現地の住人は所務代官として採用されるのが、せいぜいであった。だが、奥羽の住人が北条氏の地頭代として活躍している例がまったくないわけではない。その典型は蝦夷管領安藤氏であろう。津軽西の浜、鼻和郡絹島尻引郷・片野辺郷、糠部宇曾利郷、仲浜牧、湊などの地頭代職をはじめとして、津軽・糠部・蝦夷地一帯にわたって勢力を扶植していた様子が知られる。

南奥州石河庄の石河氏一族も村々の地頭代となり、北条貞時一三回忌の仏事には鎌倉まで参上するなど、北条氏被官としての活躍がめざましかった。石河一族の坂路光信とその甥大炊助光行とが、庄内の蒲田村の地頭代職をめぐって争い、北条重時・時宗の裁定を仰いだこともあった。

白河庄南方の地頭結城宗広は、のちに南朝の忠臣として有名になるが、北条貞時の仏事に参列するなど、この時期には北条氏と密接な関係を結び、参河国渥美郡内牟呂草間郷・陸奥国津軽田舎郡河辺桜葉郷など北条氏所領の代官になっていた。宗広の本拠白河庄内でも北条氏所領となった村・郷があったと見られる。婚姻関係などによるものであろうか。

石河庄や白河庄などのばあい、津軽や糠部のように政所が置かれ村・郷ごとに在鎌倉の北条氏側近の被官が地頭代に任命されるという体制はとられなかったように思われる。それは決して珍しいことではない。比較的おそく北条氏所領になった郡（庄・保）では、惣領家の所領・権益は入手できても、村・郷地頭として枝分かれして既に現地に根を下していた一族庶子家の所領までは完全に奪うことができないで、村・郷地頭代として存続をみとめざるをえなかったのである。陸奥国亘理郡・出羽国平賀郡などのばあいはその好例である。婚姻関係などによって郡（庄・保）の一部の村・郷が北条氏所領となったばあいはなおさらそうであろう。北条氏は名目的な領主で、実権はもとの領主がにぎっているという事態さえ考えられる。

とにもかくにも、北条氏との関係を利用して地位の向上をめざそうとした奥羽の住人がいたことは事実である。とくに村・郷地頭などとして現地に根を下しながら一族相論などで悩む庶子家の人々などにとっては、北条氏との関係は苦境を打開する唯一の手段と思えたにちがいない。謡曲「鉢木」の佐野源左衛門常世などのような貧しい御家人を救けた北条時頼の回国《かいこく》伝説がもてはやされたゆえんである。

だが、奥羽の大半が北条氏所領となって北条氏被官となるものの数が急速に増えれば逆に、北条氏との関係を自分だけが誇示して地位向上の手段にすることはむずかしくなってくる。石河庄のように北条氏被官同士の相論も起きる。御家人領が北条氏所領になるにつれて、領主間の相論が幕府法廷ではなく北条氏の裁許機関（得宗方《とくそうかた》）であつかわれることが多くなったわけだが、領主支配の危機という事態の本質は少しも変っていない。北条氏のもとになだれ込むように集まってきたのは所領と人（被官）だけではない。紛争と混乱もまた、同時についてきたのであった。また、没収などによって北条氏に所領を奪われた多くの御家人が不満をもち所領回復の機会をねらっていた。北条氏所領の拡大によって領主支配の危機は緩和されるどころか、むしろ深まりを見せ、すべての問題が北条氏のもとに集中されることになったのである。

北条氏所領の拡大は領主支配の危機の産物であっても、危機の解決では決してない。領主支配の危機、累積する難問題を真に解決するためには、鎌倉からのリモート・コントロールを絶ち切って奥羽の住人みずからが政治主体として自立することが必要であった。奥羽両国を半植民地的状態から解放すること、これである。ところが北条氏のばあい、鎌倉の支配をますます固め専制的権力を強化することによって、事態に対処しようとしたのである。矛盾は深まるばかりである。その矛盾はやがて奥羽において最も古くかつ重要な北条氏所領、津軽方面で爆発することになる。

蝦夷の叛乱

元亨二年（一三二二）蝦夷の蜂起があり度々合戦におよんだ。蜂起は前々年から始まっていたという。正中二年（一三二五）六月、蝦夷蜂起の責任によって、安藤又太郎季長は「御代官職」（蝦夷管領の代官）を改易され、安藤五郎三郎宗季がその職に任ぜられた。蝦夷の蜂起はそれでもやまず、又太郎季長も幕府による解職を不服として抵抗を続けた。嘉暦元年（一三二六）三月「蝦夷征罰」のために工藤右衛門尉祐貞が派遣され、七月祐貞は又太郎季長を捕えて鎌倉に帰った。だがそれでもなお蝦夷の蜂起はやまず、嘉暦二年六月宇都宮五郎高貞・小田尾張権守高知が「蝦夷追討使」として現地にむかったが鎮圧しきれずに、翌三年十月和談をまとめて鎌倉に帰った。

以上は鎌倉年代記裏書（北条九代記）（続史料大成一八、続群書類従雑部八五五巻）が記す蝦夷叛乱の経過である。又太郎を季長、五郎三郎を宗季とするのは、遠藤巌「中世国家の東夷成敗権について」

の指摘による。

蝦夷蜂起は、代官職をめぐる安藤季長・宗季の相論と終始あい関連している。保暦間記（群書類従雑部四五八巻）・異本伯耆巻（続群書類従合戦部五七四巻）・諏訪大明神絵詞（同神祇部七三巻）などによれば、季長・宗季の相論がもとで、双方が「東夷」、魚骨の毒矢をもった「夷族」を動員して合戦におよんだのだという。北条高時の内管領として専権をふるっていた長崎高資が、双方から賄賂をとって収拾がつかなくなったことが、合戦の直接原因ともいう。

だが、嘉暦元年十月安藤季長が捕えられたのちも合戦が続いたのは、小田常陸入道（貞宗）に子息尾張権守高知の津軽出陣を依頼した幕府の御教書によれば、季長の郎従季兼やそれに味方する悪党が抵抗したためであった（結城古文書写嘉暦二年六月十四日関東御教書による）。同じく宇都宮備前守高貞にあてた幕府高官の書状によれば、「津軽山賊誅罰事」によって益子左衛門尉・芳賀弾正左衛門尉以下数輩が討死したとある（甲斐結城文書欠年十月十六日沙弥宗謐書状案）。又太郎季長の郎従に悪党や山賊までが加わった複雑な勢力であったことがわかる。安藤氏一族内の紛争だけにとどまらない複雑な矛盾関係が北辺の地に展開していたことを示唆するものであろう。

このような勢力による抵抗を総体として、蝦夷の蜂起と認識した幕府は、二度にわたる追討使の派遣はもちろんのこと、蒙古襲来のとき以来といわれる大々的な祈禱をくりひろげた。鶴岡社務記録（続史料大成一八）によれば、正中元年五月には北条高時邸で、同二年正月には鶴岡社頭において、「蝦夷降伏」の祈禱がおこなわれたという。金沢称名寺以下の諸寺においても読経の声が響いた。

蝦夷の蜂起は幕府にとって蒙古襲来とならぶ重大事と考えられた。叛乱をそのまま放置することは、幕府の東夷成敗権を自ら否定し幕府の存立基盤を失わせることになるからである。そして事実、蝦夷叛乱鎮圧の失敗は幕府の命取りになった。長崎高資の賄賂取得に象徴されるあまりの不手際ぶりによって、幕府の威信は地に落ち、後醍醐天皇の討幕の意志はますます強固なものになったのである。

南北朝内乱の中で

遠藤　巌

一　内乱と奥羽

太平記は語る

十四世紀の内乱は奥羽の人々にとって何であり、内乱期の奥羽はまた日本の歴史にとって何であったか。この問題を制度史の側面から整理するのが、本章の課題である。国家権力がめまぐるしく分裂し対立する内乱期のなかで、国家と奥羽のかかわりを追求するのは容易ではないが、内乱の各段階の変化にしたがって、国家の奥羽支配構想と支配機構およびその機能をめぐる階級関係について、大雑把な整理を試みることにしたい。

周知のように、太平記は内乱期の奥羽を次のように語っている。奥羽は「国ノ差図《サシヅ》ヲ見候ニ恰《アタカ》日本ノ半国ニ及ブ」ような広大な地であり、その住人は「元来無慚無愧《ムザンムギ》ノ夷共」であるが、南朝を支える北畠氏に従って力を発揮し、政治の舞台におどり出て、ときには国策さえも左右した、というのである。保暦間記も同様に描く。「出羽陸奥両国ハ日本半国ナンド申ス国」であり、「東夷」の地であって、鎌倉幕府は北条氏が中心となって重点的に支配してきたが、北条高時のとき東夷が蜂起し、幕府滅亡の契機となった。それだけに内乱期の政治家も奥羽の掌握に力を入れたのだ、と語る。太平記は、「宮方深重者《みやがたしんじゅうのもの》」の原作をさらに足利氏の監督下に学者を監修者として大成したとみられている軍記物であり、保暦間記は、幕末期の鎌倉から建武政府を経て室町幕府に勤番したとみられる一武将の書きあげた史論書である。同時代に成立した物語や史論書にこのように描かれただけでなく、この書も描写もこの時代から多くの人々に読まれ受け容れられてきたところに、われわれが内乱期の奥羽に取組むさいの原点がある。

この奥羽観には、広大で異質な世界であるがゆえに国家が特別支配策を講じた点と、奥羽武士が北畠氏に従って南朝方として活躍した点との、二つの要素がもりこまれている。従来は、後者の記述に焦点をあて、事実を裏付けて、ここに内乱の意義を求めてきた。戦前に奥羽南北朝史論が鼓舞されたのはいうまでもなく、この作業のなかで貴重な史料を続々と発掘した。戦後の惣領制論や領主制論に立脚する研究は、この文書群を検討して、内乱期に活躍した奥羽武士は鎌倉期関東武士団の庶子系であり、かれらの自立化を促進する北畠氏の政策とあいまって中央政治の場で注目されたことと、また、かれらの国人領主制形成の指導権争いが南北両党の激突になったことを明らかにした。現在、東北各地ですすめられている地方史研究は、この論に立って、各地域ごとにくりひろげられた合戦を生々しく描写しながら、内乱のなかで骨太く自立する領主個々の具体例を豊富につけ加え、その成果を誇っている。

この立論では、北畠氏との関連から多少は国家論と接近する面もあるが、太平記等の語る前者の奥羽観については、広大さを国人領主の開発の舞台に転化し、蝦夷よばわりについては蔑視観またはアイヌを含んでいたからだという指摘にとどまっている。このところに、多分の問題を残していると考える。

太平記を子細にみると、後醍醐天皇や護良《もりよし》親王あるいは万里小路《までのこうじ》藤房《ふじふさ》や愛宕僧の口をかりて東国武士までが東夷であるというのに対して、地の文で奥羽蝦夷観を表現していることに気づく。これは太平記を離れてみても同様であって、後醍醐が正中の変のさい「関東は戎《(東)》夷なり、天下の管領然るべからず」（花園天皇宸記）と言いきり、討幕を命ずる綸旨や令旨でも「東夷成敗《(征伐)》」（光明寺残篇・高野山文書）と記すのに対して、北条氏ら東国武士は、東夷とは蝦夷のことであり奥羽および夷島の住人のことだという強い共通認識を表明していた。征夷大将軍を頭目と仰ぐ鎌倉で、この蝦夷観を強調する必要があったことは前章で述べられたとおりであり、保暦間記がその認識をふまえて奥羽を叙述したのは当然であった。延文元年（一三五六）に作成された諏訪大明神絵詞が奥羽蝦夷観と幕府による奥羽支配の重要性とを強調するのも、この書の作者である信濃国諏訪社上宮神宮寺執行職の大進房円忠《えんちゅう》が、かつて鎌倉幕府公事奉行人であったことからすればうなずける認識である。しかもこの絵詞の場合は、円忠が雑訴決断所奉行から室町幕府引付奉行を歴任し、王朝人との親交も厚く、王朝側の全面的な援助と検閲をえてこの縁起を作成し、そのさい蝦夷観については天皇と将軍以下の支配者層に納得される共通認識として書きしたためているところに、注目される。

内乱期をつうじて、依然として鎌倉期以来の奥羽蝦夷観が広く認められていた、とすれば、奥羽武士の自立と国人領主制形成という従来解明された成果との関連が当然問題になる。後醍醐らと東国武士の東夷観のズレは、蝦夷観が観念的な認識であったことと、国家の奥羽支配策のなかに常に不動の位置を占めていたわけでないこととを物語っているが、奥羽を語るときに蝦夷観が絡みつき、それが政治家の間で信じられるほど、政治思想として奥羽支配構想と結びつくのであり、内乱期の国家が奥羽に対して蝦夷観をともないつつ特別支配策を講じたという面は、あらためて注目する必要がでてくるのである。太平記等の認識にたちかえって、この点にまず注目しておこうと思う。

元弘没収地の宿命

同じく、北条氏が奥羽に築きあげた支配体制との関連にも配慮しようと思う。従来、この点については、討幕過程に関心が集中し、惣領対庶子または御家人対御内人の図式をもって、庶子系御家人奥羽武士の自立が得宗専制によって阻礙《そがい》された面を強調してきた。

例えば、南奥行方郡に拠点をおき郡内の小高村を苗字の地とした相馬重胤の場合、下総国相馬御厨に本領をおく相馬一族の有力庶子として、相伝する行方郡の約三分の一の所領を下総本宗家および内管領一族長崎思元《しげん》に押領されたことに対抗し、元亨三年（一三二三）下総から行方郡に入部したが、得宗権力の前に十分な所領支配を展開できなかった、と説明する。白河庄を本領とする結城白河宗広についても、鎌倉末期の段階で、白河庄の中心部荒砥崎村一帯は本宗下総結城家の惣領朝祐自身の所領であり、庄の北部と南部にひろがる広大な迫田地帯も下総結城家の一族が掌握し、宗広の知行分は全体の三分の一ほどにあたる阿武隈川本流沿いの村々にすぎず、さらに庄内の成田郷等は北条一門領となっていた。それだけに、自立に夢をかけて討幕に加わったのである、と説明する。正中の変の当初から後醍醐の側近にいた伊達三位房有雅《ゆうが》や、足利尊氏の入洛以前に千種忠顕に属して六波羅を攻撃した結城白河親光などは、現体制が続くかぎり田在家程度しか本領にできないような典型的な庶流の庶子であり、鎌倉攻撃に馳せ加わった南部時長・政長兄弟も、甲斐の本領を長崎思元の聟となった従兄弟南部武行によって押領され、回復の望みを失っていたし、鎌倉陥落の翌々日、南奥仙道方面の北条氏拠点である安積郡佐々河城に北条一門塩田国時の子息らを攻撃した石河光隆も、平安末期以来の伝統をつぐ石河庄内の村落領主であり、同時に父祖三代にわたる御内人身分であったにもかかわらず、得宗家と結んでいた舎兄等一族の前に、本領とたのむ庄内の田在家さえも支配が困難になっていた。討幕に立ちあがったのは当然である、という従来の説明はたしかに説得的である。

ところで、前章で解明されたように、奥羽での北条氏領は全国支配をめざす得宗権力の一基盤として設定され、奥羽全域支配機構の掌握という側面を強くもっていた。大量の御内人が奥羽に投入されるだけでなく、郡地頭職の集積や再編をつうじて、奥羽に所領を有する御家人層を北条氏の御内人または準御内人として組織し、各々に全国支配の役割を与える。津軽安藤氏や南奥石河氏または安積郡や田村庄を苗字の地とする伊東安積氏や藤原姓田村氏等々、個々の事例をあらためて列挙するまでもない。前述の結城宗広にしても、本宗結城家が幼主つづきであったことや宗広自身が父祖譲りの才能に恵まれていたとはいえ、得宗家から準御内人的な御家人として政治活動の場で殊遇《しゅぐう》をうけ、また津軽田舎郡桜葉・河辺両郷をはじめ参河国渥美郡や駿河国須津庄等得宗領内の郷地頭代職を預けられているように、得宗専制の内部で力を発揮していた。討幕の令旨をうけとって一ヵ月ものちに、新田義貞の挙兵をみてから、時機に臨んでいるのも、得宗権力がめざしていた将来性に賭けてもよい立場にいたからではなかったか、とさえ考えさせられる。討幕の過程で去就に苦しむ奥羽領主層の姿は、随所に刻みこまれている。北条氏支持にまわり、北条氏と命運を共にし、また北条氏余党として建武政府に長く抵抗をつづけた領主層が奥羽に多かった事実は、北条氏の専制に屈服させられたためだけではなかった。

奥羽での得宗専制の矛盾は、保暦間記が特筆したように、津軽安藤氏が中心となっておこした「蝦夷反乱」などに端的にあらわれている。この反乱は究極の解決をみず、依然として燻る余燼のなかに本質的な問題をとどめながら、建武政府成立後から内乱期になだれこんでいるが、このときには、関東武士から蝦夷頭目として山賊・悪党よばわりされていた安藤一族が、同じながら「悪党の名人」などといわれている。同じく、建武政府が成立した時点で、南奥岩城郡におこった岩城一族鎌田氏の内紛にさいして、「名誉悪党」「未曾有惣領」といわれる新興村落領主層が甲乙人《こうおつにん》数百人ともども地縁的に結びながら内紛に加担し、大将軍を私称する組織をあらわにしながら政治の表面におどりでていた（三坂文書）。征服蝦夷地として支配された奥羽のなかで、このように確実に下から盛りあがっていた動きは、北条氏滅亡を契機にして奥羽全域にいっそう爆発するが、このような動きを封じこめる機構が北条氏の支配体制であって、奥羽に所領をもつ関東武士が御内人または準御内人となってまで北条氏のもとに結集した条件であり、北条氏による郡地頭職の集積と再編を可能にしていたのである。

北条氏の滅亡後は、北条氏所職が元弘没収地の中核をなし、内乱期の分裂する国家権力によって、全国支配達成のための最大財源として運用されるが、奥羽の元弘没収地の存在形態が、全国支配をめざす一基盤として奥羽全域の支配機構と密接不可分であり、いわば奥羽全域が元弘没収地の指定をうけるという特質をもっているだけに、内乱期の政治社会で奥羽が注目される要因ともなる。内乱期をつうじて、国家権力が分裂するほどに、奥羽はくりかえし元弘没収地の烙印をおされ、領主層の草刈場とされ政治的対立をかきたてられるが、それと同時に、奥羽の元弘没収地の運用はすぐに得宗専制が奥羽支配をてことして志向した政治路線や支配機構と直面せざるをえない、という問題を含むのである。成立期の鎌倉幕府が奥羽全域没収地の論理を楯にとり、奥羽支配に着手した状況と酷似しているが、得宗専制の中で成長した奥羽諸氏と内乱期の国家権力とのかかわりからすれば、奥羽内の各階級にとっても国家側にとっても元弘没収地の宿命はきわめて重い。この点を配慮しておきたいと考える。

二　奥羽の建武新政

鎮守府将軍と秋田城介

建武政府の本格的な奥羽支配は、後醍醐が、元弘三年（一三三三）八月五日北畠《きたばたけ》顕家《あきいえ》を陸奥守に、同十五日葉室光顕《はむろみつあき》を出羽守兼秋田城介に任じたことから始まる。中央集権的な地方支配組織の要として改革にのり出した国司制度の一環であるが、このうち陸奥守が、相模守足利直義《ただよし》とともに、他国司とは一線を画す特別国司であり、国府を幕府的組織に整備した点で、当時から注目をあつめてきた。佐藤進一『南北朝の動乱』は、特別国司制成立の背景を次のように説明する。構想を立案し実施に導いたのは北畠親房と護良親王であり、かれらは天皇親政をむねとする建武政権下で、後醍醐とは政治思想を多少異にして、幕府機構の現実的存在意義を認める立場にあり、倒幕後の武士勢力を吸収しつつあった足利尊氏の台頭をおさえるために、特に関東の背後の陸奥国を政府側に固めようとし、奥州武士の自立策をたて、その武士を掌握できる体制として幕府的機構をともなう国府再建をめざした。関東一〇ヵ国に特別権限をもつ鎌倉府の整備は、陸奥国府に対する足利氏の巻き返しであり、皇太子恒良親王の同母弟義良《のりよし》・成良《なりよし》両親王を陸奥と相模各々に派遣したところに、後醍醐親政との妥協点があったのである、と。見事な解明であり、通説となっている。この立論を咀嚼して、奥羽支配構想とその機能を再確認しようと思う。

まず注目されるのは、後醍醐が隠岐から帰京した六月五日早々、真先きに尊氏を鎮守府将軍に任じ、ついで十三日に護良を征夷大将軍に任じたことである。出羽守の秋田城介兼任というのも異例である。これについては、幕府再興をのぞむ尊氏が当初から征夷大将軍を切望したのに対して、後醍醐は一段と低い権威の鎮守府将軍を与え、征夷大将軍護良とかみあわせることで対抗しようとしたからだ、と考えられている。実際、前述したように、東国東夷観を口にする後醍醐や護良にとっては、鎮守府将軍の称号は権威の象徴という認識が強かったにちがいない。当時の有職官職書では、平安期の有職書をうけつぎながら、鎌倉期の状態をふまえて、源頼朝以後は征夷大将軍が常設されて征夷の機能を包摂し鎮守府将軍を廃止したのだ、と説明している。ここには無形の権威という解釈はないが、鎮守府将軍は征夷大将軍に包摂されるのである。

ところが、鎌倉幕府では、蝦夷観を奥羽・夷島に限定することで政策に生かし、有職書の解釈よりシビアに鎮守府将軍を征夷大将軍の現実的な機能の中核に設定してきていた。秋田城介も同様である。この称号が尊氏にとって無形の象徴に終るはずはなかった。

足利尊氏は鎮守府将軍に補任されてまもなく、後醍醐に申請して、一三ヵ国にわたる元弘没収地三〇所の地頭職を与えられた。そのなかに北条泰家《やすいえ》領であった陸奥国の外浜・糠部郡等が含まれている。同じく七月十九日、尊氏の推薦をうけた新田岩松経家も北条顕業《あきなり》領の出羽国（ママ）会津地頭職を与えられた。このときの尊氏・直義兄弟や経家らの得た地頭職をみると、全体的にみて相模・武蔵両国に重点があったことは、尊氏の狙いがたしかに幕府再興におかれたことを示している。鎌倉期以来の尊氏の家領加美郡や一門斯波氏の家領斯波郡と合わせて、いっそう増大する陸奥国所領も、その一環であったことはまちがいない。しかし、尊氏の陸奥で得た地頭職がかつて得宗家により蝦夷沙汰権執行を現実化させる上で大きな役割を与えられていた北奥の郡地頭職に限定し、その大半を占め、実際、尊氏がただちに代官を派遣して、鎌倉末期に蝦夷沙汰代官職に就いていた安藤氏に対し所務執行を伝えた所に、秘められた実体がある。これは単なる地頭職ではない。また、北畠氏が陸奥守に就任してからも、尊氏は津軽四郡をはじめ陸奥の所領調査をおこない、旧関東御領好島庄などに年貢沙汰を命じており、北畠氏も後醍醐もその尊氏の行動を非法とみなしていなかったのである。奥羽に強くあらわれるこの尊氏の動きは、鎮守府将軍職権のあらわれと考える。

このようにみると、北畠親房と護良が陸奥掌握に焦点を絞って、陸奥守特別国司制をうち出し、出羽守秋田城介制まで実現させるのは、象徴の殻を破った鎮守府将軍によって、奥羽をあらためて再認識したからではなかったかと考えられるのである。この頃奥羽から綸旨を求めて上洛する人々は数を増し、奥羽の状勢が伝えられていたことも加わっていたかもしれない。ところが、国司人事発表の約一ヵ月後に突如、京都で尊氏との力関係に敗れた護良が征夷大将軍を解任される。そのまた一ヵ月後に、陸奥守北畠顕家は父親房や義良親王および多数の武士・官僚・貴族をともなって陸奥に赴任する。有職故実の世界を現実政治に生かそうという意欲にみちた親房の職原抄は、鎮守府将軍の機能を他の官職書より以上に強調するが、実は陸奥下向の当初から征夷鎮守の名分を失っていた。北畠氏が、尊氏の鎮守府将軍在職中（元弘三年六月五日～建武二年八月九日）には、安藤宗季・高季の就任していた蝦夷沙汰代官職に関知することはなく、宗季の次子家季が外浜で所務を尊氏より委任されたと称して国務に従わないときも、後醍醐だけでなく尊氏にも事情を訴えて相談しているのは、くりかえすが、陸奥における鎮守府将軍尊氏の行動を理念的にも政策的にも否定できなかったからなのである。従来注目をあつめてきた陸奥国府は、この枠組のなかで構想され具体化されたことに、あらためて注意しておきたいと思う。

葉室光顕が出羽守に補任されたのは、後醍醐寵臣として元弘の変に加担し、元弘二年出羽国に配流されていた縁にもとづく。元弘三年五月に上洛し新政府の参議に復帰した彼は、同輩のように国守拝任後も京官にとどまり、目代を派遣して国務を遂行することもできたが、出羽守として秋田城介を兼務せよという異例の宣旨を下され、十一月八日参議を辞した。位階も一挙に二階とんで昇進した。赴任を促されているのである。この時点で、出羽国では陸奥国同様に北条氏余党の抵抗が続いていたが、とくに秋田城と小鹿島周辺では北条一門秋田城介高景とみられる人物が頭目となって激しく抵抗していただけに、光顕の秋田城介兼任にことさらの意味をもたされていたものと考えられる。延元元年（一三三六）五月二十一日「出羽守任国において誅さる」と公卿補任は激烈な表現で彼の経歴をしめくくるが、その職権行使については史料的手がかりが少ない。まず陸奥守についてみようと思う。

陸奥国府の構造

陸奥守着任後ただちに陸奥国府の職制と人員配置とが発表される。建武記に書きとどめられたそれを、便宜上、次表に掲げる（表中の＊印は重複分、カッコ内は姓氏想定分）。式評定衆上座三人が貴族であり、冷泉家房《れいぜいいえふさ》は北畠一門、藤原英房《ひでふさ》も文章道を修めた官僚で北畠氏と姻戚関係にあったとみられており、元覚《げんがく》も同様であろうという。結城宗広以下が全員東国武士であり、いずれも鎌倉末期段階で奥羽に本領ないしなんらかの所職をもち、また旧幕府政所奉行であった二階堂入道行珍《ぎょうちん》・同顕行《あきゆき》および引付奉行の安威《あい》入道性昭《せいしょう》・同資脩《すけのぶ》父子をはじめとして大半が旧幕府官僚層であった。伊東安積氏一族の薩摩刑部左衛門入道も得宗専制下で侍所奉行であったとみられている。この職制と構成員の分析は江戸時代からおこなわれており、前述した佐藤進一の的確な評価に至っている。これを多少敷衍してみる。

陸奥国府の小幕府体制は、北畠氏の政治思想からすればあくまでも便法である。最高合議機関の評定衆に北畠一門の貴族を上座にすえてなお、例式の評議にしかあずかれないというのが、この国府構成の方針である。陸奥守補任から建武二年十月までの二年間に限定しても、陸奥国関係文書は一五〇点余も現存するが、そのうち八六通が国宣である。(イ)当知行安堵（外題安堵を含む）関係二一通、(ロ)新恩給与関係二四通、(ハ)使節遵行関係二〇通、(ニ)検断（禁制・軍勢催促を含む）関係一四通、(ホ)年貢沙汰・寺社修造関係・その他七通、と分類でき、(イ)〜(ホ)にかかわる権限が陸奥守の権限として行使されていることを確認できる。

天皇親政との関係では、この間、後醍醐が陸奥国の(イ)(ロ)(ハ)に関して発給した綸旨は一一通現存し、雑訴決断所の条規も陸奥・出羽両国ともその管轄国に明記している。政府が陸奥国に限って国守の裁断権を全面的に保証しているというわけではなく、建武記が記載する鎌倉府の場合（伊藤喜良「初期

奥州式評定衆
　冷泉源少将　家房
　式部少輔　英房
　内蔵権頭入道　元覚
　結城上野入道　（道忠＝宗広）
　信濃入道　行珍　（二階堂行朝）
　三河前司　親脩　（結城氏）
　山城左衛門大夫　顕行　（二階堂氏）
　伊達左近蔵人　行朝
引付・一番
　*信濃入道
　長井左衛門大夫　貞宗
　近江二郎左衛門入道　（二階堂氏？）
　安威左衛門入道　（性昭＝有資）
　五大院兵衛太郎
　安威弥三郎　（工藤一族？）
　〔合奉行〕
　椙原七郎入道
二番
　*三河前司
　常陸前司　（中条秀長）
　伊賀左衛門二郎
　薩摩掃部大夫入道　（伊東安積氏）
　肥前法橋　（山階氏？）
　丹後四郎　（二階堂氏？）
　〔合奉行〕
　豊前孫五郎　（中原氏？）
三番
　*山城左衛門大夫
　*伊達左近蔵人
　武石二郎左衛門尉　（胤顕）
　安威左衛門尉　（資脩）
　下山修理亮
　飯尾次郎
　〔合奉行〕
　斎藤五郎
諸奉行
政所執事
　*山城左衛門大夫
評定奉行
　*信濃入道
寺社奉行
　*安威左衛門大夫
　*薩摩掃部大夫入道
安堵奉行
　*肥前法橋
　飯尾左衛門二郎
侍所
　薩摩刑部左衛門入道　（伊東安積氏）

鎌倉府小論」）と同じであったとみるべきであろう。ところが、綸旨はともかくとして、決断所牒等の中央各機関が陸奥国に直接指令した文書は現存せず、各機関の機能を陸奥国宣が果たしているのは、文書現存の偶然性というよりは、北畠氏が政府各機関の権限を換骨奪胎しようとしていたこと、および陸奥でそれが受容されていたことを暗示する。国府各機関への人員配置は、その機能がフルに発揮されるような配慮の結果であった。

評定衆以下の国府各機関が実際に機能し、その実質的な審議を経ながら国宣の発給されていたことを確認できるのは、それだけに大きい意味をもつ。

北畠氏はさらに国府支庁として、陸奥各地に郡奉行所を設置した。北畠氏が郡奉行所の整備にも熱意を注いだことは、津軽平賀郡の旧御内人曾我光隆から合戦軍忠の報告とともに所領安堵を求められたとき、在国奉行人を通じて再申請せよと命じ、軍忠目安状までも含む提出書類を一切返却したことや、時期は下るが、北畠親房が建武年間を回顧し、「陸奥守が郡々奉行を組織する権利は天皇さえ不介入を約束して認めたものである」（相楽結城文書）と主張していることなどに、端的に示される。建武記所載の陸奥国府のような全体的構造を示す史料はないが、郡奉行所が在地を支配する直接の機関であっただけに、現存文書は多賀国府構成以上に北畠氏の陸奥支配構想をヴィヴィドに伝える。郡奉行所は、天皇親政と鎮守府将軍足利氏による陸奥支配への対抗策であり、得宗専制下の郡地頭職体系の止揚策として設置されたと考えられるのである。

後醍醐は足利尊氏や岩松経家に前記の郡地頭職を宛行なったのをはじめ、奥羽での元弘没収地処分を郡地頭職中心におこなう。楠木正成に出羽国屋代庄地頭職を与え、また陸奥国依上保や宇多庄・金原保を御料所に編入したうえで、結城宗広・親朝父子にその惣地頭職を与えている。尊氏の北奥郡地頭職は蝦夷沙汰権とさえ結びついていた。北畠氏にどれだけの郡地頭職が与えられたかは未詳であるが、現存する前記八六通の国宣をみると、その対象地が陸奥全域に亘っているにもかかわらず、郡地頭職を対象にしたものはない。(イ)当知行安堵は勿論、(ロ)新恩給与の対象地もあくまで郡内の郷村に限られ、その地を保証する体系として国宣の指定するのが郡地頭でなく郡奉行所なのである。郡内郷村の宛行はすべて宛所に郡名を記した下文《くだしぶみ》形式の国宣を用い、同時に、袖判奉書《そではんほうしょ》形式の国宣をもって郡奉行に遵行命令を伝えているのは、下文形式国宣の宛所郡名が単なる常套用語ではなく、郡奉行所という機構をともなうものとして記されていたことを意味する。北畠氏は、足利氏郡地頭職下の外浜や糠部郡でも、国宣をもって郡内欠所地を処分し、同時に郡奉行所を設けて、足利氏が送りこんだ代官を一方奉行として認定するかたわら、他方ではその地に平賀景貞や南部師行らを国府から一方奉行として送りこんでいる。他郡も全く同様の傾向を示す。北畠氏が地方支配の要として郡奉行所を設定し、郡地頭職さえもその中に包摂しようとしていたことは、これだけでも明らかである。

郡奉行所の構成は多く郡奉行と郡検断という形態をとる。郡検断は、北条氏余党の抵抗などで混乱の続く事態に対処するための措置であり、数郡に及ぶ一定地域の軍事警察権担当官として、郡奉行補佐を任務とする。建武二年六月三日相馬重胤は、行方郡奉行と行方郡以下亘理郡・伊具庄・宇多庄・金原保の検断を命ぜられるが、奉行と検断各々の職権を明記する「事書」を付帯された別個の国宣をもって補任され、さらに検断権は武石胤顕と共同行動を指定されている。北奥戦場に派遣された数名の軍事指揮官のうち、中条時長が「一方検断奉行」とあるのは、非常時には検断も複数登用されたことを示すのであろう。ともあれ、北畠氏の郡奉行所への指令が「両使」宛てとなっているのは、多く奉行と検断を指していたのである。

国府と郡奉行所に登用された人脈をみると、紙数上から個々の実証を省略するが、たしかに官僚層と関東武士団の庶流が多い。庶流といっても結城宗広や伊達行朝、常陸前司某または相馬重胤、中条時長、成田頼時、岩崎隆胤などの有力者が比較的多く、官僚層では郡奉行に登用された者に摂津国多田院の多田貞綱《ただだつな》をはじめ信濃源氏平賀氏や佐々木加治氏などの源氏出身者が目立つが、しかし何よりも、その圧倒的大部分が北条氏の御内人または準御内人的立場にあった者であるところに注目させられる。これは得宗専制と奥羽との関係からすれば当然であり、北畠氏が陸奥を掌握するためには必要不可欠であったことも勿論であるが、それと同時に、この登用策をつうじて北条氏の権力構造をも継承・発展させようとしていたことを、感じさせられてならない。

国府から郡へ

北畠氏は国府と郡奉行所の構造をつうじて、北畠氏の権限強化を軸とした上意下達の命令体系の構築を企図している。施政の一つひとつが、陸奥各地で郡奉行所に否応なく結集せざるをえないように志向し、郡奉行の執行権を強化し保証しながら、国府への求心性を貫く。それを北条氏支配の実態と陸奥現地の要請をふまえながら展開しているところに注目されるのである。

例えば、所領政策をみると、郡奉行をつうじて管郡ごとの欠所地の検地と当知行安堵申請の書類整理をおこなわせ、領主個々の国府直奏を禁止しながら、所領の実態を把握したうえで安堵と宛行に着手するが、その当知行安堵は、国府に反抗しないかぎり、得宗領下の郷村地頭代職であっても給主としてそのまま安堵し、給主は一旦国宣で保証されれば地頭職として通用するところまで範囲を広げる方針で臨んでいる。現存国宣でこの例に該当しないのはわずか二例のみである。政府発令の建武二年（一三三五）正月令では、現に土地管理に従事していても北条氏領の地頭代職ならば没収すると規定しているが、このような後醍醐の元弘没収地令とは明らかに一線を画す施策であった。一方、関東惣領の陸奥所領でも、結城朝祐のように陸奥に来ていればそのまま安堵し、長沼秀行が政府に仕えて綸旨をうければそれを追認して代官支配を認めるように、否定しているわけではない。いわゆる奥州武士自立策なるものは、当面は北条氏の職支配体系の上に土地支配をいっそう推し進めるものであったといえる。陸奥の武士層から歓迎されないわけがない。村落領主規模の武士が、この政策のなかで輩出した。

この当知行安堵は北条氏が所領支配で採用した所領散在状況をそのまま公認したことでもあるが、北畠氏の所領宛行策は一層それを拡大した。国府と郡奉行所に登用した者を中心に欠所地郷村を配分するが、国府構成員の新恩地は陸奥全域にわたり、郡奉行への新恩地は管郡外の地を原則としているのである。小領主層の輩出と代官による散在所領の支配は、かれらの側からも現地の保証機関として郡奉行所の整備を要請せざるをえない、という仕組みである。

郡奉行所に対してかつて郡地頭が郡支配の拠点としていた郡政所や郡検非違所への命令権を正式に認める。非常事態の軍勢動員の際には、奥州の各惣領をつうじて各一族の統率を図ると同時に郡検断に分郡軍勢の指揮を命ずるような、同一地域に重複する両様の国宣を発しているが、通常は郡検断が発給された国宣をかざして管郡内の武士を動員し、路次警固から謀叛人以下の犯罪人追捕まで刑事沙汰全般にたずさわり、係争地に入部して物件差押えまでおこなう。勿論、反面では、捕縛した犯罪人の訊問にとどまり身柄の国府送検を原則とするように、国府から規制をうける。また、奉行同士は相互に牽制させられ、平賀景貞が北奥から南奥に転出させられたように北畠氏の任免権が発動される。いずれにせよ、強権の付与と規制策は見事というほかない。

この機構をつうじて、公田を把握し、政府の指令する年貢沙汰に取組み、貢金・貢馬・貢布および現銭徴収をおこなっている。現在、奥州小幕府構想といわれ、建武政権下の国司制度で唯一の成果をあげたと評価される北畠氏の陸奥国府について、ここまで実態を確認できるのである。

この国府体制が根をはる中で徐々に変貌する。根強い北条氏余党の抵抗をはじめとして、予期した以上につづく不穏な状勢が、郡奉行所に原則以上の執行権強化を必要とさせていた。北奥と南奥という国府最遠の地にかぎってであるが、建武元年暮までに、北畠氏は郡奉行所に管郡内欠所地の優先的な給与や犯人断罪までを約束し、ときには同一人物に郡検断と郡奉行とを兼帯させているのである。郡内の人々の中に、郡奉行がかつて郡地頭から派遣されていた代官たちとともまた惣領とも明らかに異なり、強力な執行権をもつ現地支配者としてなおいっそう意識されることになり、各地でわき起こるこぜりあいや知行地の保証を求めて、郡奉行所機動力の導入を要請し、この意識が郡検断を守護人とよぶようになった事例さえも早くもあらわれている。とくに侍所正員の薩摩刑部左衛門入道が、補任されてまもなく職務を子息親宗に代行させ、自らは信濃国に移って、坂木北・南條や大井庄長土呂郷などの所務管理に従事し、そこで建武二年になると北条氏余党として挙兵するに至っていた、という事情などから、国府侍所体制はいっそう手薄となり、それだけになお郡検断職が脚光をあびることになったのである。

建武二年六月、国府引付奉行の武石胤顕が前述五郡検断に任ぜられ、同十月、国府式評定衆兼引付頭人という要職にいた結城親朝が「白河・高野・岩瀬・安積郡、石河・田村庄、依上・小野保等検断」に任ぜられたことは、かれらが国府に勤番しながら郡検断職権を行使してよいという性格のものではなかった。郡検断は郡奉行とともにあくまでも現地執行機関である。例えば結城親朝の場合、中先代の乱と足利尊氏の政府離反を契機として、本領白河庄での下総本宗家出身の盛広ら結城一族や隣接高野郡の小田高野氏、石河庄の石河一族、安積郡の伊東安積氏等が相次いで呼応挙兵したとき、北畠氏は平賀景貞や伊達行朝らに鎮圧を命じて、宗広・親朝父子を国府にひきとめた。親朝はそれに対抗し、北畠氏の必死の慰留にもかかわらず、国府首脳の地位を自ら蹴って白河に赴き、現地に居すわって郡検断・奉行職を要求し、ついに八郡検断職を認めさせた、という経過をたどっている。郡検断が国府施政を変貌させた事例として、画期的なできごとであったといえる。それは尊氏の離反が引金になっているように、本格的な内乱に対応する奥羽支配構造の雛形でもあった。

一方、出羽守光顕生存中の出羽国関係文書で現存分は、国宣四点（うち二点は目録のみ）・綸旨二点・決断所牒目録一点・足利尊氏下文目録一点だけで、それも立石寺と円覚寺領寒河江庄関係に集中しており、全体の状態は詳かでない。ただ、建武元年四月後醍醐が出羽守ではなく岩松経家に命じて屋代庄地頭職を楠木正成の代官に交付させようとしているのは、出羽国衙の弱体を意味し、当時鎌倉にいた経家が指名されたのも会津地頭としてのいわゆる国上使《くにのじょうし》と考えられ、いずれにせよ出羽国には陸奥国府の如き体制は整備されていなかったことがうかがえる。

三　両朝奥羽支配策の激突

奥羽一体

本格的な内乱に突入した奥羽南北朝政治史も、巨視的には、建武二年（一三三五）十月から康永四＝興国六年（一三四五）七月までとそれ以後の時期に二分することができる。前段の時期は、建武政府の地方制度で成功していた陸奥国府体制が、それだけに両朝から注目され、足利氏も奥羽の組織的掌握を宣言することから挙兵をはじめたと評価されるほどの熱意を入れ、中央と奥羽が不即不離の状態で内乱史を構成する時期である。北畠奥軍の二度の長征と挫折をはじめとする数々の事件がめまぐるしく奥羽の政治構造を左右するが、この節では、具体的展開を叙述する余裕はないので、陸奥国府体制が奥州管領制に移行するまでの経過にそくし、焦点を絞って整理しようと思う。

まず、奥羽両国と夷島の一体的支配が内乱のなかで再び強調されるようになったことである。契機となったのは、建武二年十一月十二日陸奥守の鎮守府将軍兼任であった。勿論、八月尊氏の同職解任を伝え聞いた北畠氏が、後醍醐に働きかけた結果である。北畠父子はともに「鎮守府将軍は、故実によれば、辺境の至要《しよう》に当り蝦夷の不虞《ふぐ》に備えた職である」（建武記・職原抄）といいきるが、除目聞書《じもくききがき》が到着するや、これこそ陸奥赴任最大の「勲功の賞」「法恩の重畳」として喜び、ただちに鎮守府将軍家御教書または鎮守府軍監を奉行として作成する国宣に発給文書をきりかえたように、顕家は国守としてよりも将軍としての性格を強くおし出すのである。

建武二年閏十月二十九日顕家が安藤高季に与えた国宣は、高季が父宗季から鎌倉末期に二度にわたって譲られた北奥の所職を安堵したものであるが（新渡戸文書）、高季が建武元年当初から国府に従い、すでに勲功賞として新恩地さえ宛行なわれているのに対して、相伝所職の安堵の遅いこと、国宣に例のない地頭代職の安堵であること、その所職が蝦夷沙汰代官職と一体のものとして郡地頭北条氏から指定されていたものであること、ところが前二通の譲状と比較すると蝦夷沙汰代官職だけが除外されていること、等々の特徴をもっている。陸奥守発給の国宣としてはまさしく例外分に属するが、尊氏が鎮守府将軍兼外浜・糠部郡地頭等として、北条氏からうけつぎ、高季に臨んでいた権限を、顕家が早くも掌握しようとしたものと理解すると、異例でもなくなる。それは将軍の大義名分をつうじて出羽国と夷島への支配構想としてもふくらむ。第一次長征の見事な成功は構想の妥当性を証明した結果となった。

京都を逐われた後醍醐は、北畠氏の構想によって、全国を再掌握しようとし、懐良・恒良・宗良ら親王を鎮西・北陸・東海等各地方へ派遣する。その方策は、北畠氏の陸奥国支配をモデルにしながら、かなり肥大化現象を示すことになった。元服した義良親王が陸奥太守として奥羽両国を分国となし、北畠氏が実際の国務を主宰するかたわら、鎮守府将軍として関東諸国の国司に臨むという方針をとったように、延元元年（一三三六）三月顕家が鎮守府大将軍と改称して再度下向するとき、陸奥・出羽・常陸・下野四ヵ国を管することとし、延元三年閏七月北畠顕信を陸奥介兼鎮守府将軍に任じたときはさらに坂東八ヵ国まで加えるのである。この方策のなかで、鎮守府将軍は征西大将軍などと同質化し、北畠氏自身が「藩鎮」「節度使」と表現するように、有職の語る征夷鎮守観を著しく拡散させている。ところが、結城親朝や葛西清貞ら奥羽在住の武士は、北畠親房に対して関東はさしおいても奥羽では国府体制を維持せよと迫っており、また、奥羽蝦夷観にことよせた奥羽の特殊地域性もむしろかれらの側から強調しているのである。このからくりについてはさらに検討してみることにするが、陸奥国府体制をモデルとした地方掌握策について、太平記が結城宗広の直奏を後醍醐が聴容したという筋書で記しているところに、奥羽在地側の主張が反映されている様子をうかがうことができる。

延元元年九月二日平泉中尊寺衆徒の申状をうけた北畠顕家が、出羽国仙北の武士小野寺・平賀両氏に対して、鎮守府将軍発給の国宣という形式を用い、出羽国秋田郡内にある平泉惣別当領の実検を命じた史料を初見として、現存文書は北畠氏の陸奥国での諸権限がようやく出羽国に及んだことを伝える。その際、奥羽両国は「取別《とりわけ》て御分国たるべく候へば」「近隣の条は当国内と同じ事に候」（結城古文書写・松平結城文書）と、くりかえし両国一体である点を強調するのは、北畠氏が将軍として関東諸国に臨むためにも、奥羽両国を軍政両面からより強く掌握しなければならなかったからである。保暦間記や梅松論は北畠氏が元弘三年以来両国の国守であるとし、神皇正統記も国守と明記しないまでも元弘三年から北畠氏が両国を領したと書き記すが、これは延元元年以後の一体的支配がそれだけ強調されていたことと、内乱期をつうじて実際に両国が一括支配されていたこととを反映するものであった。

奥州総大将

一方、足利氏の奥羽支配は、両国の管轄を専任とする特設軍政官として奥州総大将を設置し、北畠氏の支配構造の奪取に焦点をあわせてすすめられた。北条時行の乱鎮定を理由に鎌倉に拠った足利尊氏は、建武二年（一三三五）八月三十日、陸奥で足利所領管轄に従事していた斯波《しば》家長《いえなが》を奥州総大将に抜擢したが、鎌倉出発後は鎌倉にのこした足利義詮を補佐する関東執事として家長に関東・奥羽の管轄を担当させた。それでも、佐竹貞義の常陸国守護補任をはじめとして東国各国の守護職を決定しているのに、奥羽両国には守護をおかず家長に管轄を一任しているし、鎮守府将軍のときに整備したとみられる奥羽の元弘没収地関係帳簿を家長にも与えて、兵粮料所指定権などを認めているところに、関東執事ながら奥州総大将を兼任する家長の奥羽に対する特殊権限が示されている。大日本史料八月三十日条「尊氏、斯波家長ヲ奥州管領トナス」の表記は、厳密な意味では妥当ではないが、足利氏の奥羽支配宣言の精神を伝える面では評価を損わない。奥羽の地で専任軍政官として奥州総大将の職責を全うしたのは、建武四年二月、駿河・伊豆両国守護から転任し入部してきた石塔義房《いしどうよしふさ》である。

足利氏は奥州総大将が奏功するための措置を矢継早に講ずる。そのひとつは、北畠氏管轄下の国府機能の低下を狙って、国府官僚層を幕府機構にひき抜いたことである。二階堂入道行珍を安堵奉行頭人兼政所執事兼引付頭人に抜擢し、安威資脩や斎藤五郎らを引付奉行として受け入れている。北畠氏側に留まった二階堂顕行や五大院兵衛太郎らが合戦のなかで戦死したのと対照的である。第二に、建武四年三月の北朝除目で家長の陸奥守補任をえて、顕家解官を陸奥国内に喧伝したことである。この場合は多分に奏功したが、家長が陸奥に赴任するわけでなく、幕府地方制度を守護においたように、狙いは国司制度の形骸化にある。この後、幕府引付奉行の長井貞頼が出羽守（暦応二年四月十八日任）、同侍所頭人の細川顕氏が陸奥守（康永二年正月頃任）の除目をうけるが、勿論赴任はおろか目代も派遣せず、北朝が佐々木高氏・秀綱父子を奥羽両国流罪と決定し、両国司に検非違使を派遣し官符を給して遵行させようとしたときなどは、両国司は形式的にだけそれをうけとって処置せず、ときの参議兼検非違使別当の中院通冬《なかのいんみちふゆ》をして「武家の沙汰、式を軽んず」（中院一品記）と憤らせている。

また、幕府の整備された諸機構を奥羽にも誇示する。陸奥守家長の場合は、鎌倉府の機構をもって奥羽に臨み、例えば好島庄の伊賀氏や行方郡の相馬氏から所領の安堵や相論の申請をうけると、書類を点検し訴陳を整えてその結果を幕府に報告し、幕府では、引付頭人二階堂入道道存が好島庄の申請を担当した場合は、岩城郡の佐竹卿房と菊田庄の小山判官を両使に指名して再調査させ、その結果として安堵状を交付する。二階堂入道行珍が相模国在住池上泰光の申請する出羽国北条庄内の地等の安堵を担当したときは、陸奥国岩崎郡の岡本重親に命じて事情調査をおこなわせている。石塔義房の奥州総大将在職中、足利尊氏ら幕府から奥羽宛に発給した文書は二二通現存するが、奥羽武士宛ての感状・勧誘状と石塔義房宛ての遵行使節指名とにかかわるものだけである。この間に関東執事高師冬発給の奥羽関係文書も四通あるが、いずれも関東にかかわる範囲にとどまり、石塔氏の軍政権とは重複しない。石塔義房の奥羽での行動が幕府から明確に保証されているのである。

足利氏が奥州総大将に副えて奥羽に派遣したスタッフについては、斯波・石塔両氏の一族被官数名しか判明せず、現存文書の条件をわり引いて考えても、数は多くないといえる。むしろ奥州総大将が上記の幕府制度上のバックアップをうけながら、奥羽内で北畠国府施政の方策を意図的に導入して奥羽各地掌握策に替え、奥羽武士を組織しているところに注目される。勿論、足利氏が指示した方策であった。

奥州総大将の職権は軍事指揮権を中核とするが、その発動方式は北畠氏と全く同じく、個々の武士団宛てと郡検断宛ての両様の手段をとり、侍大将・合戦奉行である郡検断の証状を提示しない武士の軍忠状や所領申請には応じないというたてまえをとる。すでに斯波家長は、この方策によって、一族斯波兼頼や佐竹一族中賀野義長を南奥に派遣し、北奥津軽に安藤家季、比内地方に浅利清連を補任するというように北奥羽の地にまで着手しており、家季らは建武三年正月には早くも家長が発給した合戦奉行人補任の「将軍家御教書」を掲げて、周辺の武士を募り効果をあげている。石塔義房はさらに多くの奥羽武士をこの職に補任し、北畠氏のときよりもいっそう明確な職権を付与した。

北畠氏側が陸奥守から鎮守府将軍へ、足利氏側が奥州総大将から陸奥守へ、という相互に制度的拠点を奪いあう現象をもって始まった奥羽支配構想の激突は、それだけに奥羽各地での掌握策では同一の手段をとる結果となっていたのである。

郡検断奉行職

石塔氏のもう少し具体的な掌握例について、相馬親胤を媒介にして整理してみると、次のようになる。親胤は、重胤の嫡子として内乱開始と同時に足利方につき、建武四年（一三三七）に義房に従って陸奥に入部し、すぐに本領所在地の行方郡を含む南奥東海道地域で検断に補任された人物であるが、その活動範囲は亘理郡から菊田庄までを含み、行動は分郡軍勢の催促・統率、軍忠状証判・軍忠注進から分郡関所の警固、使節遵行に及ぶ。康永二年（一三四三）に石塔義元から与えられた職権事書では、断罪権を義元に留保されながらも、謀叛人・殺害人・夜討・強盗・山賊・海賊の取締捕縛という守護職権を明記、付与されている。岩崎郡の岡本隆弘が石塔氏に申請した軍忠状に親胤を「当郡守護」と表記したのも当然であった。ところが一方で、この間に石塔氏は欠所地岩崎郡御厩村の運用をつうじて岩崎一族の岩崎隆宗を配下にくみこみ、また岩城郡豊間村の領主佐竹豊間《とよま》勝義《しょうぎ》らを国府に勤番させ、府中派遣の遵行使節として位置づけてもいた。

石塔氏は、北奥津軽でも安藤家季を惣領の安藤師季（高季）に替え、さらに曾我師助を補任して掌握を図っている。師助は関東曾我一族の惣領を自認し、弓名手として尊氏に仕えていたが、この時期に陸奥に下向し、義房に抜擢されたとみられ、のちに義房に従って上洛し将軍奉公衆となった人物である。このような郡検断職運用のなかで、前記の岩崎隆宗や佐竹豊間勝義、さらに和賀一族庶流の和賀盛胤や石河庶流の石河蒲田兼光《かねみつ》などを府中使節または石塔氏奉公衆といわれる集団に組織していた。

この間、南朝北畠氏による奥羽掌握策は、興国元年（一三四〇）から同三年にかけての国府奪回作戦のとき、もっとも鮮明な姿をあらわしている。北畠顕信が中奥に入部して北奥羽の南党を自ら統率し、南奥には伊具・宇多方面に北畠一門の五辻《いつつじ》顕尚《あきひさ》、菊田・岩城方面に属僚の広橋《ひろはし》経泰《つねやす》、仙道・会津方面に属僚多田貞綱、南羽には一門中院具信《とものぶ》をそれぞれ配置し、国府包囲陣を敷いての全面戦という戦略であったが、栗原郡三迫《さんのはざま》において北畠顕信の主力軍と石塔義房の主力軍が激突する直前に、常陸国小田城の北畠親房と一門春日《かすが》顕時《あきとき》が小田治久の寝返りと関東執事高師冬の攻撃にあって関・大宝城に撤退せざるをえなかった状勢が波及し、顕信が敗れた、という奥羽内乱史を画する合戦である。

北畠一門とその属僚という、この奥羽各地に派遣された軍事指揮者の性格については、多田貞綱に典型的な例をみることができる。貞綱は、建武元年津軽合戦のとき北畠氏の特命使節として活躍し、第二次長征後吉野に祗候《しこう》していたが、この頃常陸の親房のもとにきて「羽州守護欤、津軽検断欤」両様の補任を申請し、結局会津に派遣されることになり、まず石河・田村両庄で郡奉行として武士を募ったのだという。一方で、北畠氏は石河・田村両庄が結城親朝八郡検断職下にあることを承認し、親朝もまた郡検断職によって所領支配を強化していた。南朝御料所依上保の奉行として年貢沙汰を命ぜられ、また幕府方二階堂入道道存の岩瀬郡の所領が国府評定衆藤原英房や将軍北畠顕信の料所として処分されると、その管理を親朝の職権に預けられ、親朝はそれを契機として現地の道存家人まで配下にくみこむ、等々の事例は結城文書中に多見される。何よりも、親朝が八郡検断職下にある名ある領主名として書きあげた五五氏交名状をみると、南朝が田村庄司兼惣領として認めた田村宗季と石河矢《や》葺光義《ぶきみつよし》ら石河氏については更に田村一族・石河一族と記して、田村・石河両庄に対する管轄権の強い主張が示されている。それにもかかわらず、多田貞綱が石河・田村両庄奉行として入部し、実際に奏功したという事実は、郡検断・奉行職が依然として分離され郡内組織の結節点として強化されながら、親朝さえ両職兼帯を保証されず、管郡内の石河・田村氏らが職権には結集しても結城親朝には服属していなかったことを示している。また、多田貞綱の申請した出羽国なら守護、津軽なら検断という認識は、奥羽一体とはいっても歴史的経過から異なった掌握法で臨んでいたこと、このときの各地に派遣された北畠一門らの軍事指揮者が根底に郡検断職という職権を帯びていたこととを暗示しているのである。

康永元年（一三四二）十月栗原郡三迫合戦の直後、足利尊氏は結城親朝に八郡検断職を含む「建武二年以前当知行地安堵」を約束し、石塔義房をつうじて働きかけながら、翌年八月ついに親朝の帰降をえた。伊達・葛西・南部等の奥羽南党有力者も、この時期に同条件をもとにして足利氏に帰属したと考えられる。石塔義房は康永二年を画期として、軍事指揮権を子息義元に完全に一任し、自らは奥羽全域の統治権支配の確立に全力を注ぐことになった。石塔氏発給文書の現存状況は、その方向を鮮かに物語っている。ここにようやく、足利氏が奥州総大将を設置した狙いは達成され、奥州管領制にきりかえる条件も整ったのである。

四　奥州管領と国人

管領府の構造

貞和元年（興国六年、一三四五）、畠山国氏と吉良貞家の両者が奥州管領として派遣され、奥羽内乱史の新たな段階を画すことになる。国氏は尊氏・高師直派の青年将校であり、貞家は直義の傍らで政務を担当する老練な政治家として引付頭人だった人物である。石塔義房と義元の任務を継承し遂行する上での適任者であり、赴任の賞として与えられた官途も形式的とはいえ右馬権頭と右京大夫であって各々の経歴に相応しいが、実は奥州管領としては軍事と民政を分担せず共同執務とされ、また一方管領として各々独自に両権を行使することさえ認められていた。幕府内での派閥争いの産物であるが、一方では両者が対立し牽制しあう必要があるほどに、奥州管領は管領府を整備し奥羽全域を統治するに足る明確な職権を付与されたのである。

観応擾乱をうけて、吉良貞家が畠山国氏を攻め殺す観応二年（正平六年、一三五一）二月までの間に、現存する奥羽関係文書は一二〇点余であるが、そのうち両管領連署状五通、国氏発給七通、貞家発給二五通、管領府奉行発給一一通であり、管領宛てに作成された文書三〇通を加えると、管領関係文書は合計七八通に及ぶ。このうち合戦関係は一八通だけで、残りすべてが統治権関係である。この分類と文書個々の機能から奥州管領の職権をみると、貞和二年に一色道猷《どうゆう》（範氏）が鎮西大将から鎮西管領に職名変更になったとき新たに規定付与された職権、つまり軍事指揮権と寺社興行権の保証、および所務・検断・雑務沙汰について審理をおこない、当事者が地頭御家人の場合は幕府の決裁を仰ぐが、「非職輩」については管領が裁断しうる、という職権と全く同質であることが判明する。奥羽諸氏の当知行安堵や恩賞も管領の審査と吹挙《すいきょ》によって幕府が決裁する。奥州総大将職権の総括、制約された部分は、統治権行使のための管領府の強化となって再生されている。

寺社興行権に一例をみると、寺社の興行は庶民の安堵と在地武士の掌握に直結する重要政策であるだけに、管領は欠所地を寺社に寄進し棟別銭賦課を決定する職権まで保証されているのであり、寺社に禁制を下し、修理造営・造寺造仏・祈禱写経事業等の命令はその職権に基づいておこなわれる。足利直義が暦応三年（一三四〇）遠田郡篦峯寺《こんぽうじ》衆徒からの寺社再興の申請に応えて、名取・志田両郡棟別御教書を発給した権限は、管領に移行し、貞和四年（一三四八）吉良貞家は、胆沢八幡宮雑掌の造営申請をうけて、胆沢・江刺・和賀・気仙・斯波五郡の棟別銭賦課を自らの職権で決定する。奥州管領が国守護職と一線を画す統治権担当官として、総大将よりも強い職権を付与されていたことが明示されている。それと同時に、社寺に対する管領の所領寄進は、飯野八幡宮は伊賀氏、多賀国府蔵王権現は留守氏への所領宛行にほかならない。管領府侍所とした山名下野守に黒河郡式内社鹿島天足《あまのたりわけの》別社のある大神村や亘理郡式内社四社のある武熊村および岩城郡式内社大国魂社の神主職を宛行なったのも、寺社興行権に拠る。この職権は所領宛行権への転化も可能であり、管領府の組織化に効力を発揮するのである。

奥州武士に向ける軍事指揮権も合戦場への出陣命令だけでなく、管領府勤番のためにも発動され、実際にこの時期の文書を伝領する奥羽武士のほとんどが惣領自らまたは庶子をもって管領府に勤番したことを伝えている。その管領府の中核構成要員として、管領と共に入部した管領の一族被官および山名下野守、仁木式部大輔、賀子《かこ》禅師、細川総州という足利一門や中条・糟屋《かすや》・斎藤氏らの官僚層が多分にいた。凡海《おおみ》・大河内《おおこうち》・羽隅《はすみ》・大塚氏等の吉良氏三河以来の被官をはじめ、都築・高部屋・桜井氏等々の吉良氏と関係深い武士が多いのは、吉良氏の門地と経歴からして当然であったといえる。

管領府の構造については、奉行制と両使制を中核として、これまでの郡検断・奉行職を再編したことが知られる。奉行衆が管領府内で所務沙汰以下の統治権行使に従事し、各地域での遵行使節として管領府から二名の使節（両使）が派遣される。この両使は、好島庄で伊賀盛光の預所職権である収納や造営にまでたずさわったように、これまでの郡奉行職の職権を管領府に吸収する尖兵であった。好島庄では、盛光の異議申立により、二年後に預所職権を従来どおりと約束するが、この間実際に庄内地頭等が管領府使節に従ったことは看過できない。

奉行衆は、管領府奉行人連署奉書に沙弥・左衛門尉・左兵衛尉等々と官途名のみを記した者のうち、吉良被官の凡海氏、好島庄伊賀盛光の庶子円西、石塔氏在職中の奉行人源某等の系譜が判明するように、管領被官と奥羽武士と官僚層、とりわけ吉良氏に伴って下向した官僚層を中心に編成され、両使は概して、前記の管領被官と、石河蒲田・伊達内谷《うちゃ》・佐竹小河・稗貫禰子《ねこ》・相馬岡田氏という苗字の郷村名に端的にあらわされているように、奥羽武士団の庶流とが多かった。結城親朝を郡検断職に再補任するに際して、従来の八郡のうち白河・岩瀬・小野三郡に制約し、除外した五郡の中の石河・安積・田村・高野等の庶流武士を両使として組織しているのである。

しかし一方では、惣領制を重視して奥羽の有力武士を待遇し、施政にあたって管領の相談役としているし、また従来の郡組織も継承したうえで秩序構築を図っている。例えば、奥州管領は足利直義から奥羽での公田の確定や戦乱期での欠所地処分状況の再調査を命ぜられたとき、郡検断・奉行を実際の担当者に指名し、相馬親胤は、この任務を契機として、容赦なく管轄内の欠所地を摘発しながら、他方で公田土貢数の増加阻止を主張する。この後、親胤がこの申告した欠所地を宛行なわれ、郡内公田からの諸徴収を一任され、その上で更に公田数の過小申告を画策していることは、かれらも奥州管領制を受容する条件下にあったことを鮮かに物語っているのである。

奥州管領制は幕府の奥羽支配組織として、故実の世界に位置づけられる要素をもっていた。余目氏旧記が貞和二年の画期を特筆したことは充分に意味があったといえる。支配機構だけでなく、奥羽各地の寺社縁起類や板碑・鋳鐘等は貞和年間に爆発的な宗教事業の営まれたことを物語り、それは数の多さだけでなく結衆百人または数千人という地域住人の参加を伝えるものが多いところに特徴をもつ。その中心に管領がいた。名取郡熊野社の一山あげての祈禱は吉良貞家以下管領府の面々も参加し、名取・志田両郡についで遠田・玉造両郡棟別御教書まで得たとみられる箟峯寺の造寺造仏事業は文和二年（一三五三）に完成し、このとき吉良貞家配下の奉公人左衛門尉（斎藤景利?）と同属僚山城権守（都築家利?）とみられる人物が本尊十一面観音像に胎内経を奉納している。奥羽における奥州管領制の刻印は意外と深いのである。

分郡の形成

この奥州管領制が変質するのは、直接的には、観応擾乱以後の幕府権力の分裂によってであり、より根本的には、甲乙人の台頭とそれに直面する奥羽国人層が各々独自の領主制を形成しはじめたことによる。

この時期に奥羽内で管領職権を行使していると認められる者を、従来の諸成果によって、便宜上、表に掲げた。吉良・畠山・石塔・斯波四氏ともに足利一門として奥羽の組織化にかかわった一族に属し、余目氏旧記が「中比《なかごろ》奥州ニ四探題也」と説いたように、管領権は重複して行使されている。概していえば、斯波氏と吉良氏がその経歴と門地および幕政内での地位からして終始優勢を保ち、とくに将軍足利義詮下では、斯波直持と斯波兼頼が正式の両管領として認められ、吉良治家らは義詮に対する反逆者であり、石橋棟義《いしばしむねよし》は反逆者の鎮圧と奥州管領制の補強を任務とする特設の奥州総大将として派遣された人物である。しかし、尊氏が鎌倉まで直義を追いつめて攻め滅ぼしながら、畠山国氏を倒した直義派の吉良貞家に対しては抱きこみ策をとらざるをえず、斯波家兼も直義派から尊氏派に転向しているように、政局のなかで奥州管領の立場は変わり、また、尊氏・義詮父子と直義・直冬父子の抗争や斯波氏と細川氏らの幕政掌握をめぐる対立に応じて、奥州管領が補任されるのであるから、所謂四管領は私称でなく、分裂する幕政担当者各々からの補任と結びついていたとみるのが妥当である。奥州管領個々の幕政人脈への位置づけは、小川信らの近業（巻末の参考文献、その他足利一門に関する

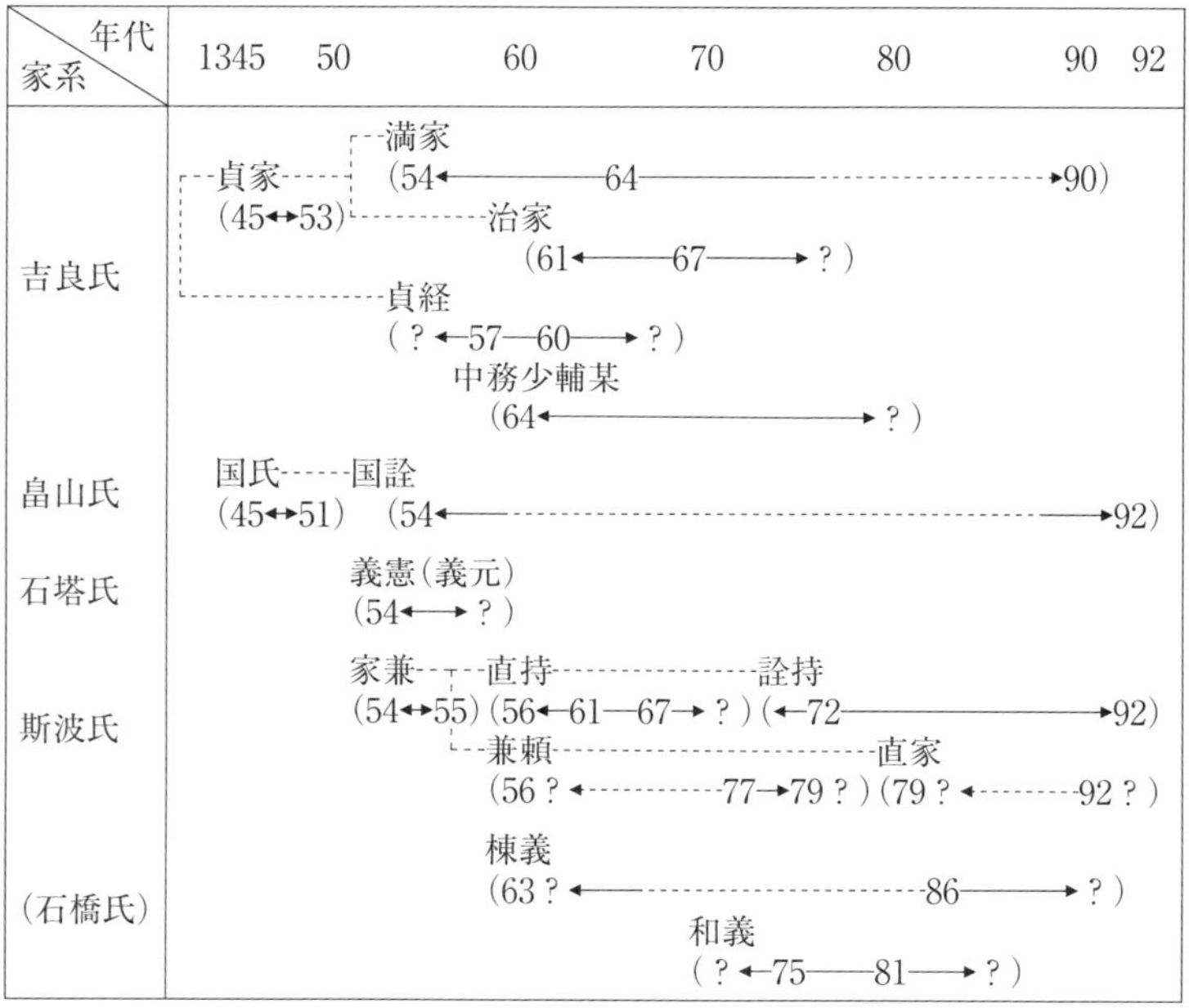

多数の研究）に依拠して細密に検討すれば可能であるが、ここでは、分裂した幕府権力を背景とする奥州管領ほど幕府権力に近い職権を濫発しがちであり、激しい対立のなかで、将軍らもときに奥州管領を無視し奥羽武士を個々に直接掌握しようとし、この奥羽に対する強権の発動と懐柔策という状況下で、奥州管領制の秩序が分郡形成を軸に変質したことを指摘するにとどめる。

観応擾乱以後、有力武士をもって補任する郡検断職が大幅に設置され、有力武士に郡地頭職を宛行なう例が多くなるのは、足利氏らが奥羽での軍勢動員の効率を郡検断と惣領制との秩序運用に賭けていたからである。しかも相馬文書に端的な例証をとどめたように、南朝の北畠顕信が郡検断職を郡守護職と名称をきりかえて効果をあらわしたのをみるや、吉良貞家もただちに正式の補任状を郡守護職にきりかえ、そこに管轄内欠所地の優先的宛行等の特権をいっそう付加する。郡地頭職の宛行も同様であり、吉良貞家が観応二年に尊氏の意をうけて結城顕朝（親朝嫡子）に新宮庄を宛行なったとき、朝常・朝胤・宗顕らの一族にも配分せよと伝え、同じく出羽国仙北山本郡と和賀郡内の地を処分するときも、和賀惣領基義に一括して宛行ってから有力庶家鬼柳氏等一族への配分を指示する。郡内欠所地処分権が惣領と郡地頭職の職権のなかに付加された形態であるとみられる。

郡地頭職を郡惣領職と改称して宛行、安堵する事例も当然あらわれる。延文四年（一三五九）に足利義詮が平賀貞宗に出羽国仙北平鹿郡惣領職を与えた事例をみると、平鹿郡が鎌倉中期以来の得宗領であり、元弘没収地のひとつとして宛行なったのであるが、反面では、平鹿郡は貞宗ら藤原姓平賀氏の鎌倉初期以来の苗字の地であり、この時点で貞宗自身は安芸国高屋保地頭職を本領にしていたにせよなお平鹿郡内郷々の手継証文を相伝し、庶子を出羽国に派遣していたという事実を背景にして補任している。鬼柳文書に記された応永七年（一四〇〇）和賀郡惣領職の安堵とは、おそらく本宗家の文書では内乱期に確立されていたし、相馬氏の行方郡惣領職も同様であったにちがいない。岩城氏惣領の例をみると、貞治三年（一三六四）好島庄浦田・好島田をめぐる岩城一族一分地頭好島氏と預所伊賀氏の相論にさいして、管領斯波直持は岩城惣領岩城隆教（隆泰）をつうじて伊賀盛光にまで実態調査と裁決の結果を遵行させ、さらに祈禱精誠まで仰せ含ませているが、その七年後には、伊賀氏と好島・白土氏らの相論に対し、隆泰は相論を管領まで持ちこまず、惣領の立場から和与を命じている。

伊賀氏にも発動できる惣領権は郡惣領職であったと考える。補任状の世界に記される郡惣領職は、郡検断・奉行職も包摂し、分郡を推進する職権となる。

奥州管領自身が、この趨勢と管領同士の競合のなかで、元弘没収地の郡を主体に分郡を形成する。斯波詮持は家領斯波郡を中心におそらく遠田・志田・長岡郡を、畠山国詮は足利家領加美郡や黒河郡、石塔氏は玉造郡、吉良氏は安達庄や大谷保、石橋氏はおそらく名取郡やのちに大谷保、そして斯波直家は大山・成生両庄を中心に山形盆地一帯に各々拠点をおき、さらに相互の対立のなかで、斯波詮持が加美・玉造・黒河郡等を押領し、安達庄には畠山氏や石橋氏が入部するように、再編運動を続けながら、足利義満の明徳・応永期を迎える。明徳二年（一三九一）、畠山国詮の提訴をうけた足利義満が、斯波詮持の行動を非法と認定し、伊達政宗と葛西陸奥守（満良?）を両使に命じて、国詮の代官に分郡賀美・黒河両郡を交付させているのは、奥州管領制の終焉を告げるにふさわしい事例であった。

この間に、中小武士の輩出もめざましく、在家一宇や馬具足さえも持たない者同士が力を合わせ、「か程の国あらそひの御弓矢ニ侍と成て身ヲもたさるハ口惜し」とて才覚をめぐらし、軍忠を抽《ぬきん》じて念願の侍となったという、余目氏旧記が三迫富沢や二迫《にのはざま》尾松《おのまつ》の領主富沢右馬助や上形《うわがた》大炊助の立身出世譚にことよせて語るような状況は、奥羽全域に現出していた。給分の居在家によって作人とよばれることもあった家人・若党らが、支配権を強めた田在家を売買する例は少なくなく、官途をえていっそう侍の性格を顕著にしたのもこの時期である。この趨勢下で、各地に国人一揆が形成され、分郡の構造を多様にする。

観応擾乱の最中に、伊東祐信と田村弾正を各々の代表とする安積一族と田村一族が相互に見継ぎ見継がれるという形でとりかわした一揆契状（富塚文書）は、永和二年（一三七六）の伊達惣領宗遠・政宗父子と田村一族小沢伊賀守や留守一族余目持家との契状では、「公方の事においては一揆中にて談合あり沙汰を致すべし。所務相論以下の私の確執に至っては理非に任せて沙汰を致すべく候」（伊達家文書・留守文書）と記され、自検断と将軍＝奥州管領権力からの自立性を宣言する。永徳二年（一三八二）和賀郡一揆契状は、和賀一族の欠所地和賀郡黒岩郷の知行をめぐって、十数年前に幕府から宛行なわれたと主張する和賀庶流鬼柳氏の庶子伊賀守義顕の子息鬼柳五郎と和賀惣領とみられる黒沢尻殿との相論に対して、当事者の鬼柳氏と和賀惣領を除く葛西氏その他和賀郡内の領主六名が傘連判し、相伝文書を照合した結果、鬼柳五郎の知行を正当と認めて、黒沢尻殿に所領打渡を要求したものであり（鬼柳文書）、規制力は惣領にも向けられているのである。分郡形成と国人一揆は楯の両面をなし、所務・検断沙汰等の管領府職権を次第にその機構に掌握するが、それにしても分郡という構造をとるのは所当官物等の体系にも深くかかわっていたからである。

国人と蝦夷観

内乱期をつうじて国家側が公田の確定をはかり、相馬氏や伊賀氏が動乱にことよせて公田減少を策したような動きは、依然として所当公事の賦課基準が公田におかれていたことを示す。建武政府は公田を基準として徴税と大番役・仕丁役等を割当てているが、ことにその新税法での「但し貢金貢馬の類に至っては先例を守るべし」（建武記）という規定は奥羽を規制する。内乱期の南朝も幕府も、貢金貢馬類に代表されるこの規定を踏襲する。それは徴税台帳の記載法と実際の徴収と納入のからくりに明瞭な姿をあらわしている。

すでに鎌倉期をつうじて、奥羽の所当公事の品目は、全国的な分業の発達と奥羽内部での力関係にともなって多様な形態をとり、とくに末期での実際の国庫納付はほとんど代銭納となっていたが、それにもかかわらず、ここで注目したいのは、徴税台帳に依然として貢金貢馬類の品目が登録され、その形式が内乱期も続いている事実である。例えば、弘安七年（一二八四）玉造郡年貢結解状が、公田を上田と下田に分け、上田のなかに金田を設定して砂金を徴収し、残りの上・下田に白布・藍・地皮・現銭・米と品目をあげながら、実際にはこの分を代銭納にしているが、暦応四年（一三四一）出羽国仙北山本郡年貢散用状でも、煎草・薬綿・菜・布・馬・現銭の品目を掲げながら、実際にはすべて代銭納であるし（新渡戸文書）、貞和五年（一三四九）好島庄年貢散用状でも、現銭・絹・馬・白小袖・片絹（肩衣）の品目ごとに代銭を換算し、本家と領家各々に現銭で納入したことを伝えている。本家・領家または奥州管領が「御年貢帖《ちようけん》絹の事、早く政所納帳の旨に任せて究済すべし」と好島庄預所に年貢沙汰を命ずる方法も、また、年貢帖絹と指定しながら政所納帳では前述の品目を掲げ、さらに実際には代銭納であることも、鎌倉末期から内乱期をつうじて変わらないのである（飯野文書）。

政所納帳などの国家側の認めた収納台帳に記載された品目が、当該地域でその現物を徴収する拠りどころとされているところに、重要な意味がこめられている。好島庄の村地頭が、鎌倉後期には、開発によって拡大した地頭別名分の定田部分については、下田扱いとして規定された反別白布一段の所当を預所に代銭納化することに成功していたが、本来の公田部分については、依然として町別一疋の帖絹現物納入を義務づけられていたのであり、内乱期も同様であった。建武元年糠部郡内の検地注文状では、公田については百姓一人ごとに反別四〇〇文の現銭納を明記するが、公田をはるかに凌駕する田地については、その田地を目安にして畠・山野を含む生活の場全体への基本的貢租として貢馬を割当てている。馬が強制的に徴収されていた仕組みを伝える貴重な史料である。しかし糠部郡でも所当官物として実際に納入されるのは現銭を中心としていたとみられる（南部文書・新渡戸文書・宮崎文書）。

多様な現物を徴収しながら代銭納をおこなうからくりについては、佐々木銀弥によって解明されているように（『中世商品流通史の研究』）、徴税責任者に莫大な利潤を保証する。奥羽に所当官物として強制されていた砂金・馬・絹・奥布などが、いずれも南北朝期でも日本全体で貴重な物品であり、内乱期にあって市場で交換比率をいっそう騰貴していたのであれば、なおさらである。奥羽で一疋三貫文の馬が中央市場では一〇貫文であり、好島庄でも貞和五年（一三四九）に一疋一貫二〇〇文で換算されていた生絹が貞治四年（一三六五）には三貫文となっている。

岩崎郡の岡本隆親が京都から奥州管領をつうじて面付役として砂金納付を命ぜられ、結城親朝も所当または時折の進物として現銭だけでなく砂金や馬を納入しているが、内乱期末の作といわれる庭訓往来が市場で入手できる諸国銘産の中に奥州金・奥漆・夷鮭・宇賀昆布をあげているように、奥羽・夷島所出物が京都をはじめとする諸国市場に出廻っている背後には、奥羽内部に依然として、自由な生産と販売をむしろ抑圧する組織的・強制的な生産・分業体制を維持しようとする厳しい現実があったことを考えなければならない。

絶え間ない戦乱の中で、冷涼な自然的条件下におかれながらも、奥羽各地で着々と農業生産の増大がおしすすめられていたことは、各地方史が明らかにしているとおりである。また、糠部郡七戸御牧や仲浜御牧について、「数千匹の馬、麋鹿《びろく》に交わり思い思いの勇を成す」と、内乱後期に書きあげられた十三往来が描写する景観は、今なお訪れる者の眼前にも彷彿と現出する条件をもっているが、馬にせよ砂金にせよ、内乱期にも依然として定田を基準として強制的に徴収され、同時にそれを代銭納する構造を見逃せないのである。

この構造的機構が、歴史的に郡的構成を単位として維持されてきていた。その機構にたずさわる者にとっては、管郡内の農業等の発展や代銭納の進展にともなって、国家から保証された収納台帳だけではこの収納体制を維持できない。ここに特殊な地域であるが故の特殊貢租という思想的操作が相変らず必要となり、前代以来の論法をかりて蝦夷観を再生し維持する事態も続くのである。収納のからくりは収納担当者の交易権留保と一体をなすが、分郡形成の状勢下で鎮守府将軍の継承者北畠氏を津軽に迎えた安藤氏が、夷島との交易を独占的に担当する「日《ひ》の本《もと》将軍」職に補任されたという姿に、奥羽での蝦夷観の本質をみることができる。夷島に直接関係しない南奥羽でも、内乱期に奥羽武士が「梟賊《きょうぞく》たる蝦夷を追伐する」（中尊寺文書）名分を掲げて、所領を押さえ百姓を駆使しているが、このような論法が奥羽の内部で主張されている事実は看過されるべきではない。太平記にまで反映する奥羽蝦夷観は、このような状勢下で再生産されていたと考える。

国家の奥羽支配機構は、厖大な軍事力と貢租とりわけ特殊な所出物を制度的に掌握するものであるが、それが南北朝期後半に一揆等地縁的結合による支配方式を生みながらも、なお分郡を中心とした一斑の理由はここにある。そして分郡が補任を原則とする機構であることは、奥羽管領制が廃止されてもなお中央政府から新たな分郡主を送りこまれる条件となり、奥羽国人領主制がすでに態勢をあらわにしていたにもかかわらず体制的確立を次の時代の課題とする原因でもあった。

国人の連合と角逐の時代

伊藤喜良

一　国人一揆の雄飛

五郡談合

応永十七年（一四一〇）二月晦日、奥州武士としての自覚・独自性を高らかに謳い、奥羽の大地に生き抜き、自らの世界を築いていこうとする意欲に満ちた契状が南奥諸氏の間で取り交わされた。それは海道地帯の岩崎・岩城・楢葉・標葉・行方の五郡に威を振るう岩城・白土・好島・諸根・相馬・楢葉・標葉氏らの一〇氏による傘連判の一揆契状である（相馬文書）。

「五郡一揆」と称されるこの一揆契状は、奥羽国人の発展方向を明示するとともに、奥羽の室町的特徴を象徴するものであった。契状の内容は一揆構成員の相互援助、談合による上部権力（篠川・稲村公方）への対処、所務相論（国人相互の所領争いなど）の解決法が主要なものである。所務相論の解決方法として、上部権力に依拠せず「理非に任せて」一揆構成員だけで処理することを決めている。所務相論は国人領主相互間の単なる所領紛争のごとくみえるが、決してそのような単純なものではありえず、国人領主個々の支配領域を越えて広汎に展開する百姓・下人らの逃亡に起因することが多かった。逃亡百姓らの追及、彼らをかかえている領主にたいしての返還要求は必然的に国人相互間の抗争・確執を生み、国人領主支配の動揺をきたしていた。

応永二十四年といえば「五郡一揆」が結成されてから七年後のことであるが、同じ海道地帯で岩崎氏を中心とした四人の国人一揆が成立した。その内容は「五郡一揆」とほぼ同じであるが、「此の内において雑夫の事候はば、理非に任せて沙汰致すべく候」との一条があり、雑務相論として内容が明確化されてきている（秋田藩家蔵文書）。いずれにしても所務相論の背後には農民支配を基軸とする領主支配の動揺と、国人相互間の緊張した関係が存在していた。こうした状況のなかで、国人が結集して領主支配の維持・強化を目的として成立したのが国人一揆の一側面である。

公方と国人

国人一揆形成のもう一つの理由は、上部権力にいかに対処するかという点にあった。応永十年（一四〇三）の安芸国国人一揆、応永七年におこった信濃国大文字一揆などは、新守護への抵抗を示すものとしてきわめて著名である。「五郡一揆」においても公方のことは五郡談合で沙汰していこうと、鎌倉から下向してきた篠川・稲村両公方にたいして、かなり微妙な立場を表明している。両公方の権力行使、あるいは政策にたいし、少なくとも国人層の合意を必要とすること、すなわち、国人層の意向が公方の行動・政策を規定していくのだということを、簡単な文言で臆面もなく言い切っているのである。「五郡一揆」をさかのぼること六年、応永十一年に仙道の安積郡を中心とした国人二〇名が一揆契状をしたためた（結城古文書写）。この一揆は「仙道一揆」と呼ばれており、伊東一揆を中心とした中小国人層が主体であったことが明らかにされている。また、田村一族・石川一族もそれぞれ同様な一揆をこの頃に結んでいた（『福島県史』）。さて、中小国人層中心のこの一揆は公方への忠節、大小の事についての相互援助、みずからの手による相論解決など、一揆契約の主要部分をすべて備えたものであった。ことに篠川・稲村近辺の国人が中心であり、また契状に「上意に応じ、同心し忠節を致すべし」とあることより、両公方が上から一揆を組織したものであると考えられている。

たしかに両公方と「仙道一揆」との間になんらかの結びつきがあることを考慮しなければならないが、そもそも国人層が契状に前記文言を載せ天地神明に誓わなければならなかった真の理由は何であったのであろうか。本来、両公方の支配が強力ならば「忠節云々」は神々に誓うまでもなかったのではないかと考えられる。文言の背後には奥州武士の両公方にたいする微妙な態度が見え隠れするのである。

陸奥国人一揆が上から組織されたものか、両公方に対立して結成されたものかにわかに断定できないが、「五郡一揆」にみられるような公方にたいする立場は、鎌倉から下向してきた「天下り」公方に勝手気儘なことは許さないとする、奥州武士の自覚・独自性、さらには実力の高揚の現れとみなすことができよう。彼らは鎌倉の鎖を断ち切ろうとする志向を顕著にみせはじめている。いずれにしても、みずからの独立性と、地方秩序維持の指導権を握ろうとする意図がありありとみえる。

奥州武士の立場と実力を明確に自覚し、在地支配の指導権を掌握しようとしていた一揆構成メンバーの行動を岩城氏を例としながらもう少し追ってみよう。南北朝末期における岩城氏の当主は隆泰であったが、同時に好島・白土氏らの惣領でもあった。しかし、岩城隆泰が時勢をいたずらに拱手傍観していたならば、たちまちその立場を失い没落していくのは必然であった。彼も他の奥州武士がそうであったように奥州四管領の分裂に乗じて、国家権力をみずからの主権としてとりこんでいく。すなわち、奥州管領制の分裂により、その職権は郡守護職・郡検断とまったく同様にみなされるようになり、岩城郡守護職を委ねられていた岩城隆泰は、その職権を最大限に行使して国魂行泰と岩崎新左衛門尉、伊賀光政と好島隆義らの相論に介入し、いつしか在地裁判権や所領安堵権・宛行権をほぼ掌中に帰し、領国形成を推進していくのである（『福島県史』）。相馬氏・白土氏らも各々奥州管領の権限であった在地裁判権・公田支配権を分有しながら、奥羽の天地に根をはり、その領域支配の拡大化を目ざして、一族や、近隣国人層、あるいは村落上層部と対立抗争しながら国人領主制ともいうべき地域支配を展開し、さらに一揆を結ぶまでに至っているのである。公方にたいする一揆の態度もこのような国人領主支配の強化と無関係ではあるまい。

一揆的状況と領主間協約

岩城氏に内紛がおこり、惣領左馬助が舎弟彦次郎に攻められて自害したのは嘉吉三年（一四四三）のことである。管領畠山持国は同年五月十日、石川中務少輔《持光》あてに「舎弟彦次郎（清隆）においては、談合を加え、元のごとく沙汰居えらるるべきのよし」（角田石川文書）と、岩城彦次郎（清隆）の所領安堵等について、国人の談合によって処理せよとの御教書を下した。しかし、紛争は継続した。文安四年（一四四七）にいたり、白川直朝・刑部大輔昌隆らによって「申し定め候押書の事」なる調停案が作成され（遠藤白川文書）、岩城一族のみでなく、その近隣国人をも捲き込んだ私合戦もようやく一段落するところとなった。ここに、在地における騒擾の調停・斡旋という機能が国人相互間に存在していたことが知れるであろう。いわゆる「中人制」と呼ばれる中世後期の紛争解決手段の一つで、第三者にその解決を委ねたケースである。

中務少輔家持という武士から白川氏にあてた書状がある。その概要は「小野保の田原屋郷と羽出庭郷について、先年由緒があるので、岩城周防守（岩城清隆）へ返しましたが、あなたさまのお口添えにより、またこちらに返していただき現在まで知行しています。ところが、二本松殿にはこの件でご意見があるようですし、また、近所の領主層がとかく文句をいい、混乱がおこった場合、あなたさまの迷惑となりますので、田原屋郷はお返しします。ご知行下さい。羽出庭郷については相互に談合して末代まで知行します」（遠藤白川文書）とのことであった。小野保田原屋郷・羽出庭郷をめぐるこの書状は当時の所領のありかたの一端を語っている。国人領主が自己の所領を維持していくためには、近在の国人領主層の同意が必要であることを窺わせるものであり、近所の国人がそれに反対のときは所領支配は不可能であったことを示している。

南奥から北関東に大きな勢力を有していた長沼義秀は応永二十五年（一四一八）「義秀病気危急の間、遺跡のこと、孫子五郎太郎憲秀に譲与せしめ候、彼の段御意を懸けられ候」（皆川文書）と、近辺の国人宍戸持明・梶原禅景に書状を送り、その所領譲与の保障を求めているのであり、彼の国人から「処分のこと承り候」（皆川文書）との返書がなされているのである。

このような例は「申し定め候、契約状の事」（相馬岡田雑文書）、あるいは「いまだ実子なきによって申し定むる状の事」（結城神社文書）というような文言で奥羽各地にあり、一定地域の国人が相互に所領を保障しあうことが一般的であった。「近所之儀」ともいうべき領主間協約ということができよう。

宝徳三年（一四五一）と考えられる岩城清隆から小峯氏にあてたもう一つの書状を検討してみよう。「先日お渡ししました御領のうち、長井村（岩城郡）についてはいまも百姓がそこに居住しています。近々御代官もこられるでしょうから、この御領の様子をおみせすることができます」と書き送っている（結城古文書写）。百姓がまだ居住していますなどと、わざわざ申し送っているのは、在地の百姓の逃亡・逃散が日常茶飯事であったことを暗示しており、各領主が百姓の土地緊縛にきわめて神経質になっていたことなどを知ることができ、岩城氏と小峯氏との間における百姓支配に関する相互援助、協力の実態を浮彫りにしている。

田地売買についても同様な事態がみられる。永享十一年（一四三九）、小川道弘は「しをたむら」の得分を三貫五百文で売ったのであるが、その売券に「むら《（村）》のそうりやう《（惣領）》くん《（郡）》のそうりやう《（惣領）》の御はからい」との文言が付け加えられている（長福寺文書）。このときの郡惣領は岩城氏であるが、小川道弘のような領主（たぶん村落領主であろう）が得分を売買するときには村惣領・郡惣領のような有力国人の「はからい」（売買保障）のもとになされていたことが知れる。

このような国人相互の動きをなんと呼んだらよいのであろうか。一揆契状こそ存在していないが、国人一揆あるいは領主間協約と称してもよさそうである。断片的史料ですらこれだけの国人一揆の実態が浮びあがってくるのであるから、これよりさらに多くの一揆が各地に跋扈《ばっこ》していたと想定しても誤りないであろう。岩城氏が従来の「五郡一揆」構成員以外の国人とも連係の動きを示しているのはその一例である。あるいは一揆契状を取り交わすのはむしろ特殊な政治的要素がくわわった場合であって、契状を結ばず、百姓の逃亡や紛争について援助しあうという一揆的状況が続いていたとみなすのが自然かもしれない。

御内書は語る

享徳三年（一四五四）十二月、足利持氏の末子成氏が関東管領上杉憲忠を殺害すると、関東の地において成氏と山内・扇谷両上杉の間にしのぎを削る激しい戦いが開始された。いわゆる関東大乱である。そのなかで長禄四年（一四六〇）十月二十一日に下された将軍義政御内書は興味深いものがある。それは「塩松松寿・二本松七郎・白川修理大夫・伊達大膳大夫入道・懸田次郎・小峯下野守・猪苗代刑部大輔・二階堂次郎・安積右兵衛尉・国分備前守・石川一族・信夫一族・蘆名下総守・相馬治部少輔・岩城下総守・岩崎修理大夫・標《(楢カ)》葉常陸介・標葉《しねは》伊予守・田村次郎・田村一族・大崎左衛門佐・葛西亀若・葛西一族・黒川右馬助・宇都宮四郎・小山下野守・那須越後守・佐野伯耆守・那須大膳大夫・左京大夫出羽探題山方カ・修理大夫出羽探題伯父カ天童カ・芳賀伊賀守・武田右馬助入道・佐竹左京大夫・大泉右京亮大宝寺」の将に下されたものであった（御内書案）。

御内書の多数の文面に誰々と「談合」し戦功を抽《ぬき》んずるようにとの文言が記されている。たとえば、岩城は岩崎と相互に談合を加え、標葉は岩崎と談合を加え参陣せよとの指令が「五郡一揆」に系譜をひく国人になされている。同様に「所詮不日二本松と談合を加え、戦功を抽んぜらるれば、もっとも感悦たるべく候」と、二本松と塩松が相互に談合して出陣することを命じており、また、猪苗代は蘆名と談合、蘆名は白川と、楢葉《ならは》は相馬、相馬は田村、田村は白川と談合、小峯・二階堂はそれぞれ白川と談合を加えよとされている。

小峯・二階堂・田村・蘆名の諸氏から談合をうける白川氏は最大の実力者とみなすことができよう。しかし、談合をうけた諸氏を完全に従属させていたというわけではなかった。白川と蘆名の関係を例としよう。長禄四年四月、幕府は白川直朝あてに「蘆名下総守にたいして確執の事、去年仰遣さるの処、早速和睦せしむの条、もっとも神妙なり」との御内書を発している（御内書案）。前記十月二十一日付の御内書によると、蘆名は白川に談合を加え出陣することを命ぜられているが、半年以前には対立抗争の渦中にあり、幕府の斡旋で和睦しているのである。蘆名氏が白川氏に談合を加えよと指示されていても、白川氏に従属していたとは考え難いところである。

では「談合を加え」という表現に反映された国人相互の関係はどのようなものであったのであろうか。端的に言うと、国人領主連合（国人一揆）と想定される。岩城・岩崎・標葉氏らの関係は「五郡一揆」が存続していたことを暗示するものであり、また白川氏を中心として、小峯・二階堂・田村・蘆名氏らの国人連合が形成されていたことを窺わせるものである。文明二年（一四七〇）相馬隆胤、文明六年には岩城親隆がそれぞれ白川政朝と一揆契約状をしたためていることも（遠藤白川文書）、白川氏を中核とした国人一揆が広く存在していたことを示す一証左である。南奥の主導権を握り、抜群の実力と、他の国人に対して絶対的優位を保持していたようにみえる白川氏の権力の実体も国人領主連合、国人一揆という範疇をでるものではなかったと推定される。

さらに御内書に石川一族・信夫一族・田村一族・葛西一族など、一族あてのものがみられるが、これは石川氏ら各氏を中心とした一揆を指すものとみられる。殊に石川・田村氏については、応永年間ごろとみられる一揆契状がそれぞれ残されており（秋田藩家蔵文書）、その頃結成された一揆が続いていたとみなすことができよう。幕府御内書は、国人一揆、国人連合が奥羽各地に広範に展開していたことを物語っている。

さて、在地の諸問題はこの一揆的状況のなかで解決していく方向がみられるのであるが、所領をめぐる相互間の対立も見落してはならない。一揆的側面と対立のバランスの上に乗っていたのが国人領主であったといえる。十五世紀の奥羽政治史は国人領主と国人一揆の動向に規定され展開していったということができ、国人一揆の時代といっても過言でない。

二　奥羽をめぐる二つの権力

鎌倉府の奥州支配

室町初期における一揆契状についてはすでに述べたが、こうした国人層の動きはいかなる政治的状況からきているのであろうか。奥羽内部の諸矛盾の追究とともに、中央・鎌倉・奥州をめぐる政治史の検討が必要となってくる。奥羽の国人層も幕府・鎌倉間の緊張した政治情勢と無関係ではありえず、室町初期の逼迫した情勢に否応なく巻きこまれながらも、みずからの道を探り出していくのである。

明徳二年（一三九一）といえば、山名氏清らによる明徳の乱がおこり、また幕府の主導のもとに南北朝の合体がおこなわれる前年であるが、この年の暮に陸奥・出羽両国が鎌倉公方の管轄下に入るという、奥羽諸氏にとっては突然の決定が下された年でもあった。すでに奥州管領制は四分五裂の状態となり、奥州の広域行政府としての実体をなんら持つものではなくなっていた。幕府と鎌倉公方との関係が円滑さを欠きはじめ、嵐の前の静けさであったこの時期、奥羽二国が鎌倉公方の管轄になった理由を、渡辺世祐は将軍義満と鎌倉公方の関係の円滑化と、奥羽の諸氏を指揮するものがいなかったことをあげている（『関東中心足利時代之研究』）。その理由はいまだ定かではないが、この関東への編入は以後の奥羽に種々の波紋を投げかけながら、大きな渦となって禅秀の乱から永享の乱へとなだれ込んでいき、鎌倉公方と幕府の対立の一因となっていくのである。

さて、奥羽二国が関東の支配下に入ると、鎌倉府は直ちに両国支配のために諸々の手を打ちはじめる。それは目代・代官多数が鎌倉から奥羽に下り、鎌倉の代官として公田把握にのり出し、それにもとづいて、鶴岡八幡宮修理段銭、国衙正税が強引に徴収されはじめる。さらに有力国人層が鎌倉に参候させられるということであった。これらのことは旧奥州管領の職掌を踏襲したものであった。しかし、代官・目代下向のみで奥州支配が貫徹するはずがなく、そこかしこに不隠な空気が充満しはじめてきた。康暦二年（一三八〇）小山義政と宇都宮基綱との私闘に始まった「小山氏の乱」は北関東から南奥に拡大し数年後一旦は収束したのであるが、小山義政の息若犬丸は田村庄三春の田村氏にひそかに匿《かくま》われ、天下の形勢を窺い、機会の到来を待つこと七年、応永二年（一三九五）再度、反鎌倉の兵をあげ、田村庄司則義《のりよし》・清包《きよかね》父子、さらに関東の南朝残党を糾合し、奥州に緊張し逼迫した情勢を生みだしてきていた。この「若犬丸の乱」は関東公方足利氏満みずから軍勢を率いて奥州に下ったことにより大事には至らなかったが、決して奥羽の不隠な空気が解消されたわけではなかった。

大崎満持の活躍

ところで、氏満が関東十国の軍兵を引率して田村討伐に下向する以前、奥羽の地で在地国人層に軍事指揮権を行使しながら、さかんに軍忠感状をしたため、あるいは官途推挙状を発して「田村・若犬丸」軍と対峙し、大活躍している人物がいる。官途は刑部大輔を名乗り、鎮圧軍の要となっているこの武将は、従来、明徳元年（一三九〇）四月安達郡四本松に奥州管領として鎌倉から下向してきた宇都宮氏広と想定されていた。ところが、刑部大輔の花押は、応永十四年（一四〇七）四月二十八日の南部光経あての官途推挙状の花押とぴったり一致する。この推挙状をしたためたのは大崎満持であった。まさに宇都宮氏広と考えられてきた武将こそは、旧奥州管領の系譜をひく大崎満持なのである（渡部正俊「篠川・稲村御所をめぐる歴史の展開」）。

奥羽が鎌倉府の管轄下になりながらも、現地において軍事指揮権を発揮している大崎満持とはどのような地位・立場にあり、いかなる職権を行使できたのであろうか。さらにその地位・職権は誰によって保障されていたのであろうか。ここで暫く大崎満持の行動を追うことによって問題点を整理することにしよう。彼の活動は、応永二年九月二十六日、蒲田民部少輔にたいし「田村退治」の忠功により、当知行地を安堵したのが初見である（遠藤白川文書）。つづいて同年九月晦、伊賀孫三郎に官途推挙状（飯野文書）、さらに十月七日、伊賀式部大夫に軍忠感状をそれぞれしたためている（飯野文書）。また応永四年には鎌倉公方から小野保名主国井若狭守と田原谷弾正忠との間の私闘厳禁を求める御教書が下されている（相馬文書）。同五年には、満持の父詮持《あきもち》あてに関東管領上杉朝宗《ともむね》より、鎌倉鶴岡八幡宮に寄進した大寺安芸入道跡を同寺雑掌に打渡すように命じた施行状などが知られており（神田孝平氏所蔵文書）、稲村・篠川公方下向以前のわずか数年、数通の文書であるが、両公方着任以前の鎌倉府による奥州支配の一端を垣間見ることができる。大崎氏は奥羽の国人にたいする軍事指揮権・統率権を掌握し、また国人への安堵施行権、さらには官途推挙権などを握っており、実体はともかく、文書の表面にあらわれた彼の権限はかなり強力なものであったことを認めざるをえない。

奥羽二国が鎌倉に編入されたことによって奥州管領制が廃絶されたといっても、大崎氏のこの職権は前代の奥州管領のそれにかなり近いものがある。結論を述べるならば、稲村・篠川両公方下向までの八年間、鎌倉府の奥州支配の中核となっていたのは大崎満持ではなかったろうか。すなわち、満持は「田村・若犬丸退治」の軍事指揮官として、旧奥州管領以来の行政官として、鎌倉公方にとって不慣れな奥州支配の水先案内人として、鎌倉府の奥羽統率の要となっていた。

ところが、鎌倉公方と大崎氏の蜜月時代は長くは続かなかった。余目氏旧記の述べるところでは、鎌倉公方満兼は、伊達・白川両氏の援助をえながら、弟の満直・満貞を陸奥・出羽の主となし、鎌倉の藩屏にしようとしたのであるが、伊達・白川両氏に御料所の割譲を命じたことから、伊達・大崎氏と鎌倉公方との間に抜き差しならぬ対立を起こさせてしまう。伊達氏は鎌倉の命を不満として、大崎詮持とともに鎌倉に対決しようとして五百余騎の軍勢とともに鎌倉に進発したが、白川満朝らに防がれ、出羽に逃亡する。一方大崎詮持については「大崎殿（詮持）は瀬ヶ崎（鎌倉）よりにけ《（逃）》給しか、大勢におはれ、又行さきも大切の間、仙道大越にてひそかに御はら《（腹）》をめさる、御子四代目のそくとう積燈寺（大崎満持）をは国に置きたてまつり、御孫大洲賀さま向上院殿（大崎満詮カ）十五歳に成り給ふをつれたてまつりしか、にけ《（逃）》給ふ」と、彼の切腹を伝えながら、応永六・七年の鎌倉・奥州間の緊張した雰囲気をリアルに描いている。余目氏旧記は永正十一年（一五一四）に成立したものであり、筆者は留守一族かその老臣であったと推定されている（大島正隆「奥州留守氏考」）が、これにより篠川・稲村両公方下向前後の状況が概略しれよう。

さて、余目氏旧記によって伊達政宗が鎌倉公方に叛旗をあげたのは、それなりの理由が窺われるのであるが、大崎氏が彼に同調した要因がいまひとつ定かでない。その原因は次の点にあると想定される。当時、奥羽の地において大崎満持は旧奥州管領の職権を行使しながら、奥羽支配の要とならんがために、八面六臂の活躍中であった。また、彼の父詮持は鎌倉公方からの出仕命令により、鎌倉瀬ヶ崎に居を構えており、父子ともに鎌倉公方に仕える身であった。そのようなとき満直・満貞の派遣が決定されたのであり、この派遣は大崎氏にとって心中隠やかならざるものがあったろうと推定しても、あながち穿ちすぎの見かたとはいえまい。このときまさに伊達氏とともに「京都を守られ御切腹候べし」（余目氏旧記）との決意で蹶起《けつき》したのもけだし当然といえよう。その結果は仙道大越で露と消えるのであるが。

幕府と鎌倉府の相剋

ここで問題となるのは、なぜ満直・満貞を奥州に下さねばならなかったのかという点である。両者を下向させるということは、一般的にいえば奥州の固め、鎌倉の藩屏にしようとの期待があってのことであることはいうまでもないであろうが、その具体的な状況についてはいまだ明確となっていない点がある。この点については奥羽内部の問題と、幕府との関係から考えていかなければならない。

両公方が奥州へ下向した七ヵ月後の応永七年（一四〇〇）三月、伊達・蘆名氏の叛乱（大崎氏も加担）がおこる。この原因を余目氏旧記は、御料所をめぐっての両公方への反感ということで処理しているが、あるいは応永二年の「田村・若犬丸の乱」以後、反鎌倉府の蠢動が奥羽の各地にみられ、伊達・蘆名氏の「陰謀」もその一端で、両公方の下向後、半年余りで早くもそれが露顕したとみなすのが自然かもしれない。奥州のこのような政治情況を察知した鎌倉府が、奥州支配の再編強化をめざすため派遣したとするのが妥当であろうか。

鎌倉府にとってさらに厄介なことは、この奥羽問題に幕府が一枚噛んでいるということであった。両公方が奥州に下向したと同時期の応永六年七月、鎌倉公方満兼は奥州白河に赴き、同年十一月に帰還したと後の記録は伝えている（喜連川判鑑）。事実とするならば、この目的は奥州諸氏を結集して幕府に対抗しようとしたところにあったであろう（『福島県史』）。事実、満兼の奥州巡行中の十月、畿内においては大内義弘による応永の乱が勃発していることからもうなずけるところである。

しかし、幕府もこれらの事態を黙過しているものではなかった。将軍義満は迅速に書を下し「関東の事、事実たらば、御方として忠節いたさば、賞を抽ずべし」（上遠野文書）と、上遠野宗朝《かどのむねとも》に命じたのは同年十一月二十一日のことであった。他の諸氏についても同様な書を下したであろう。かかる幕府の素早い行動からみて、幕府と奥州との間にかなり太いパイプがあったと推定しても差し支えない。渡辺世祐はその一人を伊達政宗と断定している（渡辺前掲書）。

幕府が奥州にたいしてうった手は、奥州諸氏への軍勢催促のみではなかった。その用意した強力なパンチの一つは余目氏旧記に述べられている次の事実である。応永七年に「牛袋ひしり（聖）のほり給ひて、京都より国一円の御判下て後、大崎殿一探題なり」と、大崎氏を奥州探題に補任したことである。この記事については古くから議論がなされてきたが、以下に述べるような徴証からして、かなり事実に近いものと想定している。応永八年九月二十四日、大崎満持は藤井孫四郎に「陸奥国本領当知行のこと、去七月八日の御教書の旨にまかせて、領掌相違あるべからざるの状、仰により執達くだんのごとし」（上遠野文書）との安堵施行状を発しているが、文言中の「安堵御教書」はいったい誰が下したものであろうか。換言するならば、大崎満持は誰の命令をうけて施行状を発給したのであろうか。この頃、奥羽に安堵御教書を下すことができる主体は二ヵ所しか考えられない。それは幕府と鎌倉府である。本来、所領安堵は将軍の親裁権であったが、室町期の特徴である権限の下降分有にともなって、室町初期の応永ごろには鎌倉府も安堵権を行使しはじめていた。ところが好都合なことに満持は藤井孫四郎あてに以下の書状を送っていたので、幕府からの命令と断言できる。「かねてまた京都の御判を下され候、目出候、よって当方安堵のこと承り候」（上遠野家古文書）とあるが、この書状の日付は、安堵の施行状の日付、九月二十四日と一致する。大崎満持は施行状のみならず、当知行安堵に関する書状をもしたためて藤井孫四郎に送付したのであり、それゆえ、この施行する権限の根拠は奥州探題に補任されたとするのがもっとも合理的である。

ところで藤井孫四郎とはどのような武士であろうか。すぐ脳裏にひらめくのが例の応永六年将軍義満から軍勢催促状を受け取った藤井四郎（上遠野宗朝）である。すなわち同じ上遠野一族であり、とりわけ幕府と深い結びつきがある家であった。稲村・篠川両公方下向後、鎌倉を追われて奥州に逃げ下った大崎氏は、ここに幕府と強い結びつきを持つようになったと結論づけることができよう。さらに前にも少し触れたが、大内義弘による応永の乱を無視しては応永六、七年の諸事件を語ることはできない。大内義弘は周知のように、堺で討ち死にするのであるが、義満にとって我慢ならなかったのは今川了俊の暗躍と、鎌倉公方満兼の怪しげな振舞であった。殊に満兼については大きな脅威として映ったに相違ない。そこで幕府は座して鎌倉府の跳梁を待つよりは、積極的に鎌倉を牽制する策を講じたとしても、なんの不思議もなかろう。応永七年、大崎氏が奥州探題に補任され、幕府の輔弼《ほひつ》となったとする説は、根拠がないことではないといわねばならない。

この頃、奥州を舞台として二つの権力が角逐し、熱い火花を散らしていたといっても過言ではなかろう。その意志伝達は、鎌倉府は稲村・篠川公方を通じて、幕府は奥州探題を梃子《てこ》としていた。さらに奥州の有力国人層も伊達・蘆名氏は幕府、白川氏は鎌倉というようにその旗色を鮮明にしながら、その対立は深まっていった。

こうして、奥羽の地は幕府と鎌倉府、あるいは有力国人層による確執・相剋・葛藤・対立が渦巻いていたが、この渦中にあって奥羽の諸氏はいかなる対応をせまられたのであろうか。話を国人一揆にもどすと、前記した国人一揆の構成メンバーを検討してみると一つの事実に気付くであろう。それは幕府、鎌倉府いずれにも旗幟を鮮明にしていない連中が結集しているということである。彼らは幕府、鎌倉府の角逐にたいして首鼠両端《しゅそりょうたん》（迷って形勢を見ていること）、洞ヶ峠をきめこみながらも、なんらかの行動が必要とされた。それが国人一揆である。彼らは幕府・鎌倉府の両権力に挟まれ、伊達氏以下の有力領主に対抗しながら独自の動きを示すようになり、「公方の事においては五郡談合の儀を以て沙汰」（相馬文書）との決意となってくるのである。

もっとも奥羽国人層は時がたつにつれて少しずつ反鎌倉府へ動いていく。幕府の積極的な奥州対策が功を奏したのであろうか。尊大な鎌倉府に反発したのであろうか。いずれにしても鎌倉府にとって由々しき事態となっていく。

三 「天下り」公方の栄華と落日

禅秀の乱と奥羽

応永二十三年（一四一六）十月十三日の看聞御記は関東の緊迫した事態を伝えている。いわゆる禅秀の乱である。上杉氏憲（禅秀）に呼応、加担した武士は下総の千葉兼胤、上野の岩松満純、下野の那須資文、甲斐の武田信満、常陸の大掾満幹ら、東国のそうそうたる名族であった。さらに「陸奥には篠河殿へ頼申間、蘆名盛久、白川、結城、石川、南部、葛西、海道四郡の者ども、みな同心す」と、鎌倉大草紙は篠川公方以下の奥州諸氏が禅秀方に相呼応したことを伝えている。乱そのものは、京都で将軍の実弟義嗣の陰謀がはからずも発覚したことによって、足下に火がついた幕府が足利持氏を支援、加勢するところとなり、簡単に鎮圧されたのであるが、以後の東国・奥羽に与えた波紋は大きかった。

奥羽武士が反鎌倉の動きをする兆候はすでに数年前からあらわれてきており、鎌倉公方足利持氏を苛立《いら》たせていた。応永二十年といえば禅秀の乱勃発の三年前であるが、伊達氏が再び鎌倉府に反逆した。持氏はすぐさま畠山修理大夫を討伐軍の大将として派遣したのであるが、南奥国人層の非協力により成果をえぬまま帰府し、持氏に譴責されるしまつであった（喜連川判鑑）。またすでにこの頃から両公方の確執があったのであろうか、この反乱討伐に稲村・篠川両公方はなんら積極的な行動をとっていないのも事実である。いずれにしても鎌倉に反発する国人が多くなってきていたことは明らかであり、このようなときに起こったのが禅秀の乱であった。

鎌倉府と稲村・篠川公方

ここで少し幕府と鎌倉府、稲村・篠川公方の相互関係に触れておく必要があろう。鎌倉府は建武政権下において、足利直義が後醍醐天皇の皇子成良親王を奉じて鎌倉に下ったときから始まる。しかるに建武政権における公武水火の争いから、南北朝内乱への突入、内乱の深まりによる諸階層の躍動、あるいはその相互矛盾は、鎌倉府をして必然的に大きな権限を持たざるをえなくなってくる。すなわち、内乱初期には軍事指揮権、所領預置等がその職権の支柱であったのであるが、これだけでは当時の武士を結集させることはできなくなってきていた。観応の擾乱（一三五〇〜五一）以後になると管国内の地頭御家人にたいする所領宛行、一国平均課役の徴収権、所領安堵の推挙権、裁判権、所領保全等の諸権限を行使するようになり、南北朝内乱終結後には将軍親裁権の最高のものの一つであった所領安堵権さえ掌中に帰すようになっていた。もはや幕府が関東でふるえる諸権限は関東諸国の守護補任、鎌倉五山住持の補任権ぐらいのものとなり、鎌倉府は関東の幕府として東国・奥羽に君臨し、その強大化はだれの目にも明々白々であった。

このように鎌倉府の統治機構の整備や、権限が拡大してくるにともない、幕府と鎌倉府の協力関係は微妙な蔭がかかり、さらに鎌倉公方の将軍への野望と、幕府の鎌倉府への掣肘《せいちゅう》（あれこれと干渉すること）がかさなり、対立抗争が激化していったことについてはすでに触れた。

つぎに篠川・稲村公方の関係、さらに両公方と鎌倉府との関係について検討しておく必要がある。『福島県史』によれば、篠川公方を足利満直、稲村公方を足利満貞としているが、この推定はまず誤りないところであろう。両公方が応永六年（一三九九）奥羽に下向してからの彼らの動向を示す文書は多数知られているが、文書の種類により分類すると、知行安堵、宛行、軍勢催促、感状、官途推挙、寄進答礼、書状等になる。このうちいずれの発給文書も安堵、宛行、軍勢催促、感状等が圧倒的多数であり、総計の九〇％近くに達する（『福島県史』）。彼らの奥羽諸氏（ほとんど南奥諸氏であるが）にたいする文書の発給からも、当時の奥羽の不安定な状況が知れるのであるが、彼らの発した文書の内容が同質であることにより、両公方の間になんらかの役割、権限分担があったとは考えられていない。両公方の差異をあえて推測するならば、奥州を舞台にその権力を行使した時期にずれがあるということである。現在残されている文書記録類から推定すると、稲村公方満貞は応永年間が活動の中心であり、篠川公方は応永後半から正長・永享年間に活躍している。なお、満貞は正長・永享年間にも奥州諸氏に文書を発しているが、これは鎌倉からのものであることは明らかであり、応永末年、篠川満直との角逐に敗れて落魄《らくはく》の身となり、鎌倉に帰府した以後のものである（鎌倉大草紙によれば帰還した時期は応永三十一年十一月十一日とされている）。また前代の奥州管領制のような連署状も存在していない。

同一地域において同等な権限を持った二人の公方が存在したならば、早晩その対立・相剋は避けられなかったであろう。ところで両公方と鎌倉公方との関係を文書形式のうえで吟味してみることにしよう。両公方の発した文書をみると「状件のごとし」の書止文言を有するもののみで、「仰により執達件のごとし」のような鎌倉公方の命を奉ずる形式をとっているものはない。このことは、両公方が職権を行使するときは、他からの命令ではなく、みずからが主権者であることを示しているし、また鎌倉公方から両公方に命令した文書も残されていない。この頃の奥羽には鎌倉公方から発給せられた文書も多数残されているが、それらの文書と両公方のそれとを比較してみると、文書の形式は全く同じであり、文書形式上からいえば、その権限も同等であったといえないこともない。また当時鎌倉府が行使していた職権は、篠川・稲村公方もまた行使するところであったことは前記の両公方発給文書の分析から明らかである。

さて、では篠川・稲村公方は鎌倉府の支配機構内でどのように位置づけられるのであろうか。第一にいえることは、前述した文書の形式からも窺えるように鎌倉公方と両公方との間における支配命令系統、職務権限などすべて曖昧模糊とした不明確なものであった。さらに篠川公方と稲村公方の関係もこれまた不明瞭なものであり、以後の奥州に混乱が起こるのはこれまた当然であろう。篠川・稲村公方は制度上まったく曖昧なものであり、それが後に幕府に付け込まれる隙となり、鎌倉府としては禍根を残し、臍《ほぞ》を噛む結果となったのである。

京都扶持衆の動向

禅秀の乱後の奥羽の政治情勢はどのように展開していったのであろうか（史料は特に断らないかぎり満済准后日記によった）。足利持氏による禅秀余党の探索は東国の地に逼迫した状況を生み出し、否応なく奥羽の地をその渦中に巻きこんでいった。緊迫した情勢に至った直接的な発端は、持氏が禅秀余党の征討と称して、反鎌倉、親幕府的な東国諸氏の討伐を敢行しはじめたことに始まる。そのため幕府との間に意志の疎通を欠くのみならず、応永三十年（一四二三）頃には幕府内部において、鎌倉府征伐さえ計画される段階に至ってしまう。このような幕府と鎌倉府の葛藤・軋轢のなかで、篠川公方満直は幕府支持、稲村公方満貞は鎌倉方へというように、幕府、鎌倉府にそれぞれ強く結びついていく。さらに、北関東から奥羽の親幕府的な山入・小栗・白川・宇都宮・常陸大掾・伊達・那須氏らの諸将は京都扶持衆として、これまた幕府の指揮下に組織され、反鎌倉的な動きが、さらに各地で大きく渦巻きつつあった。

禅秀の乱以後の渦中で、奥羽諸氏の旗幟がしだいに鮮明となっていく。ここで、正長元年（一四二八）十月、奥州宇多庄でおきた相馬氏と白川氏の所領争いを素材として、奥羽国人の動向、幕府、鎌倉府、篠川公方の政治的駆引き、さらには篠川公方権力の実態などについてみつめてみよう。

この紛争の端緒は当時白川領であった宇多庄に相馬氏が触手をのばしたことにあった。これに加えて、白川氏と石川氏の反目が古くからあり、同年十二月、白川氏朝は石川義光を攻め、屠《ほふ》ってしまうのである。これらの紛擾に、当然のこととして鎌倉公方と篠川公方が介入してくる。鎌倉公方持氏は石川義光の子持光に父の遺跡と惣領職を安堵し、さらに稲村公方満貞は、東海道五郡の輩、その他の諸氏に御教書を下して石川・相馬氏の支援を要請する。他方、篠川満直は石川義光の所領を白川氏朝に与えるとともに、幕府の後援を期待すべく逐一戦況を報告しその指示をあおいでいる。幕府は篠川方を援助することにやや傾きながらも、満直にたいする警戒心とこの紛乱を局地的なものにとどめようとする幕閣有力者の意向にそい、石川・相馬氏に加担する素振りをみせていた伊達持宗に調停斡旋を命じ、一旦は局地紛争として終息したかにみえた（『福島県史』）。

ところが、持氏の軽挙妄動はこの小康状態を一挙にぶちこわしてしまい、幕府との間に厳しい対立・乖離・疎隔を生みだしてしまう。すなわち、正長二年（一四二九）五月、京都扶持衆の一人であった那須資文・氏資父子が持氏に攻められ、白川氏朝の援助を求めてきた。この事実を知った幕府は、持氏の幕府にたいする挑戦と色めき、すぐさま篠川・伊達・蘆名以下一三人の国人に御内書を下して那須父子を支援させようとした。さらに七月になると、鎌倉府の管轄諸国に接する越後・信濃・駿河の諸国に御教書を下し、援軍を命じる。一方、鎌倉側も石川・懸田《かけた》氏に書を下して対抗するというように、まさに一触即発の事態に至るのである。

奥羽の国人層は全体として幕府方の様相をみせはじめており、鎌倉方とみられるのはわずかに石川一族ら二、三の国人のみとなりつつあった。幕府はこの政治折衝のなかで次第に有利な状勢をつくりだし、鎌倉の劣勢・零落はおおいがたいものとなってきていた。

篠川公方の特質

ところで、この奥州を舞台とした幕府と鎌倉府の鋭い対立のなかで、篠川公方権力の特質がしだいに浮き彫りにされてくる。この那須氏をめぐる事件の最中に篠川満直は幕府に二つの要求をした。一つは「関東政務の御内書」、すなわち足利持氏に代って東国を支配することの約定、その二は結城・千葉・小山氏らの関東大名、武蔵・上野両国一揆らに篠川満直に属して鎌倉を討つよう御内書を下すことの二つであった。幕閣では長時間の議論の後、この要求を拒否したのであるが、奥羽の諸氏、北関東の結城・千葉・小山各氏、さらに武蔵・上野両国の一揆を率いて南下し、一気に鎌倉を踏み躙《にじ》り、みずからが鎌倉の主となろうとする満直の並々ならぬ決意と野心が窺われる。

そこで注目したいのは、関東諸大名や、国人一揆にたいして篠川満直に属すよう御内書を下されたいとする点である。すでにみてきたように幕府から奥州国人に下す御教書・御内書の多くには、「佐々河に属し」、「佐々河方成敗に随い」あるいは「佐々河に合力し」との文言が随所にみられる。このことは何を意味するだろうか。奥羽・関東の諸氏が満直の膝下に結集したのは諸氏にたいする幕府の命令があればこそではなかろうか。幕府の後楯なくしてどれほどの国人を結集できたのだろうか。自己の権限で国人層を糾合する力があったのであろうか。幕府の権威をバックにしているからこそできたのである。これが篠川公方の特徴の一つである。永享二年（一四三〇）に入ると、幕府と鎌倉との間に和解の交渉がもたれるようになるのであるが、満直はこの和睦を喜ばず、種々画策して和平交渉をぶちこわそうとする。その理由を彼にいわせれば「東使（鎌倉府の使節）に（将軍が）御対面の事あらば、奥の者とも（奥州の国人）においては、ことごとく退屈つかまつり、力を失うべし」とのことであったが、力を失い凋落するのは奥羽の国人ではなく満直のほうだったのではなかろうか。幕府と鎌倉府の相剋・確執を利用して自己の権勢を伸ばし、奥羽の国人層を組織しようとする満直にとって、両府の対立が終息することはなんとか阻止しなければならなかったであろう。このようにみてくると満直のもつ権力の脆弱さが浮き上がってくる。現在まで篠川公方の権力構造についての研究は進んでおらず、高氏が満直の執事であったことぐらいしか知られていない（渡辺世祐前掲書）。彼の権力構造の全貌を知るよしもないが、ただ次のことはいえよう。直属軍、直轄領はきわめて少なかったであろうと、あるいは直属軍などほとんど無かったかもしれない。だからこそ、幕府の権威と、両府の葛藤を巧みに利用することにしか自己の生きる道はなかったのであろう。また幕府も勢力浸透のために巧妙に彼を用いたのである。

では、奥羽の国人層にとって篠川公方とは何であったのであろうか。篠川の行動と政治理念を追ってみると、彼は奥羽の天地に根をはり、奥羽の国人とともに生きるという考えは毛頭なかった。彼の思考の皮を一枚剥げば、常に鎌倉・京都のみに目が向く中央志向型であり、その望みは鎌倉の主となるところにあった。このような「ミニ鎌倉府」、集権的志向を持つ彼に何の期待ができたであろうか。早晩、国人との対立は避けられないものであったであろう。たしかに、幕府と鎌倉府の対立抗争が鋭い時期においては、鎌倉の圧迫からの防波堤として、また幕府と結びつく一つの結節点として、その政治的価値は大なるものがあったといえよう。しかし永享十一年（一四三九）、鎌倉府が滅亡し、政治的対立と混乱が解消すると、すぐさま篠川公方没落につながっていく。永享十二年の結城合戦の最中、篠川公方満直も奥州国人に攻め殺されてしまう。篠川を屠ったのは石川一族とも、旧奥州管領畠山・石橋両氏とも、あるいは伊東・蘆名・田村ともいわれているが、定かでない（『福島県史』）。ただ一つ明確なことは、鎌倉時代以後はじめて、鎌倉からの「天下り」支配者が姿を消したということである。もはや奥州の国人層にとって「ミニ鎌倉府」的な満直は、政治的利用価値のなくなった無用の長物のみか、彼らの発展を束縛、拘束する桎梏となっていた。篠川公方の払拭、攻殺はもはや在地には「天下り」公方を必要としない事態が進行していたことを示している。奥羽の台地に根をはり、在地の諸問題は在地で解決していこうとする国人一揆がそれである。

篠川公方の中央志向的な旧套《きゆうとう》を墨守《ぼくしゆ》する態度は、在地国人、あるいは一揆との激突を必然化させるものであった。篠川公方満直が怨を飲んで阿武隈河畔一片の烟《けむり》となったのは、これまた時代のいきつくところではなかったろうか。

十三湊《とさみなと》の盛衰

篠川公方の影響はせいぜい中奥までであった。中央にのみ目が向く篠川にとって北奥は視野外であった。この北奥で一つの事件が起こり、幕府も対応をせまられていた。「奥の下国と南部弓矢の事に付き、下国弓矢に取負け、ヱソカ島へ没落と云々、よって和睦の事連々申す間、先度仰せ遣わされ候処、南部は承引申さざるなり」と、満済准后日記の永享四年十月二十一日の記事は伝えている。下国（シモノクニ）とは十三湊を根拠地に、日本海を舞台として活躍した安東氏のことである。

安東氏は鎌倉以来、渡島半島から瀬戸内海におよぶ海域を股に掛け、鮭・昆布・海虎《らっこ》など北海の産物を津軽船に積んで越前の三国湊、若狭の小浜などに入港し、中世蝦夷地の漁業と交易を支えていたのである。また拠点である津軽十三湊には上方や蝦夷の船も出入りし、その繁栄ぶりは目をみはるばかりであったという（十三新城記）。現在も十三湊の湖畔では当時の白磁・青磁の破片が出土し、福島城跡・唐川城跡・禅林寺跡などとともに栄華の面影を伝えている。

鎌倉時代、北条得宗は日本海交通の要地を御内人でおさえ、海上権を掌握していたが、得宗被官（御内人）である安東氏も得宗の権威をバックに日本海に雄飛していた。室町時代に入っても、安東氏は幕府と結びつきながら、蝦夷交易を支配していたであろうことは、応永三十年（一四二三）に海虎や昆布を幕府に進上していることからも推定できる（後鑑）。その安東氏が従来から対立関係にあった南部氏との抗争に敗れてヱソカ島（北海道）に敗走したのである。越前や山陰、瀬戸内海沿岸を領国とする幕閣有力者にとってこのことに無関心ではいられなかったであろうし、また鎌倉以来の日本海における勢力を考えると、日朝貿易などに影響を与えかねない事態であった。幕府が和睦を命じたのも当然といえよう。しかし、南部は承知せず、十三湊・津軽外ヶ浜・宇曾利《うそり》などの奪回はついにならなかった。以後、日の本将軍安東氏は北海道松前から秋田郡檜山に移り、そこを根拠地とし、檜山安東氏として戦国期に至るのである。もはや幕府の威令は北奥の地においても無に等しくなっていた。新しい権力形態が模索されていた時期であるといえる。

四　奥羽の室町的秩序

奥州探題と羽州探題

享徳三年（一四五四）に勃発した関東大乱で、幕府は上杉氏を支援し、足利成氏を古河に走らせた。さらに長禄元年（一四五七）、将軍義政の弟政知を伊豆堀越に下し関東支配の要にしようとする。以後、関東は古河・堀越両公方の抗争により大混乱に陥る。この大乱にたいして奥羽諸氏はいかなる対応を示したであろうか。成氏討伐を命じた御内書が多数奥羽の国人に下されるのであるが、白川・小峯氏以外の諸氏は幕府の指令に全く応じなくなっており（御内書案、後鑑）、幕府の軍事指揮・統率権の弱体化はだれの目にも明白であった。

一方在地においては、国人一揆形成の反面、国人間における軋轢も深刻化していった。永享年間における南部氏と安東氏の抗争で安東氏が十三湊を追われたのをはじめ（満済准后日記）、寛正年間の南部氏と小野寺氏の確執（親元日記）、嘉吉〜文安年間における岩城一族の内紛（角田石川文書、遠藤白川文書）、宝徳〜享徳にかけての蘆名氏の内訌（塔寺八幡宮長帳）、さらには白川氏との相剋（御内書案）、文明年間における白川氏と石川氏の軋轢（角田石川文書）、同じく大崎氏の内争（伊達正統世次考）というように奥羽の各地で紛乱が続いているのである。このような状況のなかで伊達・蘆名・南部らの諸氏は戦国大名への動きをみせはじめる。蘆名氏の領内において、買地安堵状が蘆名氏から発せられたのは文明十五年（一四八三）であった（山内文書）。従来、在地で保障していた土地の売買も蘆名氏の保障のもとに土地売買がなされるようになっていった。伊達氏も同様であり、戦国大名公権の形成をみることができよう。

さて、奥羽の地において幕府の権威も地に落ちたが、まったく無秩序の時代になってしまったのであろうか。ここで奥羽諸氏と京都との関係に再度目をむけることからはじめよう。注目されるのは奥州探題大崎氏と羽州探題最上氏である。応永初期における大崎氏についてはすでに触れた（二、参照）。大崎氏はこのころ幕府から奥州探題と呼ばれており（親元日記）、探題は形式上室町幕府の地方行政機構に位置づけられている。最上氏は余目氏旧記などによれば出羽守護と呼ばれているが、前述の長禄の御内書案に「出羽探題山方ヵ」と書きこまれていたり、またその文言に「国人等を相催し発向せしめ」などと軍事指揮権を示す語句があること、また時代は下るが、織豊期に最上義光が出羽探題に補任されていることより（潟保文書）、最上氏が羽州探題であったとして誤りあるまい。

さてこの両探題は幕府、あるいは奥羽諸氏にとって単なる名目だけの実体のない飾りであったのであろうか。若干の史料が残されている奥州探題大崎氏を取り上げて考えてみよう。大崎氏の本拠は志田郡師山（現在の宮城県大崎市）であり、支配領域は大崎五郡（加美・志田・遠田・玉造・栗原郡）であったとされている。この奥州探題の職権を示すものとして国人にたいする軍事指揮権があったであろうことは御内書案によって知ることができる。

宝徳四年（一四五二）七月五日、幕府奉行人美濃守（飯尾貞元カ）・沙弥某は石川一族あてに「造内裏段銭の事、先度探題に仰せられおわんぬ、早く知行分に相懸、究済せらるべきの由、仰せ下さるる所なり」（遠藤白川文書）との内裏段銭賦課徴収の連署奉書を下した。探題とは大崎氏のことであるが、幕府は奥州探題を通して段銭徴収をしていたことが知れる。段銭賦課等の一国平均課役は幕府の重要な統治権の一つであり、幕府による全国支配の支柱であった。応仁の乱以後においても段銭が賦課されていたであろうことは、延徳二年（一四九〇）、蘆名氏の買地安堵状に「ただし公方段銭は、御法のごとくたるべく候」（会津旧事雑考）と但書されており、また明応八年（一四九九）、岩城常隆の置文に「大《（内）》裏役、ならびに都鄙の郡役の事をば申付くべく候」（飯野文書）と申し置いていることより、一国平均課役が十五世紀末まで奥羽国人に意識されていたであろうことは明らかである。このような賦課に奥州探題が一役買い、幕府の奥州支配に重要な役割を演じていたと断言しても差支えないであろう。陸奥の段銭徴収権は奥州探題大崎氏の所持するところであった。

奥州探題と官途推挙

康正三年（一四五七）四月二十一日「左衛門佐」なる人物が「越前守所望の事、挙申す所なり、其旨を存知せらるべきの状件のごとし」（南部文書）との官途推挙状を発している。南部文書に同様な推挙状が二〇通存在しており、注目すべきものがある。さらに同文書内に内裏段銭徴収を伝える八戸河内守あての「教兼」なる人物の書状があり、「左衛門佐」の花押と「教兼」の花押が一致することから、左衛門佐と教兼は同一人物と断定され、従来その人物は山科左衛門佐教兼と考えられてきた。

ところが詳細に検討してみると、左衛門佐教兼は山科ではないことが明らかになってきた。煩雑な論証を避けて結論だけ述べれば、第一に、山科教兼として伝えている南部家伝記は江戸時代の成立であるが、その史料としての信憑性に強い疑問があること、第二として、尊卑分脈の山科系図に山科教兼がみえるのであるが、この教兼は鎌倉末～南北朝期の人と想定され、ここで問題としている左衛門佐教兼の時代、すなわち応仁の乱前後まで生存していたとは考え難く、また系図の教兼は「少将従四下」とのみ記されており、「左衛門佐」を名乗っていないこと、第三に、左衛門佐教兼の花押は公家様花押ではなく、足利系花押であり、殊に、当時における幕閣の有力者、山名宗全・斯波義廉《よしかど》の花押ときわめて酷似していることなどから山科教兼と断言することは躊躇せざるをえなくなってくる。

では、左衛門佐教兼は誰かといえば、以下に述べるような条件から、大崎教兼とみなしたい。南北朝期から室町期における奥羽諸氏の官途推挙状を整理してみると、推挙権を行使していたのは奥州管領・稲村（篠川）公方・奥州探題（旧奥州管領の系譜をひく大崎氏）であった。奥州管領が廃絶され、稲村・篠川公方が滅亡したこのころには、奥州探題のみがその権限を行使しえたと推測される。次に、段銭徴収権が奥州探題にあったこと（この点は前述した）、第三に、この期における大崎氏の当主は教兼と称しており、官途は左衛門佐であったこと、第四として、左衛門佐教兼の花押は斯波義廉の花押とかなり相似しているが、歴代の大崎氏の花押は、一族である幕府管領斯波氏のそれと酷似していることなどから、南部文書内の官途推挙状をしたためた左衛門佐教兼を奥州探題大崎教兼と断定しても誤りないであろう。

この頃における奥州探題の職権は国人にたいする軍事指揮権、段銭徴収権、官途推挙権などに要約することができる。軍事指揮権については、奥羽の国人が幕府の軍勢催促さえ無視している現状においては、どれほどの効力があったかはなはだ疑問であるが、一応奥州探題の権限とみなしておこう。羽州探題についても、長禄の御内書案によって軍事指揮権があったことが窺われるし、また後代、最上義光が出羽探題に補任されたとき「国中の諸士、山形（最上）の下知に随はれ候や如何」（潟保文書）などと論議されており、これは織豊期のことであるので、そのまま室町期にあてはめることはできないが、御内書案などを鑑みると、従来、羽州探題が出羽の諸氏に「下知」していたという前提の上の議論であろう。羽州探題も奥州探題と同様な権限を持っていたと推定してもおかしくない。

余目氏旧記の世界

ところで、奥州探題の性格をさらに究明するのに誂向《あつらえむき》の記録がある。余目氏旧記がそれである。余目氏旧記というのは留守氏の一族である余目氏が伝えたもので、永正十一年（一五一四）に書かれている。筆者は大崎氏に好意を抱く留守氏一族ないしは老臣と推定されており、伊達郡宗《くにむね》の留守継嗣《けいし》に反発する筆者が、血統断絶した留守家の歴史と、さらに留守氏と緊密な関係を保っていた大崎氏の奥州支配について一巻の記録にまとめたのが余目氏旧記である（大島正隆前掲論文）。

鎌倉初期、文治三年（一一八七）の伊沢家景の奥州下向（実際の下向は文治六年）から、永正十一年までの三二七年にわたる時代が旧記に述べられている。もっとも、記述の中心となるのは室町時代の奥羽史であるが、その内容をあえて区分すると歴史事項・エピソード・個人の伝記等になる。この旧記の史料的信憑性であるが、室町期の通史的歴史事項については、多少の事実誤認があるものの、概ね事実と推定できる。些細なことはさておき、旧記の述べる歴史全体像はある程度認めてもよいのではなかろうかと考えられる。

旧記の筆者は伊達氏の勢力増大に反感を持ちながら奥州探題大崎氏の歴史を記録しているのであるが、この伊達氏の動きは、煎じ詰めれば大崎氏を中心とする奥州探題体制の崩壊を意味していたのであり、その体制が解体しつつあるときに記されたのが余目氏旧記なのである。滅亡せんとする奥州探題と国人層との間における身分秩序、京・鎌倉と奥羽の関係を一抹の寂寥感をもって記しており、大崎氏の栄光の歴史、奥州探題の支配、身分秩序についていたるところで詳細に述べている。滅びゆく奥州探題への挽歌であったであろうか。

書札礼と身分秩序

表1・2は、余目氏旧記内の書札礼を整理したもので、左衛門佐教兼とは、官途推挙状をしたためた例の奥州探題大崎左衛門佐教兼である。ここにみえている諸氏の多くは応仁の乱から文明ころに活躍した人物であるが、殊に留守景宗は永正三年（一五〇六）、郷古藤三郎あてに知行宛行状を発した

り（留守文書）、大永四年（一五二四）には塩釜社の棟役を免除したりしているので（塩釜神社文書）、旧記成立ごろ生存していた武将である。また伊達尚宗《ひさむね》も永正十一年に卒しているので（寛政重修諸家譜）、旧記の筆者にとってこれらの人々はかなり身近な存在であったにちがいない。書札礼という儀礼の世界であるが、このなかに奥州探題を中心とした当時の奥羽の状況がある程度反映されているものとみなすことができる。

表1は大崎氏が差出者の場合であるが、書状形態は進上書・謹上書・内封の三つである。進上書は披露状形式で京・鎌倉公方へ、謹上書は京都の各大名、羽州探題、奥の斯波氏らの大崎一族、旧奥州管領塩松・二本松らの諸氏あてであり、署名は左衛門佐教兼と官途実名である。内封は政所執事伊勢氏、幕府奉行人飯尾・布施・松田ら、上杉・千葉・宇都宮らの関東守護、伊達・葛西・南部・留守らの奥州国人で、署名は教兼と実名のみである。表2は大崎氏が受取人となったときであるが、進上書の披露状形式なのは飯尾ら幕府奉行人、葛西・南部・留守らの国人、進上書は一族の中野ら、謹上書の披露状形態は伊勢氏・上杉氏で、謹上書は斯波・畠山・細川・山形・天童・伊達・奥の斯波・塩松・二本松・千葉・宇都宮の諸氏である。

書札礼の通法として、披露状がもっとも礼の厚い形式であり、次に進上書、さらに謹上書、内封がもっとも礼の薄い書式であるとされている（相田二郎『日本の古文書』）。この書札礼の通法を大崎氏と奥羽諸氏との関係に適用してみると、大崎氏が謹上書の書式で差出し、先方から謹上書で受取るのは羽州探題・奥の斯波氏一族、旧奥州管領塩松・二本松、大崎氏が内封で差出し、謹上書で受取るのは

表1　書札礼（1）

書状形式	差　出　者	宛所（被披露者）	備　考
	（大崎）		
進　上　書	左衛門佐教兼	烏丸殿（将軍）	裏書なし
〃	〃	伊勢守殿（将軍）	懇 懃 に
〃	〃	二階堂殿（鎌倉公方）	〃
謹　上　書	〃	烏丸御宿所（武衛）	裏書なし
〃	〃	畠山殿御宿所	
〃	〃	細川殿御宿所	裏書なし
〃	〃	山名殿御宿所	
〃		赤松殿	少緩怠に
〃		六角殿	〃
〃		土岐殿	〃
〃		京極殿	〃
〃	左衛門佐教兼	山形殿	（両国の御一家は内封）
〃	衛門佐教	天童三郎殿	
〃	左衛門佐教兼	（奥の斯波殿）斯波殿御宿所	
〃	〃	塩松殿	
〃	〃	二本松殿	
打付書（内封）		伊勢殿	
〃		飯尾殿	
〃		布施殿	
〃		松田殿	
〃		佐藤	
〃	教　　兼	上杉民部少輔殿	
〃	〃	伊達大膳大夫殿	
〃	〃	葛西陸奥守殿	
〃	〃	南部修理大夫殿	
〃	〃	留守出羽守殿	
〃	〃	千葉介殿	
〃	〃	宇都宮弥三郎殿	

注：差出者の空欄は記載なし．

表2　書札礼（2）

書状形式	差　出　者	宛所(被披露者)	備　考
進　上　書	(飯尾)左衛門丞為修	氏家三河守殿(大崎)	
〃	(葛西)武蔵守宗清	中　目　殿(〃)	
〃	(南部)修理大夫	〃　(〃)	
〃	(留守)藤原景宗	大　窪　殿(〃)	
〃	(中野)源義建	大崎殿人々御中	
謹　上　書	(斯波)左兵衛佐義俊	左衛門佐殿御館	
〃	(畠山)御名乗	左衛門佐殿御館	
〃	〃	斯波殿	
〃	(細川)左京大夫勝元	斯波左衛門佐殿	裏書なし
〃	(伊勢)貞宗	氏家三河守殿(大崎)	
〃	(上杉)民部大輔房貞	氏家三河入道殿(〃)	
〃	(〃)相模守房貞	中目上総守殿(〃)	
〃	(山形)源義春	大崎殿御宿所	
〃	(天童)源頼武	〃	
〃	(伊達)藤原尚宗	御宿所	
〃	(奥の斯波殿)御名乗書	大崎殿御宿所	裏書なし
〃	(塩松)御名乗書	〃	〃
〃	(二本松)源材国	〃	〃
〃	(千葉)平治胤	大崎殿御奉行所	
〃	(宇都宮)藤原朝綱	〃	

伊達氏、内封で差出し、進上書(披露状)で受取る関係は葛西・南部・留守の各氏である。これらの儀礼関係から奥州探題体制下の身分序列は大崎一族、旧奥州管領塩松・二本松氏がもっとも高位であり、次に伊達氏、さらに葛西・南部・留守氏と整理することができる。

ところでこの書札礼には白川・蘆名氏らの有力国人が登場してこない。この理由は何であろうか。「大崎ニハ両国諸侍の御座、前々より相定候、伊達・葛西・南部三人ハ何事も同輩御座ス、一間か口さがり候、前々ハ留守殿、伊達・葛西より扇だけ御座あがり候、伊達宗冬威勢を取られ、留守家助いせいをうしなはれ候以後、留守座一間半さがられ候、白川・蘆名・岩城なども一間半さがり候、桃生《ものう》・登米・深谷・相馬・田村・和賀・薭貫《ひえぬき》などは、二間口さがり候、伊達・葛西の一ぞくは、それよりさがり候」とあるのは、奥州国人の序列を述べた余目氏旧記の一節である。ここには大崎一族、旧奥州管領はみえていないが、他の国人層はすべて網羅している。大崎氏の膝下にこれらの奥州諸氏が出仕し、一堂に会したとは考え難いが、当時の国人間における身分序列のある程度の反映と考えるのが自然である。この序列によると伊達・葛西・南部・留守氏（後に第二グループとなる）が第一グループ、白川・蘆名・岩城氏らが第二、相馬・田村・桃生氏以下が第三グループ、伊達一族・葛西一族はそれ以下というように、かなり明確にその差異を強調している。前記書札礼は奥州探題大崎氏と一族・旧奥州管領、さらに第一グループとの間における儀礼関係を記録したものであり、それより序列が低いとみなされている第二グループの白川・蘆名氏らは書札礼として記録する対象から外れたと推測するのが自然ではなかろうか。

奥州探題体制

奥州探題の大きな役割の一つは、身分序列によって奥州国人を統一的に編成・掌握しているところにあった。明応八年（一四九九）、葛西氏の一族薄衣《うすぎぬ》入道が伊達氏に送った薄衣申状なる書状がある。この書状は後代に誤写、あるいは改作があるようで信憑性にやや欠けるのであるが、この当時の奥羽政治情勢を知るうえでの数少ないものの一つである。そこで奥州探題について「国中の事は探題御下知の上は」と述べたり、大崎氏を「公方」、あるいは「上様」と呼んでいるのである。余目氏旧記でも大崎氏のことを「上様」と称している。中状や旧記の筆者である葛西・留守氏らが大崎氏を「公方」・「上様」と呼んでいる理由は、奥州探題が奥州国人の身分序列の頂点にあることを示していよう。この序列は奥羽世界のみで完結するものではなく、中央との間にもまた身分編成がなされる。その核となるのが官途であり、これによって日本の中世国家のなかに国人が位置づけられるのである。奥州探題の持つ官途推挙権の意義はここにあるといえる。

個々の国人、あるいは国人一揆にとって奥州探題は何であったのかといえば、自己の支配領域を越えた対中央との関係、もっというならば国家との関係のうえからきわめて重要なものであった。国人領主は国家との関係をまったく断絶し、自己の支配領域内にのみ閉じ籠もっていては所領を維持していくことはできなかった。所領支配を強化していくためには、支配者階級の一員として、他の領主との連合、あるいは中央となんらかの連携を保ちながら階級結集をしていかなければならなかった。個々の領主間における相剋・葛藤を越えた階級結集の持つ意味は重要である。領主の階級結集の基礎となったのは公田であり、公田は段銭徴収の基礎単位でもあった。探題の職権の一つである段銭徴収権の持つ政治的意義が大きく浮かび上がってくる。伊達・蘆名・白川の諸氏が戦国大名化の途にありながらも、奥州探題を無視することができなかった理由の一端はこれらの諸点にあるといえる。

奥州探題の歴史的役割は、奥州における支配者内部の室町的な階級結集と身分編成の支柱となっていたところにあった。出羽においても羽州探題を中心として、同様な状況にあったと推測される。

このような奥州探題体制を打破ろうとする動きも当然あらわれてくる。白川氏や伊達氏が上洛して独自に官位をえようとしたことなどがその一例である（伊勢結城文書、伊達文書）。しかし、その伊達氏も奥州探題職、あるいは同守護職（探題も守護も同質のものとみなす）を熱望し、戦国期に守護職・探題職に補任されるのであるが、（伊達文書）、願望の理由は奥州探題体制とその職権をそっくり手に入れることにあり、それにより伊達氏が名実ともに奥州の覇者となるところにあったといえよう。奥州探題職の持っている重みは戦国期にも無視できないものがあったといえる。羽州探題についても、最上義光が最後までその職に拘泥していることからも、奥州探題とまったく同様な重みを持っていたといえよう。

大名権力の形成

小林清治

一　奥羽戦国期の展開

伊達氏天文の乱

天文十一年（一五四二）六月、陸奥国守護、伊達郡桑折《こおり》西山城主伊達稙宗《たねむね》は、嫡子晴宗のために西山城内に幽閉された。まもなく彼は小梁川宗朝によって救出されたが、父子の争いはたちまち南奥羽の諸家を巻きこむ大乱となり、天文の末近くに及んだ。

稙宗方には、その女婿である行方《なめかた》郡小高城主相馬顕胤、田村郡三春城主田村隆顕、岩瀬郡須賀川城主二階堂照行、会津郡黒川城主蘆名盛氏《あしなもりうじ》をはじめ、二本松城主畠山義氏、塩松城主石橋尚義《ひさよし》、伊達郡懸田城主懸田俊宗父子、亘理《わたり》郡亘理城主亘理宗隆、山形城主最上義守、黒川郡下草城主黒川景氏、宮城郡松森城主国分宗綱、さらに稙宗の子息である登米郡寺池城主葛西晴胤《かさいはるたね》、志田郡大崎城主大崎義宣らが参加したのに対して、晴宗方には、岳父の岩城郡平大館城主岩城重隆や本宮宗頼、大崎義直（義宣の養父高兼の弟）、黒川藤八郎、宮城郡高森城主留守景宗らのほか、伊達家中の多くが与党となった。

この乱は、のちにみるように伊達氏における戦国大名権力成立期の矛盾が激化しておきたものであるが、乱の展開によって伊達氏自身および蘆名氏ほか南奥諸家の大名化を促進する契機ともなった。南奥世界にはらまれた矛盾の爆発ともいえるこの乱は、奥羽戦国期開始の画期をなすものとみてよいであろう。

これよりさき大永二年（一五二二）のころ、足利義晴―細川高国政権は伊達稙宗を陸奥国守護に補任した。おなじころ、葛西氏も義晴から一字を賜わって晴重と名のっており（盛岡葛西系図『岩手県史』2）、その他の奥州諸家も幕府と交渉のあったことが考えられるが、伊達氏の陸奥国守護補任のことは、つぎにのべるように、奥羽の歴史にとりわけ大きな意義をもった。

陸奥国守護は、鎌倉期以来不設置の職であった。奥州を統監する役職としてこれまで存続したのは、室町幕府草創期に設置された奥州管領であり、のちに探題とよばれるこの職を世襲してきたのは足利一門の斯波大崎氏である。

かつて足利尊氏は国ごとに安国寺利生塔を建てたが、陸奥国ではこれが伊達領と大崎領との双方に設置された（小林清治「東昌寺と陸奥安国寺」、『宮城県史』25）。この事実は、すでに南北朝期から伊達と大崎が拮抗する勢力関係にあったことを意味する。十五世紀には、大崎が名取郡を伊達に付属させ、伊達の実力の優位は明らかとなった（大崎家譜）。長享二年（一四八八）大崎義兼は内訌をさけて伊達成宗のもとに亡命し、成宗は三〇〇〇騎を派遣して義兼を復帰させている。

大崎・伊達両雄の中間に所在した宮城の留守氏は成宗の弟郡宗《くにむね》の入嗣をうけいれ、さらに明応九年（一五〇〇）のころには稙宗の弟景宗が留守に入嗣した。また、黒川氏に入嗣した伊達庶流の飯坂景氏も、景宗の一字を受けて、〈伊達―留守〉勢力への黒川氏の編入を決定した。黒川郡の北隣、大崎氏の本拠に接する松山庄には、すでに伊達の臣遠藤が入っていた（伊達世臣家譜）。大崎の分流として、羽州探題あるいは按察使を称したという最上氏も、永正十一年（一五一四）には稙宗の攻撃をうけ、翌年その妹を義定の妻に迎えていた。

足利一門の大崎氏による探題世襲を打破して伊達があらたに陸奥国守護となったことは、このようにその実力によるものであった。のち、晴宗も奥州探題に補任され、その子輝宗も探題家を自任する。この意味では、さかのぼって〈室町幕府—奥州探題〉制の解体と伊達の守護補任とに、戦国期の開始の画期を求めることも可能であろう。

守護補任後の稙宗は、葛西・田村・岩城・白川・大崎などの諸家に軍事行動をおこし、あるいは調停活動を行ない、並行して政略結婚により、二一人の子女のうち二男六女を大崎・葛西・相馬・蘆名・二階堂・田村・懸田に入れた。天文元年（一五三二）梁川《やながわ》城から西山城に移り、同四年棟役日記、五年塵芥集、七年段銭古帳を作製して領国支配の整備につとめた。

天文の乱が勃発したのは、段銭古帳の作製から四年後のことであった。この乱は、藤木久志がのべたように、段銭・軍役体系の強行的整備に対する伊達家臣の反発に原因するとみられる（「戦国大名制下の守護職と段銭」）。この反発が伊達氏に対する叛乱とならずに、稙宗に対する晴宗の叛、父子相剋として現象したことは、伊達氏にとって幸いであった。それは伊達氏の権威と権力の強大に原因するものであろう。

戦いに勝利して伊達家督となり、本拠を出羽米沢城に移した晴宗は、天文二十二年正月、天文の乱中などこれまでに発給した判物をすべて破棄し、花押を改めて家臣に一斉に判物を与えた。その控え台帳は晴宗公采地下賜録《さいちかしろく》として三巻のうち二巻が現存している（仙台市博物館蔵）。この二巻に掲げる伊達家臣の総人数は三〇一名、全二巻に記載された総数は四〇〇に及んだであろう。このうち鮎貝兵庫頭以下六名に対して各自の全知行地に対する守護不入を許したのをはじめ、その他の諸士にも棟役・段銭・諸公事を免除している。この点に関する限り、晴宗政権は稙宗政権より後退した低姿勢政権といわねばならぬ。しかし、家臣団全員に対する判物一斉下賜によって本領・買地がすべて伊達氏の安堵・宛行の対象となった意義は大きい（小林「東北大名の成立」）。

それにも増して、二巻のみで二九〇名に及ぶ一筆以上の知行被没収者、そしておそらく一〇〇名をこえる全知行没収＝改易者の数は、注目に値する。これによって晴宗政権は敵対勢力を一掃し、欠処地の獲得（直轄地拡大）と処分（行賞）とによって、稙宗政権に比較してきわめて大きな安定性を得ることになった。その後、晴宗とその子輝宗の不和、中野宗時父子の元亀元年（一五七〇）の謀叛などによっても、伊達家の安泰はゆらぐことがなかった。伊達氏における大名権力の成立にとって、稙宗の施政とあわせて天文の乱の意義は、決定的であったといってよい。大名権力成立段階における内争は、内なる戦国合戦にほかならず、これに続く発展の段階における外戦に劣らぬ役割を権力強化の上で担ったのである。

同族並立―北奥羽―　和賀・稗貫・閉伊以北の陸奥諸郡（岩手県中部以北・青森県）と由利・雄勝以北の出羽国（秋田県）とは、その自然と歴史において、以南と区別してよい。それを北奥羽と呼び、以南を南奥羽とよぶことにしよう。北奥の雄は南部と安東（のち秋田）両氏である。

南部氏は鎌倉期以来牧馬地帯の糠部郡《ぬかのぶ》（のちの九戸・二戸・三戸・北郡）を領し、南北朝期に甲斐国南部郷からここに移り、内乱の過程で津軽にも進出した。南部一族のうち八戸南部は、南北朝期に宗家三戸をしのぐ勢いをみせ、その後三戸に属する傾向をみせながら、なお宗家に準ずる実力を保持していた。大永元年（一五二一）志和郡に和賀氏を破ったころから、三戸南部氏は北上川流域地帯への進出をはかり、天文九年（一五四〇）には岩手郡滴石《しずくいし》城の戸沢氏を出羽仙北郡角館《かくのだて》に走らせた。

一方、鎌倉期に「蝦夷管領」として津軽郡に勢威を振った安東（安倍）氏は、下国《しものくに》家が十五世紀なかば南部氏に追われて十三湊《とさみなと》から蝦夷松前に走ったのち、桧山《ひやま》（能代市）におちつき、また同族の鹿《かの》季《すえ》（庶季）は十五世紀初めころに土崎湊に移り湊家を開いた。上国安東は湊家との抗争や南部氏の津軽進攻によって文亀二年（一五〇二）のころまでに大光寺城（弘前市）・藤崎城をともに失ったと伝える。このように安東氏は、南部氏の圧力によって津軽を失うことになったが、このうち桧山安東は十六世紀に入ってのちも代官（＝松前守護職）蛎崎《かきざき》の徴収する関税の大半を上納させ、また軍役を勤仕させるなど、蝦夷管領権にもとづく財政収入と軍事力に支持されるところが大きかった（海保嶺夫「松前藩家臣団の成立」）。安東氏の蝦夷への敗走が滅亡をまぬがれるクッションとなり、また小野寺との合戦に蝦夷アイヌを動員したことも注目される。十六世紀なかば下国愛季《よしすえ》《ちかすえ》が、後嗣の絶えた上国友季の跡を相続して両家を統一したころから、南部氏との緊張は一段と強まり、鹿角《かづの》郡および比内《ひない》（秋田県比内町）で抗争が激しくなる。

永禄八・九年（一五六五・六六）愛季は浅利を、南部晴政は江刺を従軍させて、鹿角・比内で戦い

（『秋田県史』『岩手県史』）、鹿角郡は同十年安東の手におちたが、十二年には南部に奪回された。これよりさき永禄五年、愛季は浅利則祐を謀殺して比内の従属化を進めている。北奥の世界は、永禄のころを画期に戦国争乱に突入した感がある。

天正元年（一五七三）、愛季は桧山から土崎湊に移った。天正十一年のころ、彼は抗争する浅利の当主を謀殺して比内を掌握したが、浅利の抵抗は湊移転を契機とする愛季の支配の強化に原因するものであった（大島正隆「北奥大名領成立過程の一断面」）。数年後の天正十五年、愛季が病死し嫡子実季が一二歳で安東の家督を継ぐと、湊通季は戸沢・小野寺両氏と結び、天正十七年に桧山城を囲んだ。実季は由利諸家の援軍によって、一五〇日間の籠城ののち通季を戸沢領に走らせ、辛くも危機をきりぬけた。

他方南部は、晴政の後期には養子信直との不和で三戸家中の内争が続いたが、晴政死後、天正十年信直の家督相続によって一応の結着をみた。しかし、この相続には、信直の父石川高信（晴政の弟）と三戸家の一族九戸政実との間に対立があり、大きなしこりをのこすこととなった。

南部・安東両氏のこのような激動のなかで、南部麾下の津軽為信は九戸政実と結んで津軽での独立を進め、北畠顕村・石川政信らを討ち、秋田実季の後援をえて天正十八年には津軽一郡を掌握し、秀吉の安堵をうける。また、湊騒動のなかで比内はいったん南部の手におちたが、十八年秋田氏（実季の世に改姓）に奪回され、津軽の斡旋により浅利頼平（近義）が還住を許されて秋田氏の代官となった。

天正末年の北奥羽には、南部・秋田の二大勢力と津軽氏のほかに、出羽では仙北郡角館城主戸沢盛安、雄勝・平鹿二郡から仙北郡に及ぶ横手城主小野寺義道、さらに仙北郡の六郷・本堂および由利郡の矢島・仁賀保諸氏があった。このうち小野寺氏は、鎌倉以来の本領である雄勝郡の稲庭城から十五世紀初め平鹿郡沼館に移ったが、のち当主輝道は家中の叛乱で討死、その子景道の世にようやく二郡の掌握に成功し横手城に移っている。他方陸奥では、足利一門の流れをくむ志和郡の斯波氏は天正十六年（一五八八）南部に滅ぼされ、和賀郡の和賀氏、稗貫郡の稗貫氏、閉伊郡遠野の阿曾沼氏などがのこるのみであった。

出羽国で大名・国人の割拠の傾向がめだつのに対して、陸奥では津軽・南部による寡占的情況が現われている。しかし、秋田氏が桧山・湊の二家の統一に最終的に成功したのに反して、南部の内実は宗家三戸に対してなお独立の領主権を保つ八戸家と、また直接の嫡家である三戸とさらに八戸とに敵対する九戸政実の存在が、宗家の支配の達成をはばんでいた。総じて北奥羽の戦国情況の展開は、おくれた形を採っている。ただし、出羽の場合の群雄分立が、塩谷順耳も指摘するように、個々の国人大名の織豊政権との連絡によって保たれるという特殊な事情にもよることに注意すべきであろう（「北羽戦国大名の趨勢」）。

父子相剋―南奥羽―

永禄六年（一五六三）の「光源院殿（義輝）御代当参衆幷足軽以下衆覚」には「外様衆　大名在国衆」として、佐々木（六角）承禎・朝倉義景・大友宗麟・北条氏康・今川氏真・上杉輝虎・武田晴信・織田信長・松平元康（家康）・島津貴久・毛利元就など五十余人のなかに伊達次郎晴宗と蘆名修理大夫盛重（盛氏の誤カ）の名がみえる。伊達・蘆名以外の奥羽の諸家では、葛西・氏家修理亮・南部大膳亮・九戸五郎・最上出羽守・相馬次郎・岩城掃部助が大名衆より格が下って「関東衆」として記載されている。北奥羽では安東氏がみえず、三戸・九戸の両南部氏だけがみえている。二つの南部という現実は、そのまま幕府にも反映しているのである。南部以外の諸氏は、すべて南奥羽の大名・国人である。

まず葛西氏は、かつて鎌倉期に留守氏と共に奥州総奉行に任ぜられた名族であり、十六世紀には北上川流域の江刺・胆沢・気仙・磐井・本吉《もとよし》・登米《とよま》・牡鹿の諸郡を勢力圏として寺池城（宮城県登米市）に本拠を構えた。その麾下には柏山・江刺・大原・浜田・岩淵ほかの諸氏があったが、永禄当時の葛西に対するかれらの関係は、おそらく領主権を完全に保持したままで葛西の軍事指揮下にあるという、旗下であったように思われる。葛西氏は天文のころ、稙宗の子晴胤の入嗣によって、すでに伊達氏に傾斜していた（晴胤の系譜関係は差当り伊達家譜による。なお『岩手県史』2を参照）。葛西領の西境には、加美・玉造・栗原・遠田の諸郡と志田郡の一部とにわたる大崎領があった。しかし大崎氏は十五世紀以来、家中統制に苦しみ、永禄六年の幕府の「覚」には、その家宰である玉造郡岩出沢城主氏家の名が大崎氏に代わって記載される有様であった。

最上氏は大崎の同族で、十四世紀なかば以来山形城を本拠とし、数代のうちに天童・楯岡をはじめとする山形周辺地域に庶子を配置した。その後、一族の統制に悩み、しばらく苦難の時期を経過したが、義光《よしあき》の世に至って発展期を迎えた。元亀元年（一五七〇）父義守と和解して家督を相続した義光は、天正二年（一五七四）弟中野義時を殺し、のち天童・東根・楯岡・上山《かみのやま》などの最上一族を滅亡させて家中統制を強化した。天正九年には北境の真室城主鮭延秀綱・新庄城主日野左京亮らを服属させ、十二年谷地城主白鳥長久を謀殺し、鎌倉期以来の名族寒河江《さがえ》城主大江尭元《たかもと》を滅亡させて最上・村山両郡（現村山・最上両地方）を掌握した。これよりさき天文元年（一五三二）一族砂越《さごし》氏に追われて大宝寺城から尾浦城（共に鶴岡市）に移っていた武藤氏を天正十一年武藤家臣前森蔵人と通謀して攻め、当主義氏を自刃させた。更に義氏の弟義興と攻防を重ね、天正十五年これを自刃させて庄内を入手したが、翌年上杉方の本庄繁長とその子武藤義勝（義興養子）の反攻に敗れ、庄内は上杉領国に編入された（誉田慶恩『最上義光』）。

伊達とならぶ「大名」蘆名は三浦一族。鎌倉期以来会津に所領をもっていたが、南北朝期以後は「会津守護」として勢力をのばし、南山（南会津）の長沼・山内氏らを脅かしながら黒川（会津若松市）の城主として会津盆地に君臨した。天文七年後奈良天皇宸筆の般若心経が国別に一巻ずつ配布された際に、その一巻は蘆名盛舜《もりきよ》のもとに届けられている。

盛舜の子盛氏は仙道（福島県中通り）の白川・二階堂・石川・田村・畠山の諸氏に脅威を与えあいは服属させて、蘆名の全盛期を現出した。これよりさき応永二十七年（一四二〇）ころまでに、蘆名氏は新宮など一族を滅亡させ、盛高の世にはわずかに残った猪苗代氏を服属させた。十五世紀末から十六世紀初頭にかけて盛高は渋川・松田・富田・常世《とこよ》など盆地内の有力地頭を討ち、永正二（一五〇五）・三年のころには子息盛滋《もりしげ》と戦っている。大永元年（一五二一）盛滋の死の直後には再び激しい内争があり、その弟盛舜が家督をついだ。このような激動の後に蘆名家督の地位はひとまず安定し、盛氏の外征とこれに伴う全盛の時期を迎えたのである。

南奥の海道（浜通り）には、相馬と岩城が割拠した。相馬氏は鎌倉期以来行方《なめかた》郡（のち相馬郡）を領し、南北朝期以後は小高城を本拠に宇多・標葉両郡をあわせ、北境の伊達氏、南隣する岩城氏と対抗していた。岩城氏は平安末期以来の岩城郡の開発領主で、南北朝期以後同族は菊多・岩崎・楢葉の郡庄にも根をはり、十五世紀後期の隆忠のころから、一族さらに庶流岩崎氏との分立情況を克服して、岩城白土氏が「岩城郡主」の地位についた。

南奥の諸家にめだつのは父子の争いである。最上義守・義光父子の争い、蘆名盛高・盛滋父子の争いがあり、伊達氏では成宗・尚宗父子、稙宗・晴宗父子、晴宗・輝宗父子と四代にわたり三組の父子の抗争があった。この抗争には家督相続に関するものが多くみられ、基本的には、当時なお家督の絶対権が未確立であったことが原因といえよう。例えば天文十年田村義顕・隆顕父子から伊達稙宗・晴宗父子にあてた文書（伊達家文書一六一～三号）のように、この時期の文書には差出所や宛所の父子連名がしばしばみられるが、これは父子間での権力の一定の分立を示すもののように思われる。

伊達氏天文の乱にみられたように、肉親の相剋を軸とするこの内争は、家中の反対勢力を整理し、大名家の権力を一本化し強化するための必要な経過点であった。蘆名・最上・伊達の諸氏は、共にきびしい父子相剋と内戦のなかで、みずからを戦国大名に仕立てあげたのである。南奥でも白川氏のように、惣領に匹敵するほどの庶流（白川小峯）が十六世紀後期まで存続した例もあるが、その白川氏は惣庶の争いにつけいった佐竹氏により乗取られる結果となっている。このような南奥羽の動きに対して、北奥羽の諸氏の多くは一族の分立情況を十六世紀後期まで持ちこしたのである。秀吉の「奥羽仕置」の際におきた九戸政実の乱は、その矛盾の表現にほかならない。

合従連衡

十六世紀なかば永禄期から、常陸太田城主佐竹氏の南奥進出が顕われてくる。岩城親隆の妻として義昭息女を嫁して、岩城の従属を深めた佐竹は、天正三年（一五七五）義重が結城白川の内争に乗じて白河城を陥落させて白河領全土を掌握し、天正七年には義重の子義広が白川家をついだ。

おなじころ蘆名氏では、子息盛興にさきだたれていた盛氏が死去し、岩瀬二階堂の出した証人から蘆名の家督となった盛隆も寵臣に殺され、その遺子亀若丸も天正十四年に三歳で死んだ。佐竹派と伊達派に家中を二分する後嗣運動のすえ、伊達小次郎（政宗の弟）の対立候補であった白川義広が、十五年三月会津に入嗣する。佐竹はここに、岩城・白川・石川・二階堂とあわせて、蘆名をも勢力下に編入したのである。

このような情況のなかで、天正十三年以後佐竹・蘆名以下のこの連合勢力と伊達政宗との抗争が安達・安積《あさか》郡で始まり、十六年のころには佐竹勢力下の南奥諸氏に加えて最上・相馬義胤・大崎義隆を含む大連合によって伊達を包囲しようとする壮大な作戦がねりあげられた。主謀者は最上義光である。前年の天正十五年、政宗は大崎家の内戦に氏家吉継を援けて義隆を攻め、大敗を喫しながらなお大崎との緊張関係を続けていた。政宗が上杉勢力下の本庄・武藤と結んだにせよ、この大連合との勝敗は

戦国期南奥羽諸家婚姻系図

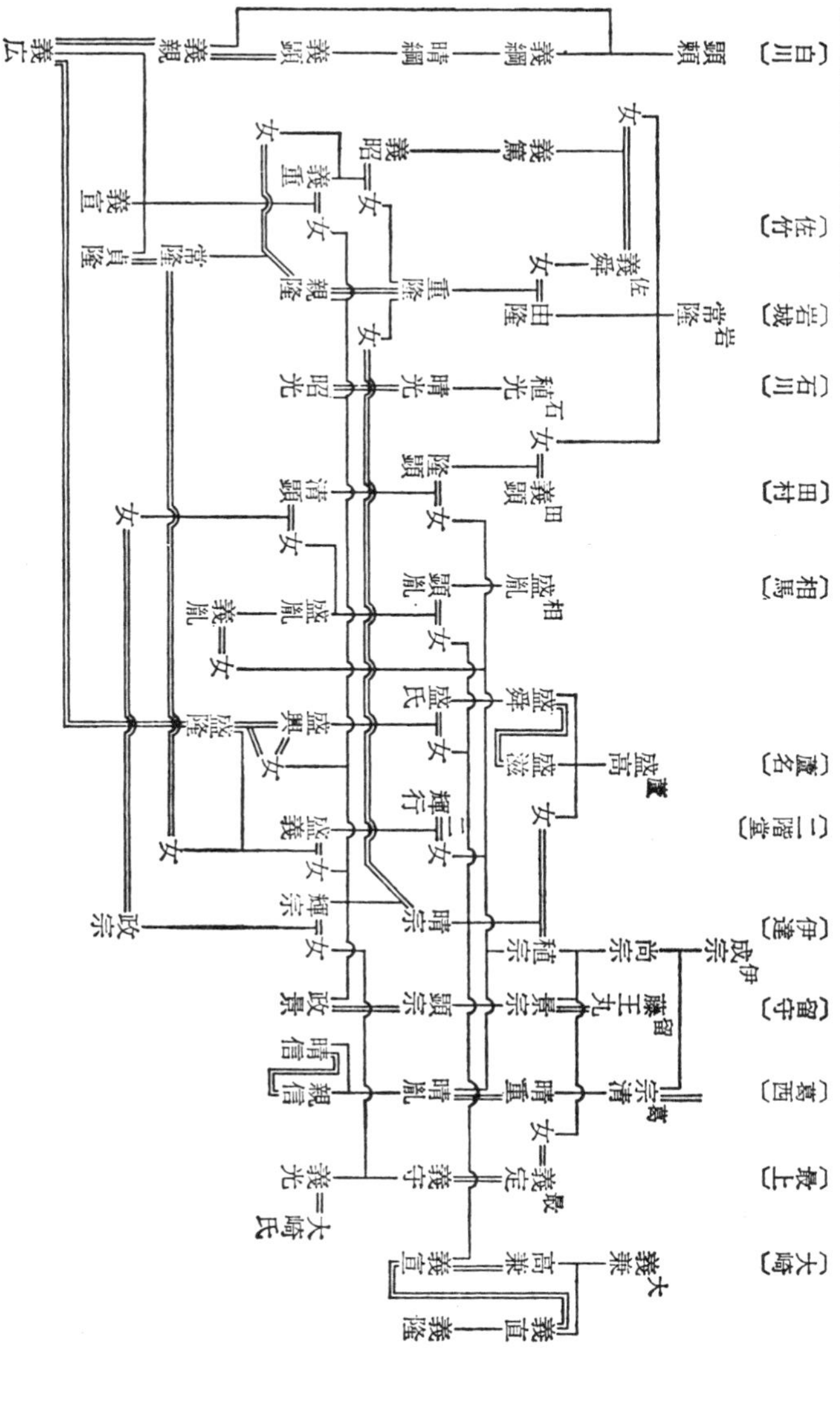

注：＝は婚姻または養子関係を示す．兄弟姉妹の序列は不同．

すでに明らかとみえた。敵対する諸家はいずれも、稙宗・晴宗の世に婚姻関係をとり結んできた相手であったが、その後の佐竹の主導による新しい姻戚関係によって、伊達氏のそれは無力なものと化していたのである。

しかし、政宗の母保春院（義光の妹）の文字通りの挺身工作によって、十六年七月義光・義隆は政宗と和し、他方政宗は佐竹・蘆名勢との郡山合戦を有利に戦ってこれと講和し、また相馬義胤を大敗させ田村家中から相馬勢力を一掃して田村領を勢力下に収めた。

天正十七年四月、政宗は大崎義隆と和睦し、最上との縁約を断ち伊達と縁約を結ぶこと、大崎領は伊達の馬打ち同然のこと、という約束をとりつけた（伊達家文書四一二号・誉田慶恩『最上義光』）。後顧の憂いを断った政宗は、五月相馬義胤の田村郡出動を牽制して相馬領を北から侵攻したのち、六月初めには磐梯山麓の磨上原《すりあげがはら》合戦で蘆名・佐竹連合軍を大敗させて会津を掌握し、十月岩瀬二階堂氏を滅亡させた。これと前後して石川昭光・白川義親が政宗に服属した。

ここに伊達の領土は長井（置賜）・伊達・信夫・安達・安積・会津・岩瀬・刈田・伊具・柴田・名取諸郡と宮城・志田の各一部に及び、また軍事指揮下（馬打）には白川・石川・田村・亘理・留守・国分さらに大崎・葛西諸氏の領地をしたがえる。最上・相馬がなお伊達に対立するとはいえ、父輝宗の非業の死に伴い家中の完全掌握に成功した伊達政宗の強大な権力によって、南奥の戦国情況は克服・抑止されるに至ったのである。

二　地頭と在家

舟迫の日記

宮城郡高森城主留守氏に関する留守文書（水沢市立図書館蔵）に収める「ふなはさま（船迫）の日記」は、戦国期柴田郡舟迫郷（宮城県柴田町）の在地情況を伝える史料である。

当時の舟迫郷の地頭領主は、明応九年（一五〇〇）のころに伊達家から入嗣した留守景宗（稙宗の弟）に従って留守家に入った柴田七騎のひとり、舟迫某であろう（柴田長帳）。伊達正統世次考には、乱中の天文十六年（一五四七）十月伊達晴宗が留守景宗（晴宗方）の宛行なった舟迫大和の所領を安堵し、棟役田銭諸公事を免除している記事がある。柴田長帳の舟迫某は、世次考の舟迫大和とみてよいであろう。なお、日記の成立年代は、後にふれる留守分限帳とおなじころ、天文期とみられる。

表1のように、この日記には舟迫郷に所在した小字＝在家（田畑屋敷をあわせた農業経営体）と、これについての保有権をもつおおむね百姓を掲げ、つぎに貫高で畑、刈高で田をそれぞれ記載している。くだって安永七年（一七七八）の舟迫村風土記御用書出にみえる屋敷の数は一六、鹿野屋敷以下、岩城・朴木《ほうのき》・千代河・小田小路・大田小路・鍬崎・仮又坂《かりまたさか》・岩之入などの各屋敷がみえ、これらは舟迫日記の地名と一致する。江戸時代の仙台領農村の「屋敷」の多くは中世の在家であるから、日記にみえる地名は在家とよばれていたことが確かである。また、日記の地名＝在家名は、明治の舟迫村の地

舟迫郷図

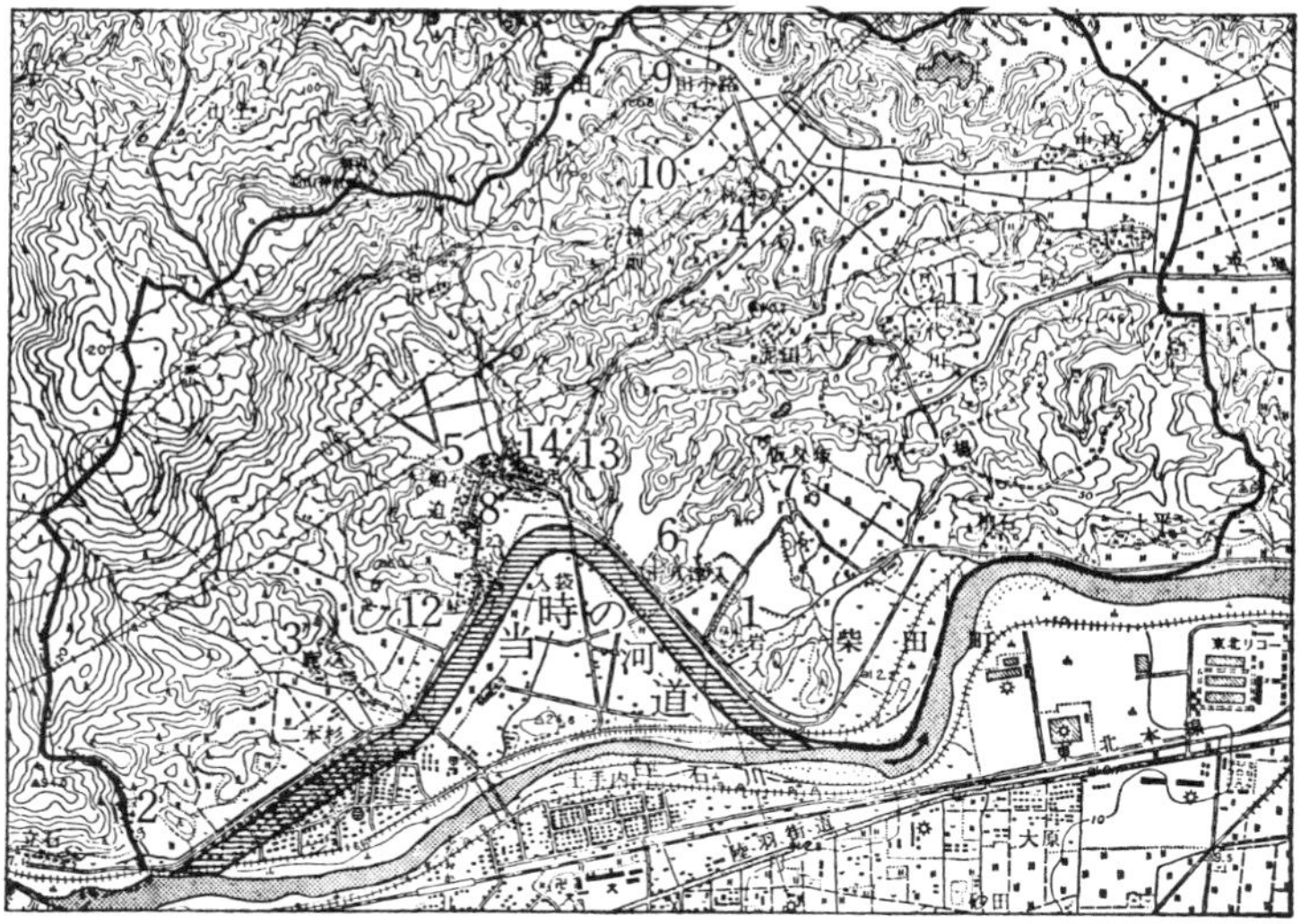

1 岩ノ入　2 立石　3 鹿野　4 朴ノ木
5 伊子田　6 岩城　7 仮又坂　8 町
9 大田小路　10 小田小路　11 千代ノ川　12 寺内
13 館山　14 城生内

注：本図は，建設省国土地理院長の承認を得て，同院発行「亘理」２万5000分の１の地図をもとに加工した上で，さらに1.86分の１に縮小したものである.

（承認番号昭53総複・第441号）

表1　「舟迫の日記」の記載一覧

保　有　者	畑	田	保　有　者	畑	田
	文	刈		文	刈
てつくり	5,500	2,550	御小者　太郎左衛門	800	
ゆはの入	700	600	町　太郎右衛門	300	100
飯　岡	900	100	中間　太郎左衛門	300	
岡　太郎兵衛	100		町　弥七	250	
立石　惣右衛門	5,050	500	町　与四郎		100
鹿野　十郎衛門	1,900		町　彦十郎	200	
朴木　孫十郎	400	200	藤　三　郎	200	200
か　か	500	200	神　主	400	100
ゆはま　出雲	750		禰　宜		100
伊子田　助太郎	150	100	大(田)小路	200	600
ゆわわき助五郎	600		小田小路	700	600
門内　惣右衛門	300		遠　刈　田	700	750
ゆわわき　但馬	2,000		千　代　岡	6,000	700
三日市場助太郎	450		小くわの崎	600	200
馬たて　助九郎	400		大くわの崎	1,000	750
ゆわま　与八郎	100	250	しやうちやう院	800	300
仮又坂　彦十郎	100	350	えんくわう寺	900	450
坂下　藤十郎	500	300	せうはう院	700	100
与五右衛門町	100	100	せきさう	800	150
与惣右衛門	200	100	めんさう	300	100
彦十郎　まち			堀籠将監	1,900	500
ゆわま　備後	550		〃　豊前	300	200
町　又六郎	200		総　計	37,800	10,450
町　おうし		100			

注：日記の記載は，畑36貫800文，田11,350刈，「惣以上」42貫700文．

籍図の地名ともほぼ一致する。これらによって、舟迫日記は舟迫一郷の田畑とその保有者を記載したものとみてよいと考える。このような前提にたつと、舟迫日記の記載からはつぎのことが知られる。

a　舟迫氏は名字の地である舟迫郷を天文期にも一括的に知行しており、貫高で一〇貫六〇〇文の「てつくり」地をもつ。

b　立石惣右衛門・朴木孫十郎・伊予田助太郎・町彦十郎など一五人は、在家名を冠して記載された百姓であることが確実であり、これらを含めて岡太郎兵衛から藤三郎までの人々は、百姓とみて大過なかろう。

c　末尾の堀籠将監・同豊前は、舟迫氏の家中侍であろう。中間・御小者などは明らかに舟迫氏の奉公人である。また、かうぬし（神主）・ねんき（禰宜）・しやうちやういん（勝常院？）・えんくわうし（円光寺？）・せうはういん（正法院？）は社家・寺家である。

d　日記記載田畑の合計は田一万一三五〇刈・畑三六貫八〇〇文で、「惣以上四十二くハん（貫）七百文」である。後述のように、留守領では一〇〇刈＝二〇〇文の換算比であるから、田一万一三五〇刈は二二貫七〇〇文で、畑との合計は五九貫五〇〇文となる。この数値と日記の「惣以上」貫高との差は一六貫八〇〇文である。この差額は記載の誤りとするよりは、舟迫の貫高総計と、そのうちの軍役高とのずれとみるべきであろう。手作分田畑の合計貫高は一〇貫六〇〇文、神主以下の寺社および、せきさう・めんさうをこれに準ずるものとして田畑高を集計すれば六貫五〇〇文、双方の計は一七貫一〇〇文で、さきの差額一六貫八〇〇文にほぼ一致する。

これを軍役免除分とみてよかろう。

なお、仙台藩の古城書上（延宝年間）および舟迫村風土記御用書出は、舟迫村の古館として字岩城にある舟迫館（古城書上は「舟迫城」）を掲げ、いつの頃か舟迫左衛門が住したと記している。別掲図（一八〇頁）は、明治の村絵図の字名などを現行地形図に記入したものである。館山（舟迫館）の西麓に町がひらけ、そのはずれに字寺前・字寺内・字寺後がある。明治初年の町は、江戸期奥州街道の舟迫宿の町場であり、戦国期の町はその一部、風土記御用書出の「古町」であろう。舟迫館に本拠をかまえ、館山の直下の字城生内あたりに家中屋敷を置き、これに接して町と寺を配置して小城下を構成し、郷内に散在する在家の農民を一円的に支配するという、在地領主の古典的な姿をここにみることができる。

洲島館と森山館

天文二十二年（一五五三）の伊達晴宗采地下賜録に収める湯目雅楽允《ゆのめうたのじょう》あての判物（一三号）につぎの文言がある。

下長《（井）》いすのしま《（洲島）》、とミつかあふミちきやうのとをりのこさす、同さうせいは《（物成敗）》いをはしめとして、幷しよへん《（諸遍）》あふミの守あつかひのことく、一寺家、社家、一まち（中略）同庄すのしまの町、幷たてめくり《（館廻）》、むねやくをはしめとして諸くうし《（公事）》さしをき候、をの〱かをん《（加恩）》としてくたしをき候

これによれば、天文の乱で戦死した富塚近江守仲綱は、乱前まで下長井洲島（山形県川西町）の館を所持し、館廻りの家中屋敷、ならびに洲島町および寺家・社家その他いくつかの在家を知行したう

表2　天文11年前期現在，洲島郷の地頭とその所領

松岡将監	稲荷荒野，塚目屋敷幷切田1000刈 真山屋敷，本沢屋敷，鍛冶屋敷， 高屋右馬助屋敷，牛草屋敷幷切田 1500刈，大塚佐渡屋敷幷畠
真山七郎	こさと在家
遠藤与三郎	たしま荒野
守屋伊賀	切田1000切
小島蔵人	屋敷，屋敷廻り
かミ左衛門五郎	なかしま在家，はふや在家
さかへ掃部左衛門	（内容不明）
漆山太郎右衛門	（同上）

注：富塚を除く．

え、洲島郷の棟役・段銭・諸公事の徴収などにかかわる惣成敗職を保持したのである。洲島館は最上川支流の松川と鬼面《おもの》川の合流点の西岸にあり、戦国期長井盆地の東西の要衝である高畠館と*小松館の中間に位置しており、現在も一町四反の堀内を擁したその遺構を確認することができる。一二人の老臣のひとりとして塵芥集の奥に連署し、稙宗の信任あつかった富塚仲綱であれば、当然の知行であったといえる。

しかし、富塚氏の洲島郷知行は、舟迫氏の舟迫郷知行とは違い、一郷一円の知行ではなかった。采地下賜録を通覧すれば、洲島には天文の乱以前に、表2の地頭領主たちが所領（所帯）を有していたのである。他方、富塚氏の根本所領は伊達郡森山郷（福島県国見町）であった。（元木）采地下賜録によれば天文の乱以前の森山郷は、東隣の西大枝郷を本拠とする西大枝伊勢が森山郷もてき在家を知行したほかは、ほぼ一円的に富塚仲綱の所領であったとみられる。

森山館は、北から南に緩やかに傾斜する森山郷の北部台地に位置した。戦国当時この館をめぐる水濠が、その南方の田地（森山郷の田の大部分）を灌漑したことは、江戸期以後その水濠のなごりであるいくつかの堤が灌漑用として存続していることなどから推断することができる。伊達世臣家譜は、富塚家が文治年間以来の伊達家の世臣であると伝えているから、富塚氏の森山郷知行は鎌倉期までさかのぼる可能性もある。

なお、采地下賜録などによって知られる天文の乱以前の富塚一族の所領は、表3の通りである（小林「天文期伊達家臣団の知行分布状況」・菊池利雄「奥州森山村」）。近江（仲綱）・備中ともに下長井・屋代など長井（置賜郡）地方に所領をもち、新左衛門と下総も伊達郡以外に所領をもつ。近江の森山郷が本領、洲島郷が加恩地であったことは、まず確実である。新左衛門の富塚郷は本領かともみえるが、富塚の名字は伊達氏臣従以前の平安期の住郷出雲国富塚郷に由来するとの世臣家譜の記述を採れば、当たらないことになる。その他の所領については明らかでないが、散在的なものの多くが買得地であったことは確実とみられる。仲綱と新左衛門以下の系譜関係は不詳である。天文の乱後、富塚一族の所領は一旦すべて没収されたが、天文二十二年、仲綱の遺子又一郎が、森山郷の知行だけを許されている。

以上にみたところによれば、舟迫氏の舟迫郷支配、富塚氏の森山郷支配が在地領主の本来的なあり方であるのに対して、富塚氏の洲島知行や、また散在零細知行のあり方は、二次的な形と考えることができよう。かりに前者をａ型、後者をｂ型と名づけよう。ａ型では一郷の一円知行により百姓支配も安定しているのに反し、ｂ型では城館や総成敗職をその郷に保持すると否とにかかわらず、一円知行は存在せず、百姓支配も当然不安定となりやすいであろう。

表3　天文11年前期現在，富塚一族の所領所在情況

○富塚近江守仲綱
伊　達）森山郷（1在家を除き全郷），長倉郷（切田）
信　夫）上野寺郷（二子塚，横塚，しの塚，はりけつた，たか中）
上長井）矢野目郷（木村在家，たんこ在家，切田1300刈，二郎左衛門在家，丹波在家，樋口在家，半在家），塩野郷（切田500刈），八木橋郷（や藤在家，橋本在家），朴沢郷（在家4軒），小管郷（一部），小瀬郷（とのも在家，丹波在家）
下長井）洲島郷（惣成敗，寺家社家，町，館，館廻り他），中村郷（3軒）
屋　代）柏木目在家，露藤郷（一部），関郷（切田500刈），長手（岡の在家）
伊　具）塚原郷（御庵屋敷）

○富塚新左衛門
信　夫）富塚郷（あら屋敷，青木在家，富塚在家，中屋敷，上まりこ，塚田，なかたき，経田，北はらい，寺屋敷），南矢野目郷（大波在家），曾根田郷（一町田），野寺郷（原ノ在家），上野寺郷（堀内在家）
伊　達）長倉郷（切田）
宇　田）釣師浜

○富塚下総
伊　達）舟生郷（1軒）
刈　田）田沢（一部）
名　取）長岡郷（1軒）

○富塚備中
屋　代）和田郷（東在家，荒野，今泉在家，川崎在家，つちの在家半分，別当作切田）
伊　達）大石郷（峯崎在家）

采地下賜録をみれば、伊達領百七十数郷のうち、a型とみられるのは二十数郷程度とみられ、その半数は伊達郡に所在する。長井では、この地域の根本領主から伊達家臣となった鮎貝・中津川・黒川など少数の氏にa型がみられるにすぎない。b型は、南北朝・室町期の動乱のなかでの伊達氏の長井進出に伴う加恩、すなわち大名権力の形成の所産であると共に、広くは地頭領主層の所領売買によっても実現している。成立の原因がそのいずれにせよ、b型における分散知行に伴う農民支配の弱さは否定できない。

のちに天正十二年（一五八四）の段銭帳に佐藤蔵人主と名のって下長井黒沢郷の段銭沙汰人をつとめ、江戸初期の寛永検地でも一段七畝余の屋敷と石高九四石を保有した黒沢郷の坪沼在家、あるいは現在も三〇間四方の屋敷に三〜六間幅の内堀と高さ一間の土塁をめぐらせ、かつてその屋敷神に治安二年（一〇二二）の在銘の鰐口があったという洲島郷の島貫在家など、長井地方の土豪的在家の存在は（長井政太郎「置賜地方の豪族聚落」）、b型知行の百姓＝在家支配をさらに困難としたに違いない。

このような情況のなかで、地頭領主層は大名権力への階級的結集を強めざるをえない。知行形態のb型は、大名権力の成立と相関関係をもつとみてよいであろう。

＊　伊達晴宗采地下賜録には、地頭領主の在所として「屋敷」と「館」がみえるのみで、城は現われない。戦国期の伊達領国などにおいて、城と館を区別する制があったか否かも未詳である。なお、元禄年間編纂の性山公治家記録は、元亀元年（一五七〇）の条で「小松城」と記している。

散田在家と名田在家

前々しちをあまたおき申候ふんに、せきねのさひけを方、又当年ミつのとのいの年よりかのへむま之年まて、八年やつくりむけ申候

一年貢二貫五百文　一石代八□
一麦石代二斗　一お十七□
一正月もち一まひ　一三月代三十五文
一五月三十五文　一七月七日ひに廿文
一七月ほんりう三はひ　一つゝき□三はひ
一すミはんへひ　一薪かた□
一へいかきかや一た　一きしの鳥はん□
一月毎にむま人十五日　一しはす□三はひ

しちのかすハ具足馬よろひの□銭とふきんこはかま太刀一、ちうかつかひの代二百文、いつれもけし申候、此内に所務かけ申候ハんする処をハ、うしろを談合申へく候、為後日状如件、惣而此内地内の年獲物不残うり申候、

文亀三年癸亥六月廿八日　前伊与守信胤（花押）

蔵本長徳寺進候

（相馬岡田文書）

文亀三年（一五〇三）行方郡相馬一族の同信胤が、その知行する関根在家を蔵本（蔵元）長徳寺に

年季で売却した文書である。年貢銭二貫五〇〇文以下ひとつ書きで記された部分は、地頭に対する関根在家の負担である。この在家の百姓は、これまで信胤にこれだけのものを納めてきたが、信胤の地頭職売却によってそれは以後八年間長徳寺の収入することとなったのである。年貢銭・米石代・麦石代のほかに三・五・七月の礼銭、正月もち、たきぎ、地頭屋敷の屏垣の萱を負担し、さらに月毎に馬人一五日の労役をつとめるという、奴隷的ともいうべきその過重さには驚くべきものがある。

また、戦国期伊達領下長井大橋郷（山形県高畠町）の地頭湯目氏の「年貢石代日記」（瑞鳳寺湯目文書）は、同氏が「岩崎の又五郎在家」から「本年貢三貫二百五十文・夫賃六百五十文・米石代二斗一升五合・麦石代一斗二升九合・豆石代一斗二升九合・桑代二百十五文・あきさけ三百文・おりく二百文・むらさき」という多様かつ過重な収取を行なったほか、他の二在家にもほぼ同様の賦課をしていることを示している。

しかし、戦国奥羽の在家がすべてこのような過重な負担を強いられたわけではない。おなじ湯目氏が知行した「けとう在家」の負担は年貢二貫文・田銭一貫文、以上三貫文であった（同上）。伊達家文書に収める数多くの伊達稙宗買地安堵状写には在家の負担の記されているものがあるが、それらはみなけとう在家と同様年貢銭負担のみである。このように年貢銭のみを負担する在家の例は、さかのぼって南北朝期にみられる。康安元年（一三六一）のころ会津加納庄鷲田村（福島県喜多方市熱塩加納町）の中在家は九貫文、空性房在家は三貫文の年貢銭を地頭領主佐原高明に負担していた。貞治四年（一三六五）蜷河庄萱津村（同会津坂下町）の長橋在家は田八段歩に年貢銭六貫文、これに屋敷・畑の分を合わせて七貫一〇〇文の年貢銭を負担していた（『新編会津風土記』巻一七）。このようなあり方は、さらに鎌倉期にさかのぼることができよう。

いちじるしい相違をもつ在家収取の二つの形態は、どのようにして生じたものであろうか。――天正十六年（一五八八）下長井大橋郷の地頭湯目藤八郎は、その知行する中目在家を散田とした。これに対して、九郎左衛門なる者は年貢一貫文・石代一たん・打麦一〇〇文・あさの代一〇〇文、月に米一〇〇はい、いずれの陣にも参勤することを条件に請作を申請した（東北大学湯目文書）。この事実は、散田化された在家の負担が、年貢銭以外に石代その他の現物および労働力をあわせた過重なものとなることを示す。直属地（私田）化したいわば散田在家が、公田的ないわば名田在家よりも重い負担を課されるのは当然といえる。さかのぼって、応安六年（一三七三）ころとされる中尊寺領の磐井郡骨寺村在家日記（中尊寺文書）は、片寄在家以下の七在家に対して、貫文高の年貢銭のほか、立木・そなえ餅・油・米・むしろ・こも・真綿・漆、さらに「つく田」の負担が課されていることを記している。同様な万雑公事・夫役に及ぶ負担は、長井政太郎・工藤定雄の指摘のように、長井庄成島八幡（米沢市）・安久津八幡（山形県高畠町）、庄内の一条八幡（同酒田市）、寒河江の慈恩寺などの在家支配において、さらに組織化された月番勤仕の形でみることができる（長井・工藤「在家と村落」）。

在地領主およびとくに地方有力寺社の膝下においては、散田在家の形態が多かった。それは年貢のほかに在家役が加わったものということができるが、またこの在家役の部分は、地主が小作に委ねる場合の地主の「得分」（東北大学湯目文書）に相当すると解することができよう。いいかえれば、散田在家に対する地頭の収取は、年貢（本年貢）プラス得分であった。

しかし、さきにもふれたように、奥羽でもまた在家の多くは、いわば名田在家であった。例えば、鎌倉期なかばすぎのころ陸奥国一迫《いちのはざま》板崎郷の百姓たちは、同郷の公田を各自の名田として保有し（朽木文書）、他方同国大谷保泉田村の紀藤太は名田一町と在家一宇を保有していた（田代文書）。その後、一般に在家は田畠を含んで取扱われるようになるが、右のような本来は公田に関する百姓のあり方を名田在家とよぶことができよう。前述の伊達稙宗買地安堵状にみえた在家は、名田在家にほかならなかった。

地頭と在家との緊張

塵芥集には、地頭が在家の年貢滞納の強制執行のために田地に札を立てても、それを抜きとってしまう在家百姓（七九条）、強制執行に対して実力行使で抵抗する百姓とこれを討つ地頭（七八条）、事情をしらぬ新地頭に対して田地を隠蔽して年貢を納めない在家百姓（八一条）、百姓同士で共謀して田畠を隠蔽する者（八二条）、さらには有力者の威をかりて年貢を納めない百姓（七六条）など、地頭と百姓とのきびしい対立関係が示されている。このような緊張関係は、さきにみた地頭知行のb型の一般的成立のなかで出現してきたものと思われる。これを基本的には地頭領主の側に立って抑えるのが塵芥集の一つの大きな役割であり、この点からもその制定を戦国大名伊達氏の成立の指標とすることができる。

ところで、今川仮名目録（一条）およびその影響をうけた甲州法度之次第（六条）には、年貢無沙汰の場合以外、地頭が理由なしに名田を取放つことに対する禁止規定がある。これは、地頭の恣意的な散田化に対する規制とみてよいであろう。これに反して伊達の塵芥集は、専ら百姓の年貢不納等を規制するのみで、地頭による名田・在家取放ちに対する禁止規定を欠く。この事実は、天文初年段階における稙宗政権の家中地頭層に対する低姿勢か、あるいは地頭による散田化がこの時点ではまださほど問題とならなかったか、そのいずれかに因るものと考えられる。後述する稙宗の段銭・軍役体系の整備など家中統制施策の推進を想起するならば、それは後者に因ると考えてよいであろう。

くだって天正十一年（一五八三）、伊達輝宗は下長井の一土豪布施信濃に高山郷鹿小屋（川西町）の由緒について「永代」の「地主」たるべきことを安堵し（横沢文書）、また政宗は天正十七年会津山郡の田辺五郎左衛門に興徳寺脇寺家さいせう院分由緒を安堵して「年貢役之外違乱あるましく候」とのべている（『新編会津風土記』巻五四）。おそくも天正期には、伊達領国でも名田在家に対する地頭による散田化（〈由緒＝地主職〉の否定）の志向の強まりをうかがうことができよう。今川・武田などの領国ほどの激しさを欠くにせよ、南奥の地でも戦国期の過程で地主「得分」をめぐる地頭領主と名田在家との緊張は一段ときびしさを増したものとみられる。

知行対象としての名田在家が一般に加恩地あるいは買得地により多く、本領により少ないことが考えられるとすれば、名田在家は知行形態のb型により多く存在したことになる。すでに十六世紀前期、大永～天文期に地頭と在家（名田在家）との緊張関係を内包したb型は、十六世紀後期の天正期にかけて、地主得分をめぐる両者のよりきびしい緊張をはらむこととなったのである。

このような情況のなかで、伊達による前掲の地主職安堵が進められた。田辺あての政宗朱印状は、さきの文言に続けて「依之、其身何もざうさを以鉄放を持、可致在陣」と記す。軍役収取のことが、地主職安堵の条件とされているのである。地頭領主層における名田在家の散田化を規制抑止して知行形態のb型を維持する一方、名田在家（地主職＝由緒）の維持とこれからの軍役収取という、この両面によって、伊達氏の大名権力の強化をひとまず定着したものとみられる。

伊達領国における地頭と在家との矛盾・緊張の激化と、その上に立った大名権力の強化という傾向は、蘆名など南奥の他の大名領にも現われたかと思われる。しかし、北奥羽の国人・大名領では地頭領主の知行形態は古典的なa型が普通だったであろう。a型により多いとみられる本来的散田在家は、在家役＝地主得分までを含むその収取の過重さに反して、地頭との譜代・家父長的関係（鈴木登「戦国末期由利地方における一勢力の形態」）によって、その矛盾・緊張は必ずしも激化しなかったものと考える。北奥羽における大名権力の未熟さは、このような在地の相対的安定情況と相関関係にあったのではなかろうか。

三　大名権力の構造

買地安堵制

伊達正統世次考は、寛正二年（一四六一）伊達持宗が大町某に発給した「刈田郡小下蔵郷内」の大町子息の買地に対する安堵状の内容を漢文で掲げている。正統世次考の編纂方式はおおむね正確であり、この安堵状も信じてよいとすれば、これは伊達氏発給の買地安堵状の初見となる。以後、伊達家文書に収めるように、稙宗の永正・大永よりのち買地安堵は増加し、天文の乱以後は減少、元亀三年（一五七二）の輝宗買地安堵状（毛越寺文書）を最後に姿を消す。小林宏の集計によれば、氏宗から稙宗に至る安堵状六九通、うち稙宗の安堵状は六二通、その大部分が買地安堵状である（『伊達家塵芥集の研究』）。

買地安堵は伊達氏固有のものではない。会津蘆名氏では、すでに康暦三年（一三八一）禅尼浄仙が門田荒野のうち得分一〇貫文の所を「遠州（蘆名直盛）ノ御ハン」を得て買得したのを初出として、文明十五年（一四八三）・長享二年（一四八八）の蘆名盛高の袖判安堵がみえる（『新編会津風土記』巻一七・山内文書）。康安二年（一三六二）左衛門尉基清が在家二宇・田三町を実相寺に寄進するに際し、「後日ノキケウ《亀鏡》ノタメニ守護ヘフレ申」したのも（同上）、これに準じて考えてよい。十六世紀初頭の文亀・永正からは、蘆名氏の代官・守護の添判した売券に蘆名家督が袖判を与えるという形式が現われる（秋田藩家蔵文書蘆名文書）。三春城主田村氏もまた、天文四年（一五三五）義顕が蒲倉相模守の知行買得を安堵し（青山文書）、出羽寒河江の大江氏も天文十八年（一五四九）・弘治三年（一五五七）および天正五年（一五七七）のそれぞれの売券に加判安堵を行なっている（山形大学工藤文書・広谷家所蔵文書）。

田地の売買そのものは早くから広く行なわれ、例えば寒河江慈恩寺宝林坊文書には、延文二年（一三五七）の田在家売券がみえる。ところで鈴木勲が注目するように、慈恩寺関係文書に収める多くの田地売券には、文明年間からその保障文言として「たといしんとくせい《新徳政》出来候共、とかく申ましく候」というような徳政に関わる文言が現われる。天文十八年（一五四九）伊達領長井中島郷の森在家に関する湯目七郎左衛門あての鹿俣主殿助売券（瑞鳳寺湯目文書）には、徳政文言に続いて、「ちやうい《上意》よりとかくのき《儀》候て、そのはうへ御はん《判》なといてき《出来》不申候ハヽ、かのこせん《子銭》をそへかへし可申候」との保障文言がそえられている。そして、天文二十二年伊達晴宗が湯目に下賜した森在家などに関わる買地安堵状（同上）には、徳政文言は消えている。この事実は、伊達氏の買地安堵の内実が、大きく徳政からの保障であったことを意味し、さきにみた大江・田村・蘆名のそれも同じ役割を果たしたことが知られる。また、伊達氏の安堵の判が下りぬ場合は元利を返却するとの文言は、土地売買の条件として伊達氏の買地安堵状がほとんど不可欠となっていたことを示す（鈴木勲「睦奥出羽両国の買地安堵状について」）。この点からも、買地安堵をも大きく含む天文二十二年伊達晴宗采地下賜録の果たした役割の重大さは明白であろう。

徳政の実施についてみれば、蘆名氏は永禄三年（一五六〇）から天正四年（一五七六）までの間に六回の徳政を頻発している（塔寺八幡長帳・会津旧事雑考・『福島県史』1）。伊達領・大江領でも徳政は実施されたとみてよく、徳政文言が単なる形式でなかったことは、ほぼ確実である。さて、伊達・蘆名・田村・大江諸氏の買地安堵は、いずれも地頭領主に発給されている。この事実は、大名の買地安堵が、家中＝地頭層の知行買得と領有とを安定させることを意味しよう。このような買地安堵制によって、高利貸資本その他地下人への所帯（地頭職＝知行地）売却は規制されたものとみられる。百姓相互間の在家の由緒（地主権）売買、または高利貸資本による在家の由緒あるいは所帯の買得は、大名権力の安堵の対象とならず、当事者およびその連帯者間の保障に委ねられたのである。

このように買地安堵制は、第一に総体としての地頭領主層の知行の維持・安定を目標とするものであったといえる。それは、総体としての地頭領主層の側に立って、土地売買に関する紛争ないし闘争を私戦として抑止することでもあった。しかし、これとあわせて、大名にとっての買地安堵制は、藤木久志が指摘したように、個別地頭の知行地を大名が掌握する一つの階梯でもあった（「戦国大名制下における買地安堵制」）。

すでに南北朝末・室町初期以降、奥羽諸家の実力による領土拡張のなかで、麾下地頭に対する恩地宛行のことは進んでいた。天文以前に実現していた富塚氏の下長井洲島郷の知行も加恩の例に属しよう。嘉慶二年（一三八八）の国分彦四郎に対する「長井庄萩生《はぎう》郷内四十九貫八百四十八文」についての伊達政宗（大膳大夫）の配分状（国分文書）は、その早い例とみられる。しかし、地頭領主の本領については、大名の把握、いいかえれば知行制が、どれだけ進んでいたか明らかでない。おそらく、天文七年（一五三八）の段銭古帳の作製以前の伊達氏は、知行内容の現実を把握した本領安堵状を麾下地頭に発給していないように考えられる。恩典としての「守護不入」免許がすでに稙宗以前の伊達氏においてて行なわれ、したがって地頭領主層に対する伊達氏の棟役・段銭賦課権はあったとしても、検地に伴う本領の全体把握は不可能であったとみられる。とするならば、買地安堵制は、加恩についで、買地知行部分に対する大名の知行制的把握、いいかえれば軍役・段銭諸公事の賦課を徹底させる契機となったとすることができよう。

留守分限帳と伊達段銭古帳

留守文書に収める留守分限帳（三冊）は「御館之人数」五〇、「里之人数」七一、「宮うと《（人）》の人数」一九、計一四〇人の留守家中の知行（厳密には軍役高）を記載したものであり、「御館之人数」の冒頭の記載はつぎの通りである。

　　一　佐藤玄蕃頭

　二万五千三百五十刈、百三十八貫文地、塩かま町在家十二けん、同蔵三（中略）以上二百五十
　九貫六百ふん

この分限帳は田を刈高、畑を貫高で記載し、一〇〇刈は二〇〇文、在家一けんは二〇〇文となっている。その成立年代は、分限帳の一部と同一内容の断簡（余目文書）に「景宗様御自筆」なる注がみえ、また分限帳に「つちのへさるのとしよりわび事申」の後筆記入があるから、景宗の天文十七年（一五四八）戊申より少し早いことが判明する。柴田郡舟迫郷は分限帳に現われないが、分限帳作製の前提には、検地とこれにもとづく「舟迫の日記」と同様な個別地頭ごとの知行目録の作製とが行なわれたに違いなかろう。

他方、天文七年（一五三八）九月、伊達稙宗は伊達領国全域にわたる段銭帳（伊達家文書）を作製した。それは、天正後期の政宗の世まで伊達領における段銭賦課の基礎台帳となり、「御段銭古帳」と

よばれた。ところで伊達家中の国分氏の文書には段銭古帳成立前月付のつぎのような知行目録が収められている（国分文書）。

一、こくふんわうし《（国分祖父）》殿のふげん《（分限）》、ほんちきやう《（本知行）》百五十一貫八百文、まし年く《（増年貢）》四十仁貫四百文、合而百九十四貫仁百文、神しやしりやう《（寺領）》十仁貫三百文、同まし年貢一貫五百文、以上、合而仁百八貫八百文、ふミちらしニ惣已上、三百四十八貫文之所、

天文七年つちのへいぬ八月吉日

くろへ与十郎ふん

発給者の明示はないが、これは伊達氏が検地結果の知行高を国分祖父（あるいは老父）に通知した目録に違いない。また、伊達家文書には、同じときのものとみられる「下郡山平兵衛田地書付」（六七二号）・「黒江与十郎田地書付」（六七三号）が収められている。後者の全文を掲げよう。

一、大かハ口さいけ《（在家）》千三百八十かり仁くハん七百六十文

一、七百はた　そらくほ在家之内

ふミちらし　以上三貫四百五十文

おち付　　仁貫三百文

くろへ与十郎ふん

段銭古帳もまた、検地にもとづく地頭ごとの知行目録の作製を前提として成立したものとみてよかろう。注目すべきことは黒江の目録において一三八〇刈＝二貫七六〇文で、一〇〇刈が二〇〇文となっている事実である。この比率は下郡山あての文書でも「四百刈　八百文」とあって同一である。二

通のみの挙証では些《いささ》か不十分であるが、これらによって、伊達氏もまた天文七年の検地によって一〇〇刈＝二〇〇文の制を採用したものと考えることにする。国分文書の知行目録にみえる増年貢は、国分氏が現実に収取する年貢高ではなく、一〇〇刈＝二〇〇文制による高（基準年貢高）とみることにする。とするならば、分限帳と段銭古帳は留守・伊達双方の領国における画期的な領国検地の施行によって成立したものであり、一〇〇刈＝二〇〇文制もおそらくこの時に確立したということができよう。

永正十七（一五二〇）〜天文三年（一五三四）の伊達稙宗安堵状のうち、刈高と貫高の比が判明するものは一〇筆。そのうち一〇〇刈＝二〇〇文は五筆、三〇〇文が三筆である。また天文八〜天正十四年（一五八六）の稙宗安堵状・政宗黒印状にみえる刈高貫高比の判明するもの一二筆のうち、一〇〇刈＝二〇〇文は三筆、三〇〇文は四筆となる。このように、買地安堵状をみる限りでは、天文七年を画期とする一〇〇刈＝二〇〇文制採用のことは考え難いが、買地安堵状等にみえる零細な一筆ごとの貫高は、現実の年貢高を表記したものであろう。すなわち、一〇〇刈＝二〇〇文制は、地頭領主が在家百姓に課する年貢の率のうちで最も一般的なそれを領国規模で基準化したものであるが、この率を地頭の年貢収取に強制して現実の年貢率を統制・画一化しようとするものではなく、基準に止まったと考えられる。

他面、伊達氏が地頭領主の所帯＝知行（分限）を数量的に把握するための貫高表示としては、一〇〇刈＝二〇〇文制が一律に採用された。天正十七年（一五八九）十一月伊達政宗が二階堂旧臣らにあてた四通の判物案（伊達家文書四四二〜五号）には「むちな森千貫文」などと記して、「年貢〇貫文」の表示をしていない。これら比較的大きな知行に関わる安堵・宛行状には、制度化された貫高による表示が行なわれたものとみられる。さかのぼって嘉慶二年（一三八八）の国分彦四郎あて大膳大夫政宗配分状（国分文書）にみえる「萩生郷内四十九貫八百四十八文当分限」が現実の年貢高に関わるか、段銭高に関わるかについてはさしあたり断定を保留しておくが、少なくともこれとは違った新しい貫高制が天文期の留守・伊達の領国に成立したのである。

いまひとつ注目されるのは、国分・黒江・下郡山諸氏の知行目録では、検地の結果の増年貢＝打出し分が、そのままあるいは高の一部を免除されながら、かれらの知行高にくり入れられていることである。伊達の検地の目的は、家中地頭の分限＝知行高を確定し、彼らからの棟役・段銭・軍役等を数量的に把握することにあったのであり、それをこえて打出し分を伊達氏に収公（直轄地化）することまでをねらったものではなかったことが判明する。伊達段銭古帳と留守分限帳の作製の意義はここに存したのである。このような検地の施行と、それにもとづく貫高制による家臣団の本領をも合わせた知行分の数量的把握、すなわち軍役体系の成立とをもって、戦国大名権力の成立の指標と考える。

なお、伊達領・留守領の貫高制の相互関係については未詳であるが、留守景宗が伊達から入嗣していること、伊達領の貫高制成立が天文七年で留守領より早いとみられることからすれば、留守氏が伊達領の貫高制を摂取したとの想定は可能であろう。

伊達・留守両氏以外の奥羽諸家で、貫高制の成立を確認できるものはない。ただし、会津蘆名氏で

奥羽の群雄

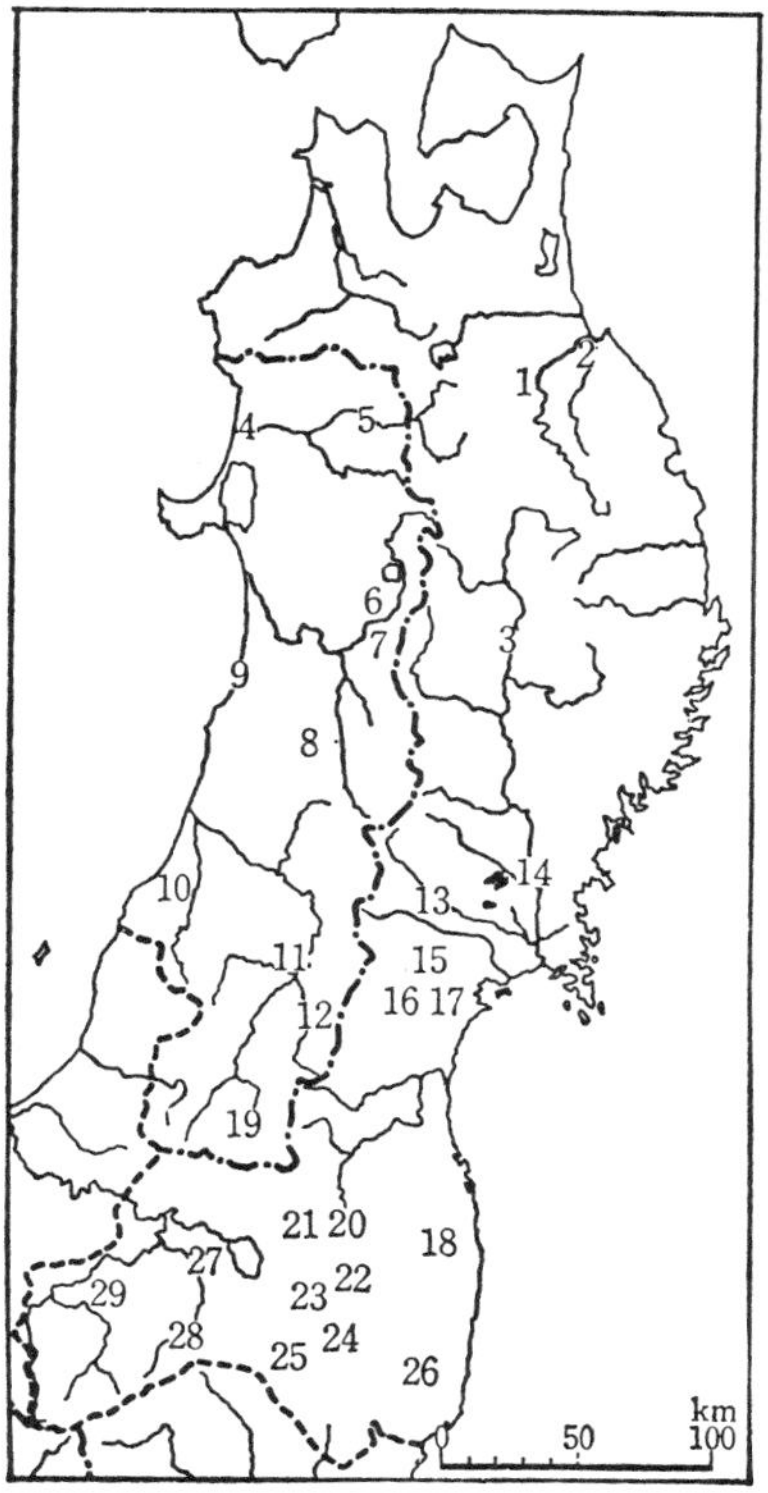

永禄初年（1558年〜）ころ．

1　三戸城（三戸町）南部三戸晴政
2　八戸城（八戸市）南部八戸政栄
3　高水寺城（紫波町）斯波氏
4　檜山城（能代市）安東愛季
5　十狐城（比内町）浅利則祐
6　角館城（角館市）戸沢道盛
7　六郷城（美郷町）六郷照行
8　沼館城（雄物川町）小野寺輝道
9　仁賀保城（にかほ市）仁賀保挙久
10　尾浦城（鶴岡市）武藤義増
11　寒河江城（寒河江市）大江兼広
12　山形城（山形市）最上義守
13　大崎城（大崎市）大崎義直
14　寺池城（登米町）葛西晴胤
15　下草城（大和町）黒川稙家
16　松森城（仙台市泉区）国分宗政
17　高森城（仙台市）留守顕宗
18　小高城（南相馬市小高区）相馬盛胤
19　米沢城（米沢市）伊達晴宗
20　四本松城（二本松市）石橋尚義
21　二本松城（二本松市）畠山義国
22　三春城（三春町）田村隆顕
23　須賀川城（須賀川市）二階堂輝行
24　石川城（石川町）石川晴光
25　白河城（白河市）結城白川晴綱
26　平大館城（いわき市）岩城重隆
27　黒川城（会津若松市）蘆名盛氏
28　田島城（南会津町）長沼実国
29　横田城（金山町）山内舜通

は、少なくとも膝下の門田庄についてはそこに住する地頭領主の本領（名字の地）に対する知行替を自由にできるほどの領主権が、すでに享禄元年（一五二八）のころには確立し、またおそくも天文十三年（一五四四）ころには「三年一度之棟役、春秋之段銭」の制度が成立していた（大石直正「境沢文書」）。このような知行制の強さ、棟役・段銭制の整備をみれば、蘆名領には貫高制の成立していた可能性も考えられよう。

しかし、北羽の比内浅利氏の天文期とされる分限帳では刈高のみが採られ（大館佐藤文書）、小野寺領では天正十八年に至っても刈高が役銭徴収の基準であった（石垣文書）。陸奥の葛西領でも専ら刈高が用いられたとみられる。葛西旧領に遺る葛西晴信黒印状の大部分は江戸時代の偽文書であるが、刈高の大勢を考える参考とはなろう。このことは、中部以北の奥羽では、地頭領主の知行は田地のみを基準として大名に把握される傾向が強かったことを示すものかと考えられる。知行制の不徹底・未貫徹をここに認めざるをえない。検地と貫高制を指標とする限り、北奥羽には大名権力は成立しなかったこととなろう。

「旗下と郎党」

我々先祖より蘆名の臣にあらず。不肖の身《小身》なれば蘆名殿を旗頭と頼みしに、盛氏の世より郎党の如くにはなれり。

元禄十一年（一六九八）に稿なった奥羽永慶軍記《おううえいけいぐんき》が、会津蘆名麾下の猪苗代盛国が天正十六年（一五八八）のころ嫡子盛胤に語ったとして掲げる言葉である。猪苗代はその家譜によれば、蘆名の祖盛《もり》連《つら》の長男経連《つねつら》に始まるとされ（伊達世臣家譜三）、これが正しいとすれば、永慶軍記のこの言葉はやや調子を異にすべきであろう。ただ、この言葉は、旗下《はたした》か郎党かというその地位の相違が、戦国期の地頭領主らにとってまことに重大な問題であったことを、端的に示すものであり、旗下から郎党に転落させられた地頭領主の不満が大名に対する叛乱をひきおこすという筋書は、永慶軍記の一つの基調をなしているとさえいえる。軍事的には従属しながらもなお独立の領主権を堅持する「旗下」の存在は、戦国大名の権力構成を近世大名のそれから大きく区別するものにほかならない。

伊達氏の場合をみよう。天文七年（一五三八）の段銭古帳にみえる伊達領国は、長井・信夫・伊達・宇多・伊具・柴田・刈田・松山・高城《たかぎ》の諸郡・庄・保にわたる。志田郡松山庄・宮城郡高城保は飛領であるが、伊達・信夫・長井などと共に、以前から伊達氏の棟役・段銭賦課権が及び、おそらく段銭古帳作製を契機に知行制にもとづく主従制が確立した伊達領国を構成する。これに対し懸田城主懸田俊宗と亘理城主亘理宗隆の所領は、棟役日記・段銭古帳さらに晴宗采地下賜録にも現われず、いずれも独自の所領を構成していることが明らかである。しかも懸田・亘理両氏は天文当時、定期的に伊達氏のもとに参候し、伊達家中首席の桑折氏の上に位置する最高の座席を許されていた（桑折文書）。懸田は天文末年晴宗によって討滅されるが、亘理は天正四年（一五七六）の相馬攻めに一番の円居《まとい》（陣）を形成して参陣するなど、随時伊達氏に軍役を勤仕した。懸田・亘理両氏のあり方は、これを旗下とよぶことができよう。天文当時の留守氏は、伊達家に参候の定席をもたない。礼聘《れいへい》関係とでもよぶべきであろうか。

天正十七年四月、政宗との講和の結果、大崎領は「向後者、伊達馬打同前の事」となった。大崎義隆は軍事指揮権を政宗に掌握され、その旗下となったのである。これと前後して政宗に服属した田村宗季・石川昭光・白川義親らも、またおそらく留守政景・国分盛重も、ともに旗下というべきものであったと考える。

旗下は厳密には大名の領国＝家中には含まれず、独自の所領と家を構成した。天文二十二年の晴宗釆地下賜録にみえる面々は、伊達と知行を媒介とする主従制をとり結び、伊達領国を人的に構成する家中（いわば「郎党」）である。桑折播磨守景長以下三八人は一家・一族の士で殿の敬称を付されている。その班の下に外様とおそらく譜代（あるいは平士）があった。一家・一族・外様等の班は功績によって進められる、いわば擬制的血縁関係による格式である。一家・一族や有功の士は、伊達歴代の通字である宗の一字を賜わり、これを白石宗利・遠藤宗忠・中野宗時などのように実名の上の一字に戴く例であった（伊達から入嗣した者は宗を下の字に用いる）。他方、伊達家督は持宗以後輝宗まで足利将軍の一字を戴いた。主従制は階層的な家関係によって補強されたのである。それは、さらに家中に対する大名からの受領《ずりょう》（国守の称）授与によっても補完された（伊達天正日記ほか）。

旗下の増加は戦国大名権力の大きさの指標といえるが、それは大名自身の家中＝領国の量的・質的な充実に左右される。伊達が従えた大崎以下の旗下の増加は、いうまでもなく、政宗の家中＝領国支配の強化発展の所産であった。右にみた伊達氏の家中＝領国支配のあり方は、程度の差はあれ他の奥州諸家にも採られていたが、伊達氏のそれは量的・質的に最も整備されたものといえる。天正十七年正月、地頭領主四七三人、名懸衆（在郷の徒侍）ら四四〇人が米沢城に参候し、酒・昆布等とあわせて玉と矢をそれぞれに奉献するという伊達天正日記の記載は、伊達家中の充実を如実に示している（小林「戦国大名下級家臣団の存在形態」）。

野臥日記

伊達晴宗采地下賜録で「一家」に遇されているとみえる鮎貝氏は、下長井鮎貝（山形県白鷹町）を名字の地として近隣のいくつかの郷村を所領とした本来は外様である。のち天正十五年（一五八七）のころ、最上に通じて伊達に叛したこともあるが、天文末以後はおおむね伊達領国北部の有力家臣としてあったとみられる。采地下賜録でその所領に対する守護不入を許されて棟役・段銭等を免除された鮎貝盛宗は、永禄のころその臣に棟役を免除し、また知行を宛行なっている（飯沢文書）。守護不入あるいは棟役・段銭・諸公事を免除された大身の伊達家中たちの所領支配形態も、ほぼ同様であったとみてよい。さきにふれた舟迫大和の舟迫郷など一一九貫三〇〇文（柴田長帳）の知行情況もまた、家中である堀籠将監・同豊前以下、中間・小者を従えて在家百姓を支配するというものであった。守護不入あるいは棟役等の諸役免除の特権の有無の相違はありながらも、みずからを主君とする主従＝知行制を確保し、また直轄地の在家百姓を独自に支配したのである。にもかかわらず、鮎貝にせよ舟迫にせよ、領国検地にもとづく伊達あるいは留守の主従＝知行制のなかに組織されている点で、かれらは伊達・留守の旗下ではなく家中といわねばならない。

他方、荘園制との関連をみれば、蘆名領国にみられた定期的な大名私段銭の成立に伴って、かつてみられた京進年貢（『新編会津風土記』巻一七、実相寺文書）もまた解体したであろう。わずかに、田村庄司職に依拠して大名権力を成立させたとみられる田村氏が、天正末年まで紀伊熊野新宮への年貢銭を残存させていたが、これは特殊な場合とみてよい（小林「陸奥国田村荘における大名権力と荘園制」）。

戦国大名とは、主従＝知行制の最高主体であると共に、軍事的にも他者に服属せず、軍事指揮権の最高主体である存在、と規定することができようか。とするならば、天文期の留守は小規模ながら戦国大名であり、天正末期の大崎は大規模ながら旗下国人とみるべきであろう。その場合、主従＝知行制にもとづく領国・家中支配こそが戦国大名権力の基軸であり、外延における旗下の包摂は、前者の構成する実力によって結果するものに止まる。

天正十四年（一五八六）、はじめて新領土安達郡を獲得した伊達政宗は、家中の白石宗実を東安達宮森に、片倉景綱を西安達二本松に城将として配置した。これまでなお存続していた知行形態のa型、具体的には鮎貝・舟迫のようないわば本来的館持領主は、城将配置の進行のなかで急速にその性格を転換させられてゆく。大名の領国・家中支配は量的・質的に一層の発展をみせる。

天正十七年四月、政宗は翌月の相馬攻めに先きだって、刈田・伊達両郡のうちの諸郷の動員数調査を行なった。天正日記に収める野臥《のぶし》日記によれば、その総計は一五四〇人となる。そのうちに六六人の名懸衆《なかけしゆう》がみえるほかは、すべて百姓である。ここでは、伊達直轄地・地頭給地の区別なしに、伊達が百姓陣夫役を根こそぎに直接把握する原則が生じている（小林前掲論文）。この年正月の賀礼にみえた伊達直属家臣の数に比較して、伊達領国内のごく一部にすぎぬ郷村からのこの動員予定者数の重さは注目してよい。大名権力によるこのような百姓に対する直接の軍事動員のなかで、少なくとも南奥羽世界では、在家百姓に対する加地子得分の否定・収奪を留保しながらも、戦国大名権力はその最高の発展段階に到達したということができよう。

中世奥羽の終末

藤木久志

一　天下の儀・私の儀

日本の治

豊臣秀吉が関東は残らず奥州の果てまで天下静謐にと号しつつ、九州の戦国大名たちにむかって、ただちに「弓箭」をやめよと命令したのは、関白職についた直後の天正十三年（一五八五）十月のことであった（島津家文書）。これは戦国大名の戦いを私的な紛争として否定する、いわば私戦禁止の法の布告であり、「国郡境目」の争いにはすべて関白の裁判権を発動することを定めた、関白政権の樹立の宣言ともいうべき意義をもった。

しかも、この私戦禁令はそのはじめから奥羽をはっきりとその視野におさめていた。すでにこの発令より三ヵ月も早く、秀吉は金山宗洗を特使として米沢の伊達氏らのもとに派遣し「秀吉の太刀風に驚き草木までもなびき従う」と、みずからの「日本の治」の権勢を誇示していたが（三好文書）、のちの宗洗の奥羽での活躍ぶりからみて、この遣使にはおそらく表敬訪問にとどまらない狙いが秘められていた。

おなじ頃、秀吉は徳川家康や上杉景勝らにたいしても「東国御出馬」という圧力をかけ、十四年には、これら戦国大名の雄を上洛・従属させて関東のことを委ね、上杉には「伊達・会津辺の御取次」を任せ（上杉家文書）、九州に出動する直前には、信州に「矢留」を発令する（真田文書）など、九州をにらみつつ関東から奥羽にむけた統制策をもあいついで打出していた。

これに対する奥羽のがわの反応は、北奥の南部信直がきわだっていた。かれは十四年夏にいちはやく北陸の前田利家のもとへ使者を送って秀吉への取りなしを頼み、つぎの夏にはついに「関白様の御下知」に服するかぎり見放すことなしという前田氏の血判誓紙を得て（盛岡南部文書）、豊臣大名への道を他の奥羽の領主たちに先がけて踏み出したのである。

もともと奥羽と都の織豊政権とのつながりは、室町以来の幕府との関係をうけ名産の馬・鷹をなかだちとして、天正初年にはじまり（伊達家文書・秋田家文書・信長公記）、信長の終り近くには「羽奥の諸家、過半申し合わされ御挨拶」（佐竹文書）といわれるほどのひろがりをみせていたが、この南部氏の対応ぶりは室町以来のそれとはあきらかに異質のものであった。北羽の仙北でも本堂道親は最上氏の侵攻におびえながら「上勢」の出羽出動に切実な期待をよせ、その情報を南部氏に問うていた（奥瀬文書）。豊臣政権の「日本の治」にむかう求心の動きは奥羽のなかにも確かにはらまれていた。

侍道・国中の儀

だが戦国の奥羽があげて求心の方向に傾いていたわけではなく、領主たちは課題の解決を多くは戦いという粗野な方法に委ねながらも、その中からいわば奥羽自決のみちを探り当てようとしていた。かれらの好んで口にした「侍道」という言葉に一つの手がかりがある。また「国中の儀」という言葉もそうであろう。

それはたとえば「侍道の筋目よんどころなく」（秋田藩家蔵文書）、「偽は侍道にあるべからず」（伊達家文書）、「侍道に悃望」（秋田藩家蔵文書）、「さむらい道にくるい候」（伊達家文書）、あるいは「奉公道の習」（秋田藩家蔵文書）というように使われる。これらの例はいずれも最上義光が由利の小介川氏、妹の義姫、由利の岩屋氏や仁賀保氏など同じ出羽の人びとに語った言葉であるが、伊達政宗もまた「侍道の筋目」によって加勢しよう（志賀槇太郎氏所蔵文書）とか「侍道の筋目」にしたがって和を結ぶ（伊達政宗卿伝記史料）などと語っていた。

明らかに、侍道の筋目といえば容認しあい通用するような土着の慣わしが、出羽の領主たちのあいだに形づくられていた。その語りくちはしばしば言いわけじみ逃げ口上めいてはいるが、それにしても侍道という以上、かれらが侍身分としての自覚や連帯の念を強めながら、相互の関係を調整するための共同の規範として、この言葉を使いあっていたのは確かなことであった。

そうした出羽の領主たちの共同の場は国中という言葉でも語られていた。たとえば「国中の儀といい、打置かず相互に通用いたすべき」（田林文書）というように。これは山形の最上氏が由利の小介川氏に接近をはかってよびかけたものであるが、さらに北羽の下国（秋田）氏にむかって「国中の儀といい、かねて懇切に申し承り」（松沢亮治郎氏所蔵文書）といっているのも同じことであろう。また、越後方と競って庄内に介入しはじめた天正の中ごろ「庄内の儀も出羽の国中に候」（日向文書）と最上氏がのべたのは、庄内に介入する正当性はおなじ国中のわれにありと主張するためであった。

庄内から山形・由利そして秋田にわたる出羽の領主たちのあいだに、国中の儀といえば相互に懇切に連絡をかわし、もめごとに立ち入るのを当然のこととして許容しあうような共同の秩序が形づくられていた。国中の儀と侍道の筋目とは、国という地縁、侍という身分の意識を共通の基礎にして、おなじ奥羽戦国に領主たちのお互いの規範として生きていた。それは天正期の奥羽の国人・領主たちが孤立を克服しつつ、最上氏や伊達氏の主導権のもとで、広域にわたる戦国大名を生みだすような、領主連合への動きを強めていたことを示すものであった。それは奥羽戦国じしんの自決のみちであった。

関奥停戦令

九州「征伐」を終えた天正十五年（一五八七）末、豊臣政権は「関東・奥両国まで惣無事」と号して、東国にむかって本格的な介入を開始した。関東から奥羽に「惣無事」を令し、背く者は成敗する、その執行は徳川に委ねる、という十二月三日付の秀吉の直書が関東（多賀谷氏あて、秋田藩採集文書）・奥羽（岩城氏あて、白土文書・伊達氏あて、伊達家文書）に発せられ、南奥の相馬氏にもおなじ日付で「奥両国惣無事の儀」につき金山宗洗が直書を携えて下向するという富田知信の添書が送られた（相馬文書）。

あくる天正十六年には、南奥の白川氏にもおなじような富田の指令がとどき（遠藤白川文書）、米沢の伊達氏には徳川家康から「その表惣無事の儀、家康申しあつかうべき旨、殿下より仰せくださる」という連絡がもたらされていた（伊達家文書）。この惣無事の指令を伝えるため、その夏ふたたび奥羽への特使として山形に着いた金山宗洗の任務は「関白様の上使」として「天下一統に御安全に執り成す」ためと公表された（潟保文書）。すなわち関東・奥羽の惣無事というのは東国にたいする豊臣政権の停戦令にほかならなかったのである。秀吉はその指令の監察を家康に委ねたが、家康にはほとんど目だった動きはなく、じっさいには秀吉側近の富田知信が惣無事の体制づくりを推進した。その富田が「まことに唐国までも平均眼前に候、この上、関東奥両国惣無事の儀仰せ出だされ候」と言明したところによれば（遠藤白川文書）、この東国停戦令は西国を中心におしすすめられていた大陸侵攻の体制づくりと不可分のつながりをもっていた。

奥羽一和

惣無事令のめざす焦点は何よりも南奥羽の戦国抗争にあった。南奥では、蘆名・大崎の両家の内紛をめぐって、伊達と最上・佐竹の競合がほとんど南奥の全域を戦乱にまきこむ形勢を示し、南羽では庄内の武藤家をめぐる最上・上杉の抗争がくり返され、北羽の仙北にも深刻な影響を与えていた。

これら戦国抗争にたいし、豊臣政権は十六年春、つまり惣無事令の発動とともに、富田知信らをもって和解勧告をくりかえし（伊達家文書・佐竹文書・上杉編年文書）、山形や米沢には上使の金山宗洗を送りこんだ。こうした介入のなかで、その七月、南奥では岩城・石川諸氏や政宗の母（最上義光の妹）のなかだちによって、ともかくも和平の実現をみた。この一和は、むしろ奥羽の自己規制によってもたらされたものであったが、豊臣方はこれを「御下知にまかされ御和談」つまり惣無事の令に従った停戦と評価し、追いうちをかけるように、伊達氏以下の当事者たちに豊臣政権への「出仕」を求め、最上・岩城らは早ばやと上洛の意向を明らかにした（伊達家文書）。

南羽の庄内では、抗争の当事者である最上・上杉方の双方にたいして都への召喚命令が出され、豊臣政権の裁決まで「互の手出しあるべからず」と抗戦の凍結が強制された（別集奥羽文書纂）。上杉系の武藤義勝は石田三成を頼って上洛し、蘆名方もおなじ行動をとった。これと対立する最上・伊達らはそれぞれに反石田の側にある富田・徳川との結びつきを強めていった。

惣無事令はもとより単なる和平調停であったわけではなく、戦争を豊臣政権の裁判権のもとに接収し、関係する大名たちに上洛臣従を強制することによって、奥羽全域をその支配下に編制することをめざしていたのであった。この指令によって奥羽戦国の自決権は原理的に否定され、問題の解決は現地・当事者をはなれ、有利な裁定を期待する領主たちはいやおうなしに都の政権内部の権力抗争にまきこまれ系列化されていく。

いっぽう豊臣政権の介入を押しつけと受けとめるだけでなく、むしろ大名権を拡大するための補いとして積極的に利用しようとする動きもあらわれていた。ことに際だった反応をみせたのは最上義光であった。かれは金山宗洗の山形入りをたくみに宣伝し、関白の上使の下向は、出羽国中の諸士が羽州探題である山形の下知に服しているかどうかを監察するためだといいふらし（潟保文書）、また、そのすぐあとに上方の豪商の末吉平次郎が秀吉の発行した諸国通行の免許状を携えて山形を訪れたときには、秀吉の意を奉じて出羽国中に関税の免除を令する過所を与え（東末吉文書）、いかにも秀吉から羽州探題の職を保障され出羽一国の支配を委ねられたかのような態度をとったのである。これもまた明らかに惣無事令が奥羽戦国にもたらした変化であった。

停戦令に背いて

上使宗洗の去ったあと天正十七年（一五八九）の奥羽は北と南とで惣無事令を打破って、戦国さいこの高揚の時を迎える。その春、北羽の安東家に起こった桧山（能代）城の実季と湊（秋田）城の通季との抗争が、北奥で津軽の独立をはかる大浦為信と北羽平鹿・比内への進出をねらう南部信直との抗争をまきこんで、北の激動の焦点となった。実季は由利の赤尾津氏や津軽の大浦氏と結び、仙北の戸沢氏や南部氏と結んだ通季を破って、秋田（下三郡、秋田・檜山・比内）の大名としての地歩を固める。

だが、この戦闘行為が豊臣政権の惣無事令に触れた。前田利家から南部信直への情報によれば（盛岡南部文書）、秀吉はみずから出馬して、この秋か来春には「出羽・奥州両国の御仕置」にあたろうとし、前田氏に北国の軍勢をひきいて秋田に進攻することを指令したが、とりあえずは秋田を「御蔵納」つまり豊臣直轄領として没収し、南部・上杉両氏にその管理を委ねる方針をきめた、という。豊臣政権がはじめて奥羽に示したもっとも強硬な力の政策であった。

この方針はすぐには強行されなかったが、それは石田三成を頼った実季の必死の中央工作によるものであったらしく、最上義光は実季に「そこもと進退の儀について、様々ご苦労候つる由」といい「石田治部少輔殿ご内通について、そこもと安堵」といって、その労の報いられたことをよろこんでいた（松沢亮治郎氏所蔵文書）。

南の激動の焦点は南奥の会津であった。おなじ十七年夏、伊達政宗は大崎義隆と大崎領を伊達氏の軍事指揮権のもとに収める密約を交わし（伊達家文書）、大崎・最上間の結びつきを断つことに成功すると、一転して蘆名義広を会津から追って黒川城を占拠し、相馬義胤の領域をのぞくほとんど南奥の全域をその支配圏に収めてしまった。伊達氏による南奥の統一であった（小林清治『伊達政宗』）。

これを知った豊臣方では石田三成が蘆名遺臣のもとに海から上杉領経由で兵糧米五〇〇石・鉄炮一〇〇丁・玉薬などを送りこんで露骨な軍事介入を開始し、伊達氏に対してはきびしい追及を加えてきた（『新編会津風土記』・伊達家文書）。政宗をとがめる都からの来信は三〇通を超え、会津の返上と上洛謝罪を求めていた。

天下の儀、私の儀

糺弾の要は、豊臣方に従う蘆名氏をことわりもなく「私の儀」によって攻め滅したことは許しがたいという点にあった。あいつぐ来信は私の遺恨・私の宿意・私の儀とくりかえし非難して、伊達の行為が私戦禁令にたいする違反である点を力説し、戦国大名の戦いを私闘として禁圧する根拠をあげて、

天気をもって一天下の儀を仰せつけられ関白職に任ぜらるの上は、前々とあいかわり、京儀を経られ候わずば、御越度たるべく候

といい切ったのである。天下の儀のもとに戦国の戦いを私の儀として封殺しようという、この論旨はさきの九州停戦令のそれとおなじもので、私戦禁令の一貫した主張であった。

この追及にたいし伊達氏も正面きって抗弁をこころみ、戦いは会津から仕かけられての防戦であったこと、会津は親（輝宗）の敵でもあることなどを主張するとともに、とくに私闘の糺弾にたいしては「奥州五十四郡の儀は、前代より伊達探題につき、諸事政宗申し付く」と、その戦闘行為は奥州探題としての公的な権限によるものだと申し立てた（伊達家文書）。

だが、防戦の側や親の敵討に理ありという伊達氏の抗弁は、はたして奥羽戦国に行きわたった法理に拠るものであったかどうか。なぜなら伊達氏じしんがその分国法である塵芥集において、私的な復讐を禁じて、成敗は大名権力に委ねるべきことを原則とし、「わたくしに斬り返しすべからず」（三九条）、「成敗を待たず、自分として打返しすることあるべからず」（四〇条）、あるいは「親子兄弟の敵たりとも、みだりに討つべからず」（二四条）などと定めていたからである。この限りでは、伊達氏は豊臣政権のもとで、まったくおなじ原則にもとづく惣無事令をおしつけられ、みずからの法理にも背くような抗弁を企てるという矛盾に陥っていたといわざるをえない。

ただ、勝俣鎮夫「戦国法」によれば、塵芥集は近世的な喧嘩両成敗法への傾斜をみせながらも、争いを仕かけた故戦者の罰を防戦者より重くする中世的な故戦防戦法を採っているという。とすれば伊達氏は、その法の制定から半世紀ほど後のこの時点でも、なお防戦を理とする中世の法を堅持しつつ、豊臣政権の近世の法とぶつかりあったことになろう。これを奥羽の法と天下の法の対決といってもよいが、伊達氏の法じしんが両成敗の法理へと傾いている以上、政宗の抗弁はやはり自己矛盾なのであり、豊臣の法に抗しきれない限界をもっていたことは明らかである。

さらに、奥州探題の権限を主張することで関白職の命令に対抗できると、伊達氏が確信をもっていたかどうか。惣無事令の発動を天下の儀とする豊臣政権の支配の論理にたいして、伊達氏がこれ以上に積極的な抗弁を企てたらしい形跡はみとめがたいのである。政宗はついに会津占拠を正当化することができぬまま、豊臣政権の奥羽介入に決定的な口実を与えてしまうことになった。その年の終りちかく「天道の正理」に背いた北条氏を秀吉みずから誅伐するという宣戦布告状の写しが伊達氏にも送りつけられてきた（伊達家文書）。

二 奥羽仕置

会津進駐

宣戦布告とともに軍事動員が発令された。それは、九州大名を大陸侵攻に備えたほか、北国から中国・四国にわたって、すべての豊臣軍を北条誅伐に投入しようという総動員令であった（伊達家文書）。しかも秀吉は早くから「関東八州・出羽・睦奥、面々分領」の紛争を豊臣政権のもとで裁定するという方針を公表していた（真田文書）。すなわち北条誅伐ははじめから関東・奥羽の豊臣化をめざす総動員令であったのであり、この体制のもとで奥羽の大名領主たちだけが小田原参陣を免かれる余地はもはやありえなかった。

十八年夏の終りまでに南奥羽の強豪である伊達政宗・最上義光をはじめ北奥の津軽為信や南部信直らもそれぞれに小田原入りして秀吉に臣従を誓ったが、戦国の争いに敗れた北羽の湊通季や南奥の蘆名義広は秀吉に会うことも許されず大名への道を断たれた（浅野家文書）。伊達氏も惣無事の法によって会津を「関白様御蔵所」に没収され旧領に押し返された（伊達家文書）。

しかも小田原の落城もまたずに、木村吉清ら秀吉直属の奉行が会津接収にのりこみ、秀吉の会津進駐のため、小田原から会津まで「横三間の海道」と「御座所」の普請という大土木工事が命じられ、伊達氏は白河から会津までの奥州側の全区間を割りあてられた（伊達家文書）。奥羽にむける秀吉の目はひたすら会津と伊達氏のうえに注がれていたのである。奥羽を紛争地として処分しようという「奥州・出羽仕置」（大浪文書）の開始であった。

会津入りした秀吉の奥羽処分の何よりのねらいは南奥の伊達勢力圏の解体・再編であった。圏内にあった白川義親・石川昭光や葛西晴信・大崎義隆らの領知をことごとく没収した上、関白直轄の会津領は旧白河・石川領の仙道五郡をそえて重臣の蒲生氏郷に与え、葛西・大崎旧領も直臣の木村吉清・清久父子に与えて、父は葛西領の登米城（登米郡）、子は大崎領の古川城（志田郡）に置いた。豊臣勢による南奥の占領であり、この地域で領主権を認められた奥州大名は相馬義胤・岩城貞隆の二人だけであった。出羽は、庄内（武藤領）が上杉氏に与えられた他は、ほとんど変更が加えられず奥州と際立った対照を示した。

八月十二日、秀吉は奥州仕置を監察する浅野長吉に執行の心得四ヵ条を指令し、そのなかで、国人領主たちの妻子は在京させるか、さもなくば会津に差出させよと指示した（浅野家文書）。また、秀吉は木村父子に会津参勤を命じていたという（氏郷記）。豊臣政権の奥羽支配は明らかに会津の蒲生氏を中枢とし、伊達氏を対極において構想されていたのであり、だからこそ処分強行の過程で生じたさまざまな矛盾はとりわけ蒲生と伊達の対立という形をとって激発することになる。

仕置の原則

奥羽仕置のための政策の基本は、すでに七月の終りに、南部・戸沢ら個々の大名たちに与えた領知安堵の朱印状のなかで、豊臣大名への命令という形で明示されていた。それはおよそ次のような三つの原則から成っていた（盛岡南部文書・戸沢文書）。

一、「妻子定在京」、つまり大名の妻子は常に在京させること。
二、大名居所の一城を残して家中の諸城をすべて破却し「下々妻子」を大名居城に召置くこと。
三、「知行方検地」を実施し、「台所入」「在京の賄」を確保すること。

この政策は、「定在京」「在京の賄」の語が示すように、何よりも豊臣政権に対する奥羽大名の従属と奉仕、つまりその軍役体系への編制を確定することを目ざしていた。検地規定によって、大名に検地権を保障しつつ、豊臣軍役に耐えうる財政基盤を確保させ、城破規定によって、大名領域の権力分散を否定し、大名居城をこれまでの独立の戦国大名の本拠から、中央の秀吉の代理として地域支配を貫徹させるための豊臣政権の支城へと転換させようとするものであった。城破・検地・人質集中など、かつて奥羽大名が独力でその領域に遂行しえたものはないであろう。その意味で、この中央従属の強制（集権）は個々の大名権の強化（分権）をもたらすことになる。それが奥羽仕置のねらいであった。相馬義胤も最上義光も、強豪の伊達政宗も、その秋のうちにあいついで妻子を京に送った（浅野家文書）。

検地

仕置の核心はやはり検地であった。秀吉は会津入り早々の八月十日にその大綱を発表し、強力な豊臣大名たちを全奥羽の大名領に投入する態勢をとった。奥州には豊臣秀次をはじめ宇喜多秀家・徳川家康・石田三成それに佐竹義宣らが展開し、出羽から津軽にかけては前田利家・木村重茲・大谷吉継らのほか上杉景勝も動員された（伊達家文書・浅野家文書）。

検地の基準は秀吉の朱印をすえた「御検地条々」（色部文書）によって国ごとに公示されたが、実施の方法は指出つまり村むらの申告をもとにすると定められた。この条目にそえられた「田畠指出之事」という詳しい手引書の写しが大名領ごとに村むらに配られ（岩城文書）、村むらが手引きに従って申告した「野帳」を検地役人たちが点検して「御縄打帳」に仕上げるというやり方で検地は進められた（越田和文書）。田畠ごとに面積一反＝三〇〇歩あたりの検地高は上・中・下の等級べつに「上田一段　永楽銭二百文」というように永楽銭の額で表示するよう定められた。つまり石高基準の太閤方式の強制ははじめから避けられていたが、「土貢の積、百刈に七百代・米には七斗」（一〇〇刈＝七〇〇文＝七斗）という換算の方式が示すように、地域ごとに異なるさまざまな年貢収取の慣行を、最終的には米（石）の高にまとめあげることが可能なように仕組まれていたのであった（色部文書）。

ところで、なぜかいま伝存するこの時の検地帳は、写しを含めても、奥州の会津南山の一冊・黒川郡の七冊だけで、出羽については知られていない。その黒川郡の検地は、徳川系の奉行の手で、ほぼ一日に一ヵ村の速さで進められた。これを分析した小林清治によれば、田畠一筆ごとの面積と貫文高の評示は「条々」の原則の通りだが、登録されるおびただしい数の名請人は、旧来の慣行のまま互いに「指南」とか「六人の寄相」というような関係にあったりするほか、ほとんどが経営や耕作の実体とかけはなれた、地主権だけを示したもので、太閤方式とされる一地一作人の原則とは遠いものだ（「仙台領における太閤検地」）、という。佐々木慶市も、この年の検地は、農民を把えるというものではなく、あくまでも村ごとの田畠生産力と年貢高を測定することが目的であった（『宮城県史』2）、と述べている。

検地帳の日付は八月から九月下旬に入って消える。蒲生氏郷はその九月に会津領の村の高を石の単位で示した新しい知行宛行を始めていた（慶応義塾図書館所蔵文書）し、九月末に豊臣秀次はじめ奥羽仕置の軍勢はいっせいに引揚げを開始する。奥羽の検地はほぼ五〇日をかけて、このころに終ったとみられよう。

大名知行高の確定

その年末から天正十九年（一五九一）の正月にかけて、奥羽の多くの大名がはじめて知行の石高を明記した秀吉の領知朱印状を交付された（相馬文書・秋田家文書・戸沢文書等）。さきに秀吉は、知行分の検地によって台所入・在京の賄つまり軍役負担の基盤をかためよ、と大名に指令していたが、この知行石高の公定によって、奥羽の大名は豊臣政権の軍役体系のなかに名実ともに組みこまれ、戦国の独立の大名としての性格を失う。

ところで、このような豊臣化の進行する過程で、北羽はさらに重大な事態にさらされていた。太閤蔵入地の設定がそれであった。たとえば秋田実季領のばあいは七万八六〇〇余石のじつに三分の一、しかも秋田平野の中心となる地域が蔵入地として豊臣方に割き取られ、管理だけが秋田氏にゆだねられた（秋田家文書）。加藤民夫は、このような形の太閤蔵入地が北羽のすべての大名領に設定されたと推定した（「北奥羽における石高制の成立」）が、その通りであるとすれば、ほとんどの領主たちが本領を保証されて戦国いらいの伝統を保ったかに見えた北羽もまた、豊臣の直臣たちが新しい支配者としてのりこんできた南奥とともに、もっときびしい豊臣化にさらされたことになろう。

しかも、天正十七年（一五八九）の北羽の争乱のさいに豊臣方が秋田領の没収を計画していたことをみれば、北羽に蔵入地をおくことは奥羽仕置のはじめから構想されていた基本政策であった可能性がある。豊臣方のねらいは北羽の木材と金であった。蔵入地設定の当初から文禄二年（一五九三）まで三年分の秋田領の蔵入米の決済報告によれば、支出はすべて秋田で金および軍船大あたけなど造船用材を調達し、海路で都に輸送するための経費にあてられていた（秋田家文書）。こうした調達の内容からみて、北羽の太閤蔵入地はいわば朝鮮侵攻の兵站基地として、日本海の海運を介して侵略体制の一環に組みこまれ機能していた形跡が濃いのである。

奥羽の一揆

天正十八年冬のはじめ、豊臣化の軍政を終えて豊臣軍団が引揚げるとまもなく、その隙を突いて奥羽の激しい反撃が一揆となって広がっていった。それは「仙北・由利・庄内の一揆」「葛西大崎一揆」（伊達家文書）などとよばれ、奥羽のほとんど全域に波及する形勢をみせたが、ことに葛西大崎一揆は登米・古川のふたつの本城を豊臣大名の木村父子から奪い取って「一揆もち」（伊達家文書）とする高まりを示した。

その波動は南方の伊達領黒川郡（黒川晴氏旧領）に及ぶとともに、北方でも和賀（和賀義忠旧領）・稗貫（稗貫広忠旧領）の両郡にわたる、いわゆる和賀・稗貫一揆を誘発して、北奥口の守備にあたっていた豊臣方の浅野忠政を鳥谷ケ崎城に孤立させ、近くの二子城の守兵を全滅させた。一揆のはじめころ、木村吉清は抵抗を企てた古奉公人つまり大崎旧臣や地下の年寄百姓など三〇人ばかりをはりつけにし、わき百姓は赦してやったと報じていた（浅野家文書）。おそらくこの新入りの豊臣大名は農民をおとな百姓・わき百姓と峻別し、わき百姓を積極的に取立てようとするラジカルな豊臣方式をその領国支配にもちこもうと気負っていたのである。その意味でも、木村父子の危機はそのまま奥羽における豊臣体制の危機であった。

さらに同じころ出羽にあっても、南羽の上杉領（旧武藤領）の庄内の藤島一揆や北羽の仙北一揆が、奥州のそれとほとんど呼応するかたちで、外来の大谷氏や上杉氏を敵方として激しい高まりをみせた。こうして、豊臣軍によって解体を強いられた奥羽領主たちの旧領をつらぬいて起こったという点で、あいつぐ一揆は何よりも奥羽戦国のさいごの大反撃であったし、奥羽両国にわたって、しかも本領主の残る仙北をも包みこんでひろがったという意味で、この一揆の結集はやはり外来の豊臣政権の支配に立ち向ってやまぬ奥羽そのものの抵抗であった。

政宗と氏郷

急報は奥羽中枢の会津から都の秀吉に伝えられた。蒲生氏郷は出動の態勢をとって伊達政宗に先陣をもとめたが、政宗の動きは領内に黒川郡の一揆をかかえながら鈍く、氏郷は政宗に逆意ありと都に通報し（浅野家文書）、おなじ日政宗は佐沼城の木村父子を一揆の包囲から救い出していた。この政宗と氏郷の暗闘もまた奥羽勢と外来の豊臣方の対立にほかならなかった。秀吉はすぐに奥羽仕置の軍に再出動を命じ、浅野長吉は奥州二本松城までもどると政宗・氏郷の和解に全力をあげた。出羽の一揆が十月なかば上杉軍におさえられたあと、奥州の一揆も伊達軍の出動のなかでひとまず鎮静にむかい、豊臣軍の出動は中止される。

しかし一連の一揆と、それをめぐる政宗・氏郷の対立は外来勢力に対する土着（奥羽）の反撃という、豊臣政権の奥羽支配の成否にかかわる本質のゆえに、重大な政治問題として中央に持ちだされることになる。あくる十九年一月、二人は召喚され上洛した。伊達本領・木村領の没収という、事件の裁定の方針はすでに固められつつあった（伊達家文書）。木村（豊臣大名）・伊達（奥羽大名）を一揆の当面の責任者として共に処分する両成敗の法の発動であった。それはまた、一揆・伊達ら奥羽勢力を豊臣政権にたいする公然たる反逆者とすることを避け、自らを局外におき事件を現地当事者間の私的な紛争ないし個人的な失政の問題として処理しようとする豊臣政権の高度な政治技術に他ならなかった。

だが、都でも、千利休事件などの政変によってか、伊達氏の処分はすぐには決定にいたらないまま、五月に帰国したことから、伊達方の動揺は大きく、政宗や側近も、あるいは九州か四国へ国替されるのではないか、かりに国替がなくとも末代まで都に抑留されるのではないか、何とか奥州にとどまりたいが、米沢が没収されるようでは政宗の進退も果てよう（政宗君記録引証記・伊達家文書・浅野家文書）などと、不安のなかで奥羽と本領への深い執着を語っていた。

京儀を嫌い申す

奥羽政争の舞台が都にうつされている間に、奥州の一揆はふたたび勢をえて、北奥の南部領に九戸一揆を誘発し、事態は伊達・蒲生の抗争という次元を超え、豊臣体制にたいする全奥の反撃という様相をさらに深めていった。

さきに稗貫の一揆に屯営を追われ南部方に身をよせていた豊臣方の浅野忠政は、この北奥でまた「糠部中錯乱《ぬかのぶ》」という一揆のまっただなかに南部信直とともに孤立していた。十九年二月、その苦境を訴えて「南部殿天下へ御奉公候を、当地の衆いづれも京儀を嫌い申され、かくのごとくの姿に候」といい、信直じしんも「郡中ことごとく侍・百姓ども京儀を嫌い申し候心底に候」といい、豊臣軍の出動がなければ南部は滅びるだろうといった（色部文書）。

奥羽の他の地域では外来の豊臣軍にむけられた抵抗の鋒先が、ここ北奥の糠部では、土着のままただひとり京儀つまり豊臣の代弁者となった南部信直に集中していたのであった。一揆の中心となった九戸政実や櫛引氏らの北奥の領主たちを、豊臣方は「南部殿御家来」ときめつけて（色部文書）、城わり以下の仕置の原則を強制したが、たとえばいま九戸（福岡）城の遺構が南部の三戸城のそれをはるかに凌ぐという素朴な事実ひとつからみても、この豊臣の強制は、おそらく信直にとって独力ではとうてい果たせない至難の課題であった。信直の孤立は豊臣体制そのものの危機であり、豊臣軍の再出動は必至となった。

奥郡仕置

天正十九年六月二十日「奥州奥郡の御仕置」と号する秀吉の動員令が発せられた。奥羽ではすべての大名に北奥への出動が命じられ、国外からはさきに奥羽仕置にあたった主力軍のほとんどが投入された。すなわち秀次・家康をはじめとする豊臣軍は、秀次らの二本松通り（東山道）・石田らの相馬通り（東海道）・大谷らの最上通り（北陸道）という強力な三軍編成をとり、しかも、奥羽の大名たちすべてを北奥に出動させたあと、その本・支城は「留守居」の名目で「上方人数」をもっておさえるという態勢をもって全奥羽に展開した（上杉家文書）。

奥郡の仕置と号してはいたが、動員令とともに、伊達領から葛西・大崎の木村領にわたる「郡分け・知行替」を予告したように、この軍事態勢をもって豊臣方のめざしていたものは明らかに奥羽の再仕置であった。とくに奥州にひろがる一揆地帯においては徹底した城わりが強行され、その一方で奥羽大名たちの本・支城には上方の工法による補強が加えられた。伊達氏の米沢城下では、このような上方による管理に抗して「町人・郡中地下人ことごとく明け除く」（伊達家文書）という対立をひきおこした。

検地も新たな方式で行なわれ、会津では南山一揆の抵抗をうけた。この年の検地帳として、いまわずかに残る伊達領（宮城郡・伊具郡）の徳川方などによる検地帳によれば、その内容も前年の貫文高の表示は消えて石高となり、また分付け表示によって土地占有の権利の関係をくわしくとらえようとするなど、その方式は明らかに厳しいものに変っていた（佐々木慶市『宮城県史』2）。全国にわたる知行高の掌握をめざして、国・郡ごとの御前帳の提出が命令されていたのである。

さらに、この態勢をもって伊達氏の「国替」が強行された（伊達家文書・歴代古案）。長井・信夫・伊達など政宗の本領はすべて没収されて会津の蒲生領にくみこまれ、政宗は本領でその年の年貢を収めることも許されぬまま、一揆のため作況は三分一といわれた葛西・大崎領に移されたのである。居城として指示された岩手沢城（玉造郡）はじめ佐沼城（栗原郡）・岩沼城（名取郡）は、あらかじめ徳川の軍によって修築の手が加えられていた。ほかにも気仙城（気仙郡）・大原城（磐井郡）は石田三成の軍が、水沢・江刺城は大谷吉継の軍がそれぞれに補強を加えて伊達方に引き渡したのである（伊達家文書・貞山公治家記録）。奥羽を豊臣化するための方策であり、伊達領の徹底的な解体・再編であった。「身のことも此のくちおしき」（伊達家文書）と政宗はその無念を口にし、むしろ知行をすべて秀吉に返上して小姓なみに召仕われるほうがましとまでいったが（浅野家文書）、この奥羽大名の雄も、圧倒的な豊臣軍の展開するなかでは為すすべもなく、豊臣方の一大名としての性格を決定的に刻みつけられていった。伊達処分は疑いもなく奥羽再仕置の重要なねらいの一つであった。

この過程で、葛西・大崎から和賀・稗貫にわたる一揆もついに圧伏され、北奥の一揆も南部領で糠部中錯乱という高まりを九ヵ月にもわたって支えながら、豊臣方の大軍にさいごの拠点の九戸（福岡）

城を包囲されて解体した。その九戸城は豊臣方の軍監として北奥を統べてきた浅野長吉によって、これまでの三戸城にかわる新しい南部領支配の拠点に改造され、南部信直に引き渡された（浅野家文書）。こうして再仕置の軍がいっせいに兵を還しはじめた九月終りに、この機を待っていたように、奥羽にも「来春御唐入」の総動員令が伝えられてきたのであった。無念の国替をはたすまもなく「はやくのぼり、からへのしたく」をと、浅野に急がされながら、伊達政宗はなおも「から入あひやみ候とも、又かならずに候共、てがたき事をきゝさだめ」と、動員中止のうわさに切なるのぞみをつないでいた（伊達家文書）。

三　日本のつき合

奥羽から日の本まで

その動員令の規模の大きさを誇示して、秀吉は「関東・出羽・奥州・日の本まで」（文書集）と号したが、その構えは奥羽の全域をはじめて豊臣政権の軍役動員の体制にくみこむとともに、それをさらに日の本にまで及ぼそうというものであった。「奥州津軽・日のもとまで」と『大かうさまくんきのうち』も記したように、日の本といえば、それは北奥の地をさらにこえた異民族の地としての蝦夷地をも含むことばであった（遠藤巌「中世国家の東夷成敗権について」）。つまり、この侵略の軍役をとおして奥羽から蝦夷地までを豊臣体制のもとに包みこもうとする意図を、秀吉は出動のはじめからはっきりと言明していたのである。

蝦夷地のうち道南の館主であった蛎崎《かきざき》慶広は、戦国には北羽の安東（秋田）氏に従い、北奥の南部氏とも結んでいたが（秋田家文書・南部故実）、のちの松前藩の公式の記録、新羅之記録によれば、慶広は天正十八年には、北羽の仕置を進めていた前田・大谷氏らを頼って上洛し、秀吉に蝦夷地の事情を報告するとともに、秋田氏からの自立を公認され、ついで再仕置の強行された十九年にも、慶広はことさらに毒矢をもつアイヌを率いて九戸攻撃に功をあげ豊臣軍のまえに蝦夷島主の地位を誇示した（東奥軍記）という。

松前の公式記録はさらに、蛎崎慶広がはるか九州の大陸侵攻の本営に赴いて、秀吉から蝦夷全島を統べる国制三条の朱印状をうけ、帰国とともに東西の蝦夷を集めてこれを公示した、とする。「日の本まで」と号した奥羽仕置から侵略にいたる動員体制のもとで、現実に蛎崎氏の豊臣政権への従属とアイヌの蛎崎氏への隷属が進められ、日の本が日本化されていく重大な転機となったことは確かであろう。

東北国衆ことごとく

動員令のもとの都ちかくで「唐入につき、伊達・長尾・家康、東北国衆ことごとくもって京へ上りおわんぬ」と報じられたのは、文禄元年（一五九二）の二月下旬であった（多聞院日記）。南奥の相馬義胤もみずから九州に赴き「関・奥みなもって御供」と語ったように（相馬文書）、奥羽のすべての大名が動員令によってかりだされ肥前名護屋にむかって空前の長旅を強いられた。「くにかへ」と

「からへのしたく」という、奥羽の大名たちのなかでもっとも厳しい豊臣のしめつけを同時にうけた伊達政宗も「何共上下てづまり」と歎きながら「かみ（秀吉）の御つもりに、心やすきこと此すへもあるまじ」と覚悟し動員の準備を進めなければならなかった（伊達家文書）。

軍役が奥羽大名たちにどう割当てられたか、その全容は上の表のようにかならずしも明らかではないが、豊臣直臣の蒲生氏郷をただ一つの例外として、かならずしも多くはない。こうした軍役人数は大名ごとの知行高を基準として割当てられたことが三鬼清一郎によって明らかにされている（「朝鮮役における軍役体系について」）が、奥羽の大名たちのばあいは、知行高と軍役数の知られる秋田氏（五万二四四〇石）・本堂氏（八九八〇石）の例でみるかぎり、およそ二〇〇石につき一人（うち渡海人数はその半分の約四〇〇石につき一人）ということになり、西国大名の課された一〇〇石・五人役という「本役」のほとんど一〇分の一の負担であった。それは、文禄元年正月の関白秀次令でも公表されたが（浅野家文書）、「遠国」にたいしては軍役の人数の軽減や期間の短縮がはじめから計られていたことによるものであった。

しかし、これはあくまでも割当て数のことであり、伊達家では五〇〇の割当てにたいし「雑兵とも

奥羽大名の朝鮮軍役

大　　名	総　数*	渡海割当**
	人	人
蒲　　生	3000	1500
伊　　達	?	500
最　　上	500	300
秋　　田	250	134
南　　部	200	100
津　　軽	150	?
本　　堂	?	25
由利五人衆	?	88
大　　崎	?	10

*　天正19年，覚上公御書集16.
**　文禄2年，浅野家文書263.

二千余用意」（政宗記）とか、一五〇〇の割当てのところ三〇〇〇〇の動員を果たした（貞山公治家記録）と伝える。現実には諸大名みずから秀吉への忠誠の証しとして、割当てを上まわる動員を強行し、その超過負担のほとんどが農民など侍身分以外のものにしわよせされていた可能性は大きく、北羽の小野寺義道の領国（横手）では「百姓等一連もって取のけ候」（色部文書）というような課役拒否の動きをひきおこしていた（加藤民夫前掲論文）。

それだけに動員体制は出兵だけで済むものではなく、文禄元年三月はじめ関白秀次の指令として「六十六ケ国へ人掃」という全国的な戸口調査が命令され、奥羽でも伊達領のばあいなど、その五月には家臣の石田氏が調査を終え「政宗分国中の帳」をまとめて京都に申告する運びとなっていた。大名たちが九州にむかって領国を離れたあとの村むらで、家ごとに、奉公人・侍・中間・百姓・舟人の身分階層別に、男女・続柄・老幼など一人ずつの調べを進め、軍役を負う能力を全国にわたって大名と豊臣政権の手に掌握しようとするものであった（伊達政宗卿伝記史料）。それは中世を通してどのような権力もついに実現したことのないものであり、豊臣の侵略態勢がはじめてその強行を可能にした。

国替風説

この人掃が進められていたころ、伊達領では「国替風説」が流れて動揺が領国にひろがっていた。そのころ名護屋の本営に在陣していた政宗は、たしかに以前はそのような噂もあったが、豊臣軍が唐をめざして勝ち進んでいる今は「日本の国替」のおそれはないと、けんめいに国もとの不安を打ち消していた（長倉文書）。しかし、政宗じしんも認めている通り、日本の国替といわれるほどの徹底した国替の噂がこの動員令のはじめから流れていたのはたしからしく、中国の毛利領でもおなじ春に「芸州国易」は必至と語られながら、やがて開戦とともにそれが立ち消えになっていた事実がある（毛利家文書）。豊臣政権は空前の海外動員令を強行するにあたって、中国から奥羽にいたるまで、戦国いらいの大名たちの恐れる国替の風説を故意に流し、揺さぶりをかけて出兵にかりたてていた形跡は濃いのである。

その一方では物的なてこいれも行なわれた。奥羽の大名たちの軍装の調達は、上方のそれに劣らぬ質のものを装備するという必要から、南部・最上氏らは堺で、伊達氏は京都でというように、もっぱら上方の市場に依存して進められ（南部家文書・立石寺文書・貞山公治家記録）、これに対して豊臣方からも、南部氏が兵庫に「御扶持方」を与えられ、相馬氏が「御扶持方一両月分」をうけるなど、奥羽の大名たちが長途の軍役を維持するための補強が計られたのであった（南部家文書・相馬文書）。この豊臣軍役によって、奥羽の大名たちは上方市場への依存を迫られ、しかも上方で扶持をうけつつ軍役を果たすことによって、経済的にも軍事的にも豊臣政権への従属を深めていくことになる。

日本のつき合

はるかな道のりを九州に出動した奥羽の大名たちはほとんど朝鮮への参戦を免れ、多くの大名の軍勢とともに名護屋の本営に足どめされたままであった。その陣中は大名どうしの遊山の行き交いに手のあく間もない明け暮れが続いていたが、またそこには「さてさてこのたびも、かもう殿よりいろさまく〳〵の表裏」と政宗を歎息させたような大名たちの政争も持ちこまれ（伊達家文書）、「上衆、遠国をとかくなぶり心候」と南部信直を気遣わせるような上方大名とのぶつかりあいも日常にくりかえされ、信直らの奥羽の大名たちに「日本のつき合にはぢをかき候へば家のふそくに候」という緊張を強いていた（南部家文書）。「日本のつき合」といわれた通り、名護屋在陣は、ただ遠国大名だけの心労というにとどまらず、この戦陣でくりひろげられる権力抗争を通じて、全国の大名がいやおうなしに豊臣政権の主従編制のなかにあみこまれていく過程に他ならなかった。

しかも、その過程はいやおうなしに個々の大名権力そのものの質の変革を迫っていた。上衆からむけられる「なぶり心」は何よりも権力の質の落差に根ざしていることを、信直は日毎の日本のつき合の中で鋭くも感じとっていた。その落差とは信直によれば「上にては、小者をも、主に奉公よくなし候へば則ひきあげ、侍にせられ候、それを見し者共、我おとらじと奉公仕」るのに対し、南部方は「名字をただし縁へ上」るというちがいにあった。つまり、上方の統一軍団が下剋上の運動を吸収して実力本位につくりあげられてきたのに対して、奥羽のそれは古い格式にとらわれ伝統にしばられてきたという、権力の編成原理そのものの決定的なちがいや軍事力のおくれを、信直ははっきりと知らされたのであり、南部方のありようを「古本」といい、「すたり物」とまでいった。その自覚も、つねに渡海にそなえつつ、「不相応」な軍役でも、それを調えられなければ直ちに「身上はて」るという緊迫のなかで形づくられていただけに、深刻なものであった（南部家文書）。しかも、その秋「九戸・藤嶋に一揆の残党あり」と報じられ「対治」の指令が豊臣方から発せられているのをみれば（覚上公御書集）、奥羽大名たちは国もとでも容易ならぬ抵抗に直面していたのであった。

日本一の国とおの我等

文禄二年の春、ついに増援の第一軍として朝鮮に赴くことになったとき、伊達政宗は「おくはしのものに候へども、一番におほせ付候、みなく〳〵てがらなるとてほうびに候」といい、奥羽一番という昂揚した心情を語り、朝鮮の南岸で備えの城の石垣の普請を分担しては「かみしゅにそつとも劣り申さず候」と、上方大名への競争心をむきだしにしていた。

しかし戦いに敗色が濃くなり、病気にかかれば「十人に九人は相果」てるという惨状のなかで、遠国の大名たちの撤退が伝えられると、政宗は「日本一の国とおの我等」はまず第一に帰国が叶うだろうとよろこび「此ときばかり、在所あづまのはてがしあはせ」と述懐した。名護屋の本営に留ったままの最上義光さえ、敵前逃亡を理由に大友義統ら前線の九州大名たちが改易の処分をうけたのを知ると、「あすは我が上」の不安におののいて「あたまをすり候て、いづくの山のおくにも候て、いのちをかぎりにありたき」と歎き、「いのちのうちにいま一ど、もがみのつちをふみ申し度く候、みずを一ぱいのみたく候」と、切なる望郷の想いを国もとに書き送ったのであった（伊達家文書）。

北奥の南部氏に「日本のつき合」といわせた朝鮮侵略の体制のもとで、豊臣政権の大名統制はこうして奥羽の大名たちのすべてをとらえきっていった。奥羽の大名たちの口から、つねに「かみしゅ」を意識しながら、「おくはしのもの」「日本一の国とおの我等」「あづまのはて」というように、奥羽びとの心情が語られるようになったということ自体、豊臣の支配が奥羽の大名たちの心のなかにまで踏み込みはじめたことの証しなのであろう。奥羽仕置のはじめに北奥の人びとが豊臣への身ぐるみの抵抗を「京儀を嫌い申す」ということばで表わしていたのにくらべるなら、おなじ対抗の意識でも、侵略動員の渦中でむき出しにされた「かみしゆにそつとも劣り申さず」という屈折した昂りは、もはや戦国の奥羽びとのそれとは異質のものだといわざるをえない。日本のつき合の始まりは中世奥羽の終りであった。

あとがき

奥羽の中世について、共同で一つの歴史像をつくりあげてみたい、という気持をわたくしたちがかためたのは五年ほど前のことである。

一九六七年に公にされた『東北の歴史』上巻（吉川弘文館）の編集に関係し、あるいは執筆にたずさわった各人は、これを契機として奥羽中世史において研究関心を共通とし、共同研究の形でこれを具体化しようと考えるようになった。七二年七月、福島市で入間田・遠藤・大石・小林・藤木の五名による最初の会合がもたれた。このときは、共同研究を進めようというだけで、一つの本をまとめようという構想は未だ生まれていなかった。

七四年一月の松島での会合が、〔奥羽中世史〕刊行の心組みで行なわれた最初の集りである。このときから、前記五名のほかに伊藤がメムバーとして加わった。以後、七四年八月山形県羽黒山、七五年六月宮城県作並、八月青森県津軽地方、七六年九月宮城県玉造郡などと、研究会と史跡巡見を兼ねて会合をかさねた。さいわいこの間に藤木の連絡によって、東京大学出版会の方で刊行をひきうけて下さることになった。昨七七年には、三月福島市、七月山形市、十月宮城県青根と三回にわたって会合したが、これは各自の構想や草稿の交換・打合せ会というべきものである。

数年にわたるこれらの会合のなかで、わたくしたちは共通の奥羽中世史像を少しずつかためてゆくことができたように思う。無論、各人の考え方が完全な一致をみるはずはなく、一定の相違もあるが、小さな相違点と大きな一致点とが明らかになったことは収穫であった。お互いの人間にふれ、また東北の自然と史跡に接する楽しい機会を幾度かもつことができたのは、それにもまして大きな収穫であった。

もとより貧しいものではあるが、本書は〔奥羽中世史〕を主題とする独立した書物としては、最初の試みになるはずである。本書をまとめるにあたって、わたくしたちは次の二点に留意することにした。その第一は、これまで必ずしも十分ではなかった制度的な史実の確定を、最新の成果にもとづいてきちんと行なうこと、第二は、中世においてもなお蝦夷が存在することに注目して、蝦夷問題を叙述の中に取り込むこと、である。研究の進展の度合が時期によって異なるため、全時代ひとしなみにはいかないが、わたくしたちは、それによってこれまでとは多少とも異なった奥羽中世史像をつくるように努めたつもりである。

わたくしたちの研究会活動が、このような形でひとまず結実できたのは、東京大学出版会の渡辺勲氏のおかげである。『中世奥羽の世界』というこの書名もまた、最終的には氏の命名による。氏のかずかずの御骨折に対し、心から御礼を申しあげたい。

わたくしたちは、ともに東北大学において豊田武先生の学恩をこうむった。このような共同の仕事ができたのも、大きくは先生の御指導にもとづくものである。『東北の歴史』の編者でもあられる先生にあらためて御礼を申しあげ、あわせて一層の御健康をお祈り申しあげる。

最後に、この仕事は東北・北海道の各地で地道な研究活動を続ける方がたの研究に負うところが少なくない。また、わたくしたちもなにがしかこれに関与した各県市町村史、とくにその資料編の恩恵をうけている。ここに、それらの恩恵に感謝するとともに、ひろく大方の御批判を仰ぎたいと思う。

一九七八年三月

小林清治
大石直正

解説

柳原敏昭

一　刊行まで

『中世奥羽の世界』初版（以下、本書）は、一九七八年四月に東京大学出版会からＵＰ選書の一冊として刊行された。六人の著者は、いずれも東北大学文学部の国史研究室（現大学院文学研究科日本史研究室）で学んだ研究者である。一九七八年時点での年齢は、小林清治（一九二四年生）が五〇代、大石直正（一九三一年生）、藤木久志（一九三三年生）が四〇代、遠藤巌（一九四一年生）、入間田宣夫（一九四二年生）、伊藤喜良（一九四四年生）が三〇代であった。

初版「あとがき」によれば、著者たちは一九六七年九月に刊行された豊田武編『東北の歴史』上巻（吉川弘文館）の編集・執筆にたずさわったことを契機として、「奥羽中世史において研究関心を共通とし、共同研究の形でこれを具体化しようと考えるようになった」という。『東北の歴史』は、三巻からなる東北地方の通史で、東北大学文学部国史研究室創設四〇周年を記念して編まれた。上巻は原始から中世までをあつかい、本書と対応する安倍・清原時代から豊臣政権期までの執筆者は二八名に及ぶ。本書の著者のうち最も若い伊藤喜良を除く五人が執筆している（伊藤は一九六八年大学院入学）。

『東北の歴史』上巻が刊行された直後の一一月には、国史談話会（東北大学日本史研究室の同窓会学会）大会においてシンポジウム「東北中世史の再検討」が開催され、入間田宣夫が報告を行っている。[1] そこでは次のように述べられていた。「全体としては、これまでの在家・個別領主制等の研究をより一層深めつつ、同時にそれらの上にそびえ立つところの政治支配機構・領主層の階級的結集のあり方に注目し、東北中世史の総体的把握をめざすべき時が来ていると考えられる。そのことは中世国家による奥州支配の特質・日本中世における東北の位置を問うことでもある」。そして、討論では大石直正が司会をつとめ（もう一人は高橋富雄）、小林清治、藤木久志、遠藤巌が積極的に発言している（以上、『国史談話会雑誌』一二、一九六八年）。このシンポジウムに向けては、入念な準備も行われたという（「研究室便り」、『国史談話会雑誌』一一、一九六七年）。

『東北の歴史』は、当時においては画期的な企画であった。しかし、前述のように執筆者が多数にのぼる。また、執筆者間で議論が交わされたり、まして研究会が組織されたりということはなかったという。そういう意味で、「東北中世史の総体的把握」が課題として残されたということになる。右のシンポジウムは、かかる課題克服に向けての第一歩ととらえられるであろう。そして、この延長線上に、著者たちが一九七二年から始めたという研究会があり、本書の刊行があると考えてまちがいない。

二　基本的立脚点と二つの見方

東北地方、旧国名でいえば陸奥・出羽（あわせて奥羽）は日本国の中で（北海道と沖縄はひとまず措くとして）他の地域にはない独特の歴史をたどってきた。

古代において陸奥国は北辺まで国家支配が及ばず、「国境」線が断続的に北上したということがある。本州北辺まで日本国に編入されるのは一一世紀末のことであり、国家支配外の住民は蝦夷（エミシ）と呼ばれ、古代国家との間で軍事衝突が起こることもしばしばであった。中世以降も、歴史の転換期に「中央」から軍事侵攻が行われたり、強い圧力が加わったりした。近代を迎えるにあたっても、戊辰戦争において奥羽越列藩同盟が敗北し、「賊」の汚名を着せられることとなった。

こうしたことから近代史学において、奥羽は「中央」の開拓の対象であり、ときに「征伐」の対象であったという認識が一般的であった。戦後の歴史学の主流であったマルクス主義歴史学の発展段階論が、奥羽＝後進地という認識を助長するということもあった。

中央中心史観、奥羽開拓史観、奥羽征伐史観などと呼ばれるこのような歴史の見方に対して、地方の側から、征服される側からの見方を対置したのが、一九五〇年代末以降に発表された高橋富雄の一連の研究であった(2)。

本書の第一章にあたる大石直正「中世の黎明」では、高橋の観点を引き継ぎ、発展させることがまず述べられる。地域の主体性を重視する、地域から日本国全体を見渡す。これが本書の著者たちの基本的立脚点であるといってよいであろう。

本書における具体例としては、入間田論考における「文治五年奥州合戦」という呼称の提唱、藤原秀衡以来の先例を掲げて鎌倉の惣別当や葛西氏に抵抗した中尊寺衆徒への着目、伊藤論考における国人一揆の重視、藤木論考における「奥羽戦国じしんの自決のみち」への論及など枚挙に暇がない。

ところが大石「中世の黎明」では、先の部分に続けて、高橋の〈①蝦夷社会（あるいは奥羽社会）の独自の発展過程を追究し、平泉藤原氏をその発展の帰結とする見方〉に対して、遠藤巌によって「奥州藤原氏独立王国論」であるとの批判がなされ、〈②藤原氏の権力を院政期国家の支配機構の一部分とする見方〉が提起されていると述べられる。そして大石は、この「二つの見方」を止揚することを論考執筆の目的に掲げる。しかし後に「筆者もまた、かつて後者の立場から両見解の統合を試みたことがあった[3]」と述懐しているように（後者とは②の立場を指す）、高橋の所論の克服に重点を置く論を展開した。本書の他の論考についても、奥羽の主体性を重視しながら、一方で主体の営為が結局は国家によって回収されてしまうという論理が勝っているように思われる。

これには研究史的な背景がある。『東北の歴史』が刊行されたころ、すなわち一九六〇年代後半、歴史学研究会や日本史研究会は人民闘争史研究をテーマに大会を開いていた。これは、人民が歴史を推進する主体であるという認識に基づき、国家と人民の統一的（総体的）把握をめざそうという議論で、国家が明瞭に意識されていた。たとえば、一九六八・六九両年の歴史学研究会大会の全体テーマは「帝国主義とわれわれの歴史学—国家と人民—」である（六九年の中世史部会では藤木が報告）。七〇年代に入ると、むしろ国家の方に比重が移り、国家論が全盛期を迎える。東京大学出版会から『大系日本国家史』が刊行されたのは一九七五・七六年である（第二巻中世に入間田と藤木が執筆）。このような動向の中で、本書は準備され、刊行されたわけである。前出の入間田によるシンポジウム報告にも、「東北中世史の総体的把握」とは「中世国家による奥州支配の特質・日本中世における東北の位置を問うことでもある」とあるのが注意される。

三　二つの留意点

次に本書の具体的分析の特徴を見よう。本書の「あとがき」には、執筆にあたり次の二点に留意したと記されている。

①これまで必ずしも十分ではなかった制度的な史実の確定を、最新の成果にもとづいてきちんと行なうこと。

②中世においてもなお蝦夷が存在することに注目して、蝦夷問題を叙述の中に取り込むこと。

これらの点が、どのようにあらわれているかについて、研究史にも触れながら見ておきたい。まずは①から。

本書で注目されることの一つは「付録」、すなわち中世初期陸奥・出羽両国の郡・庄・保一覧／陸奥・出羽両国庄園一覧表／中世初期陸奥・出羽両国の国守（付・鎮守府将軍、秋田城介）一覧表／鎌倉期陸奥・出羽両国の郡（庄・保）地頭一覧表の充実ぶりである。今日でもほとんど修正の必要がないといえるほどの精度をもっている。一見地味なようであるが、中世奥羽の見取図ともいうべきものが提示されたことになり、意義は大きい。そして、こうした一覧表・図作成の背後に史料の博捜と厳密な考証があることを忘れてはならない。

各論考では、まず中世奥羽において郡が基本単位となっていることが示される。鎌倉時代の郡地頭、南北朝期の郡奉行・郡検断・郡守護・郡惣領職などである。郡への注目は、前記シンポジウム「東北中世史の再検討」にも見られ、その展開と考えることができる[4]。

次に南北朝・室町期の政治組織や職制の記述が特筆される。『東北の歴史』段階では、今日、「奥州管領」で定着している畠山国氏・吉良貞家が「奥州探題」とされるなど、特に室町幕府系の役職者の職名や職権が曖昧であった。しかし、本書ではそうした点が克服されている。本書直前に公表された遠藤や伊藤の研究成果が反映されているためである[5]。ことに室町時代に関しては、「研究の陥没時代」（注5伊藤論文）とさえいわれていた状況が改善され、研究水準が一挙に高まったといえるだろう。

制度ではないが、小林論考にある詳細きわまる「戦国期南奥羽諸家婚姻系図」も、奥羽戦国政治史の基礎をなすものである。

本書の刊行によって、研究者が奥羽中世史の個別研究を行うにあたって、安心して依拠できる制度的枠組が作られたといえる。新しい見解を述べるに際しても、本書の記述が基準とされることとなった。本書が、奥羽中世史研究のいわば座標軸となり、研究を飛躍させる土台を作ったのである。

②に移る。『東北の歴史』にも、シンポジウム「東北中世史の再検討」の報告・討論記録にも、中世の蝦夷問題は姿を見せない。研究史上、中世の蝦夷問題、特に中世国家の蝦夷支配という論点を明確に打ち出した最初の論考は、大石直正「鎌倉幕府体制の成立」（一九七五年）(6)、そして遠藤巌「中世国家の東夷成敗権について」（一九七六年）(7)であった。『東北の歴史』刊行後、急速に関心が高まり、成果の上がった分野といえる。六人の著者たちが開いた研究会と密接にかかわりつつ、新たに中世蝦夷論が構築されていったということになろう。それが本書を貫くテーマとなったわけである。右の遠藤論文において国家による蝦夷支配の権限＝東夷成敗権は、平泉藤原氏が国家から委譲され、鎌倉幕府に継承されたとされるから、入間田論考にも「東夷成敗権」という項目が立てられる。大石は、安倍・清原時代についても東夷成敗権を遡及させている。遠藤論考は、古代において蝦夷支配に関わった鎮守府将軍・秋田城介が、南北朝期の日本国北辺支配にも実質的な意味をもっていたこと、当該期に奥羽蝦夷観の再生産が行われることを主張し、自身の論を敷衍している。伊藤・小林・藤木論考でも津軽安東氏（安藤氏）あるいは蛎崎氏への言及の際に蝦夷に触れられる。

蝦夷問題への着目は、研究に大きな転換をもたらす。中世の蝦夷（エゾ）は古代の蝦夷（エミシ）とは異なり、奥羽の北辺および夷島（北海道）の住民を指す。当然、それは北海道史あるいはアイヌ民族史と連関することとなる。結果、奥羽が決して行き止まりではなく、その先に夷島、さらには北東アジアの広大な世界が広がっていることが認識されるようになる。奥羽の先に世界が広がれば、その境界も問題となってくる。特に本州北辺は、辺境から境界にその位置づけがシフトしていくことになる。

一九七〇年代後半に、日本の歴史学に大きな転換がおとずれたというのは、共通した認識であろう。日本中世史を例にとれば、一九七八年に網野善彦『無縁・公界・楽』（平凡社）、七九年に笠松宏至『日本中世法史論』（東京大学出版会）、勝俣鎮夫『戦国法成立史論』（同）が相次いで刊行される。これら著作は、社会史の本格的到来を告げるものだった。一方で、地域史研究に意味が見いだされ、盛んになるのもこの頃からである。本書はその先導役を果たした著作といえる。歴史学研究会の大会および中世史部会のテーマに「地域」が表れるのが一九七九年からであり、「中世国家論と地域史研究の課題」を掲げたその年の中世史部会の報告者が伊藤喜良であったのは、偶然ではあるまい。

四　本書以後

最後に、本書刊行以後の中世奥羽史研究について述べる。本書の成果が深められた点は多々あるし、修正された点もある。藤木論考が提起した「惣無事令」論のように学界全体に影響を及ぼした論点もある。しかし、個々の問題に立ち入ることはせずに、研究動向にかかわる事柄だけにしぼることとする。

一九八〇年代中半以降、「北からの日本史」、北方史研究とよばれた研究潮流が姿を現す。[8] リードしたのは北海道・東北史研究会であり、本書の著者たちはその中心にいた。北海道を視野に入れた本書が、「北からの日本史」の呼び水の役割を果たしたことは明白である。この研究潮流においては、地域のとらえ方も変化し、国家の枠組を一旦はずして地域を考える、地域を重層的に設定する等々の試みが行われた。地域史研究が、本書刊行時とは別のステージにいたったといえよう。

一九八八年からは、岩手県平泉町の柳之御所遺跡（平泉藤原氏の政庁＝平泉館と考えられている）の発掘調査がはじまり、その保存運動が展開される。平泉研究に新生面が開かれただけではなく、文献史学と考古学との共同が本格的にはじまり、奥羽中世史研究のあらゆる分野にそれが浸透する。

二〇〇一年、この間の研究をリードした大石が『奥州藤原氏の時代』（注3）を上梓した。この本の序において大石は、奥州藤原氏研究に「二つの流れ」があることとそれらの止揚をめざすことを述べている。「二つの流れ」は本書「中世の黎明」の「二つの見方」と同じものをさす。依然として「二つの見方」の統合が課題とされていることがわかる。しかもこれは平泉藤原氏研究に限られるものではなかった。たとえば、安藤氏の「日の本将軍」呼称の評価、[9]『奥州余目記録』における奥州の正統観念の評価[10]など多方面に及んでいる。

もちろんこの種の問題は、奥羽中世史に特有のものではない。鎌倉幕府の成立を考える際には、国家からの授権を重視するか、関東に地域的権力が生まれたことを重視するかといった学説の対立がある。戦国大名権力の特質を、守護公権との関係で説明するか、国人一揆の延長線上で捉えるかといった対立もある。しかし奥羽に関しては、先に見たような歴史の特殊性から、一層先鋭化するのである。

ここで二〇一九年九月一四日に開催された入間田宣夫と伊藤喜良による「対談　東北中世史研究の過去・現在・未来」[11]について触れておこう。話題の中心は、本書の成り立ちと評価であった。この対談を聴いた参加者にとって印象深かったこととして、二人がいずれも高橋富雄の仕事を高く評価したということがある。本書＝高橋学説批判ということが念頭にあっただけに、螺旋階段を一回りしたという感をいだいたのである。

さて、本書においてほとんど論及のない分野として都市・交通・宗教がある。宗教は別として、一九七〇年代の奥羽中世史においてはほとんど研究がなかったためである。しかし、その後の展開はめざましい。要因の一つは、右記のような考古学と文献史学との共同がある。板碑や城館が本格的に研究対象となるのも本書以後のことである。

二〇一五年に完結した『東北の中世史』全五巻（吉川弘文館）は、こうした多様な発展を遂げた奥羽中世史研究の現時点における到達を示したものといえる。執筆者にももはや東北大学日本史研究室という枠はない。ただ、その数が多きにのぼること（三四人）、全体として統一した中世奥羽像を追求したものでないことは、ある意味かつての『東北の歴史』に通ずるところがある。今こそ、新しい『中世奥羽の世界』が求められているのかもしれない。

注

（1）『東北の歴史』上巻は以後、単に『東北の歴史』とする。同書は一九七九年の五刷で大きく改訂され、後述する中世蝦夷問題も叙述に取り込まれた。しかし、ここではすべて初版をさす。
（2）高橋富雄『奥州藤原氏四代』（吉川弘文館、一九五八年）、同『蝦夷』（同、一九六三年）など。
（3）大石直正『奥州藤原氏の時代』（吉川弘文館、二〇〇一年）の序。
（4）入間田宣夫に「郡地頭職と公田支配」（『東北大学日本文化研究所研究報告』別巻六、一九六八年）、「郡地頭職研究序説」（豊田武先生還暦記念会編『日本古代・中世史の地方的展開』吉川弘文館、一九七三年）がある。
（5）遠藤巌「奥州管領おぼえ書き」（『歴史』三八、一九六九年）、同「建武政権下の陸奥国府に関する一考察」（『日本古代・中世史の地方的展開』前掲）、伊藤喜良「奥州探題に関する二、三の論点」（同『中世国家と東国・奥羽』校倉書房、一九九九年。初出一九七七年）。
（6）吉田晶他編『日本史を学ぶ』中世2（有斐閣）所収。
（7）『松前藩と松前』九所収。
（8）北海道・東北史研究会編『北からの日本史』第一集・第二集（三省堂、一九八八年・一九九〇年）。
（9）遠藤巌「蝦夷安東氏小論」（『歴史評論』四三四、一九八六年）、入間田宣夫「日本将軍と朝日将軍」（同『中世武士団の自己認識』三弥井書店、一九九八年。初出一九九〇年）、斉藤利男「日本・日の本と日の本将軍」（羽下徳彦編『中世の地域と宗教』吉川弘文館、二〇〇五年）。
（10）入間田宣夫「中世奥南の正統意識」（同『中世武士団の自己認識』前掲。初出一九九一年）、伊藤喜良「北辺の地と奥州探題体制」（同『中世国家と東国・奥羽』前掲。初出一九九七年、原題「室町の南部氏」）。柳原敏昭「中世日本国周縁部の歴史認識と正統観念」（熊谷公男・柳原敏昭編『講座　東北の歴史』3、二〇一三年）も参照。

（11）入間田宣夫・伊藤喜良「対談　東北中世史研究の過去・現在・未来」（『宮城歴史科学研究』八五、二〇二〇年）。同誌同号には、入間田宣夫「『中世奥羽の世界』をかえりみて（覚書）」、伊藤喜良「東北中世史の「過去・現在・未来」をめぐって」も収録している。なお近年、入間田は『中世奥羽の世界』の現段階での評価について、たびたび言及している。「全国史の再解釈と地域主義」（『宮城歴史科学研究』四九、二〇〇〇年）、「意志関係の歴史学をめざして」（同七八、二〇一七年）、「中央から地方へ、立ち位置の転換」（渡邊勲編『三十七人の著者　自著を語る』知泉書館、二〇一八年）など。

（やなぎはら・としあき　東北大学大学院文学研究科教授）

執筆者紹介（執筆順）

大石直正	（おおいし　なおまさ）	元東北学院大学教授，2021年没
入間田宣夫	（いるまだ　のぶお）	東北大学名誉教授
遠藤　巖	（えんどう　いわほ）	宮城教育大学名誉教授
伊藤喜良	（いとう　きよし）	福島大学名誉教授
小林清治	（こばやし　せいじ）	元福島大学教授，2007年没
藤木久志	（ふじき　ひさし）	元立教大学教授，2019年没

附　　録

中世初期陸奥・出羽両国の郡・庄・保一覧

出羽国

1. 成島庄
2. 屋代庄
3. 北条庄
4. 長井庄
5. 大曾禰庄
6. 山辺庄
7. 大山庄（上大山庄・下大山庄）
8. 成生庄
9. 寒河江庄
10. 小田島庄
11. 大泉庄
12. 海辺庄
13. 遊佐庄
14. 竹島庄
15. 長井保
16. （仁賀保）
17. （田川郡）
18. （最上郡）
19. 由利郡
20. 雄勝郡
21. 平鹿郡（西平鹿郡）
22. 山本郡
23. （河辺郡）
24. 秋田郡
25. 小鹿島
26. （淳代郡）

陸奥国

1. 菊田庄
2. 好島庄
3. 白河庄
4. 石河庄
5. 岩瀬庄（↔郡）
6. 田村庄
7. 標葉庄（↔郡）
8. 信夫庄
9. 千倉庄
10. 宇多庄
11. 長江庄
12. 蜷河庄
13. （新宮庄）
14. （加納庄）
15. （門田庄）
16. 伊具庄
17. 南宮庄
18. 八幡庄
19. 本吉庄
20. 小泉庄
21. 栗原庄（金田庄・尾松庄）
22. 高倉庄
23. 大田庄
24. （上田庄）
25. 賀都庄
26. 依上保
27. 小野保
28. 小手保（→庄）
29. 金原保
30. 高城保
31. 苫谷保
32. 大谷保
33. 長世保
34. 深谷保
35. 小田保
36. 柳戸保
37. 安達保（→庄）
38. 黄海保
39. 興田保
40. 奥玉保
41. 平泉保
42. 遠野保
43. 岩崎郡
44. 岩城郡
45. 楢葉郡
46. 行方郡（←保）
47. 高野郡
48. 安積郡
49. 伊達郡
50. 会津郡
51. 大沼郡
52. 河沼郡
53. 耶麻郡
54. 刈田郡
55. 柴田郡
56. 名取郡
57. 亘理郡
58. 宮城郡
59. 黒河郡
60. 色麻郡（←保）
61. 加美郡
62. 玉造郡
63. 志田郡
64. 長岡郡
65. 新田郡
66. 遠田郡
67. 牡鹿郡
68. 登米郡
69. 桃生郡
70. 岩井郡
71. 伊沢郡
72. 江刺郡
73. 和賀郡
74. 稗貫郡
75. 斯波郡
76. 岩手郡
77. 気仙郡
78. 閉伊郡
79. 久慈郡
80. 糠部郡
81. 津軽平賀郡
82. 津軽山辺郡
83. 津軽鼻和郡
84. 津軽田舎郡
85. 鹿角郡
86. 比内郡
87. 外浜
88. 西浜
89. 高用名
90. 山村

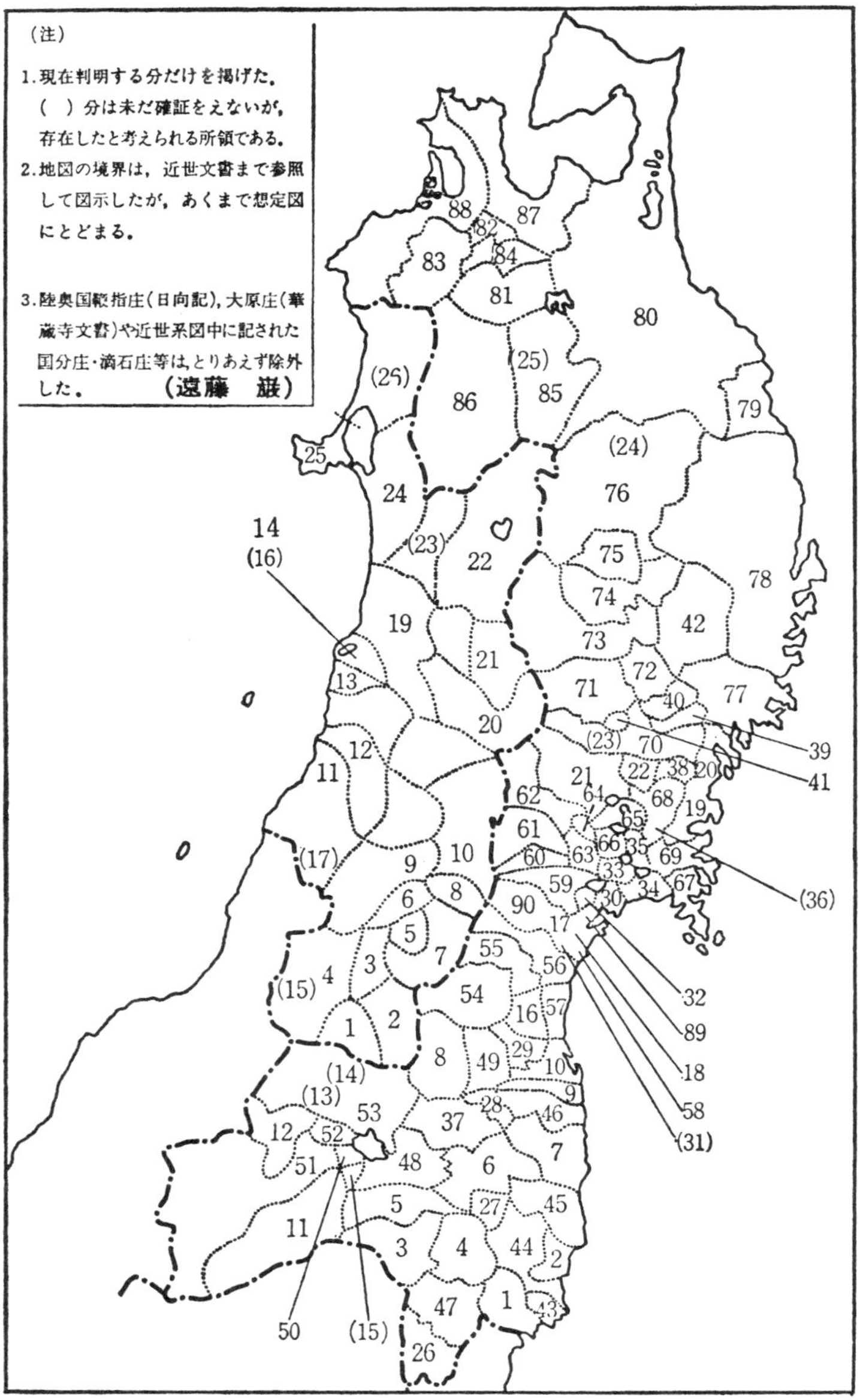
（注）
1.現在判明する分だけを掲げた。
（　）分は未だ確証をえないが，存在したと考えられる所領である。
2.地図の境界は，近世文書まで参照して図示したが，あくまで想定図にとどまる。
3.陸奥国糠指庄（日向記），大原庄（華蔵寺文書）や近世系図中に記された国分庄・滴石庄等は，とりあえず除外した。
（遠藤　巖）
88
87
82
84
83
81
80
(25)
(25)
86
85
79
25
(24)
24
76
14
(16)
(23)
22
75
78
74
19
42
73
21
72
77
13
71
40
20
39
(23)
70
41
12
38
11
22
20
21
64
68
62
19
65
61
66
35
(17)
10
60
63
69
(36)
9
33
59
34
67
8
6
30
90
17
5
55
7
3
56
4
32
(15)
54
57
89
1
2
16
8
29
49
18
10
(14)
9
(13)
28
58
53
46
37
(31)
12
52
48
51
6
7
5
27
45
11
44
3
4
2
47
1
43
50
(15)
26

陸奥・出羽両国庄園一覧表

庄　名	庄園領主	推　定 成立期	初　見　史　料	備　考
菊田庄	藤原顕季	12C初？	〔小山文書〕寛喜2(1230)2.20 小山朝政譲状	
好嶋庄	関東御領	1186？	〔飯野文書〕宝治元(1247)12.26 関東御教書	
千倉庄			〔正木文書〕嘉禄3(1227)12 相馬能胤譲状案	
白河庄	藤原信頼→平重盛 →源頼朝		〔上遠野文書〕久安6(1150)8.21 右衛門大尉源某所領宛行状案	
石河庄	久我家		〔秋田藩家蔵文書，赤坂〕弘長元 (1261)北条重時下知状	
岩瀬郡 (庄)	源有仁	1138	〔上遠野文書〕保延4(1138)10.26 陸奥国司庁宣案	
田村庄	熊野社(？)		〔伊勢結城文書〕建武2(1335) 10.26陸奥国宣案	
安達庄	太政官厨家・小槻家	1151	〔壬生文書〕(建治～弘安) 官中便補地由緒注文案	
信夫庄			承安元(1171)8.19 天王寺経筒銘	
小手保庄	興福寺	12C末	〔三箇院家抄〕	
長江庄	勧学院		〔長沼文書〕寛喜2(1230)8.13 長沼宗政譲状	
蜷河庄	近衛家	11C後半	〔近衛家文書〕建長5(1253)10.21 近衛家領目録	
宇多庄			〔伊勢結城文書〕建武2(1335)7.6 後醍醐天皇綸旨案	
伊具庄	後宇多院		正安3(1301)2 伊具庄斗蔵寺鐘銘	
南宮庄			〔留守文書〕文暦元(1234)11.29 関東下知状	
八幡庄			〔結城小峯文書〕寛喜2(1230)8 平景衡譲状	
本良庄	摂関家藤原氏→後院		〔台記〕仁平3(1153)9.14条	
小泉庄	摂関家藤原氏		〔中右記〕保安元(1120)6.17条	
栗原庄	近衛家	11C後半	〔近衛家文書〕建長5(1253)10.21 近衛家領目録	

高鞍庄	摂関家藤原氏		〔台記〕仁平3(1153)9.14条	
大田庄			〔中尊寺文書〕建武元(1334)8 中尊寺衆徒申状	
賀都庄			〔金澤文庫文書〕(元亨2(1322)) 東盛義所領注文案	
成島庄	摂関家藤原氏		〔殿暦〕天永3(1112)9.2条	
屋代庄	摂関家藤原氏→後院		〔台記〕仁平3(1153)9.14条	
北条庄			〔秋田藩家蔵文書，岡本〕建武4(1337)正.18沙弥某奉書	
大曾禰庄	摂関家藤原氏→後院		〔台記〕仁平3(1153)9.14条	
山辺庄			〔倉持文書〕貞治3(1364)8.10 某奉書	
大山庄	八条院		〔山科家文書〕安元2(1176)2 八条院領目録	
成生庄	八条院		〔 〃 〕 〃 〃	
寒河江庄	摂関家藤原氏・円覚寺		〔殿暦〕天仁2(1109)9.6条	
小田島庄	摂関家藤原氏		〔後二条師通記〕寛治6(1092) 12.4条	
大泉庄	長講堂		〔島田文書〕建久2(1191)10 長講堂領目録	
海辺庄			〔吾妻鏡〕文治6(1190)正.6条	
遊佐庄	摂関家藤原氏		〔台記〕仁平3(1153)9.14条	
竹島庄			〔今川家古文書写〕応永25(1418) 10.20足利義満御教書案	
	疑問の余地のある庄園			
新宮庄			〔会津旧事雑考〕康暦3(1381)正.11 会津新宮熊野神社鰐口銘	史料に疑問
加納庄			〔首藤石川文書〕永享6(1434) 6.5蘆名盛政譲状	文書に疑問
門田庄			〔境澤文書〕永正15(1518)5.18 蘆名盛滋判物	史料が新しい
金田庄			〔真山文書〕康正元(1455)7.28 某知行宛行状	文書に疑問
標葉庄			〔相馬文書〕建武3(1336)3.28 相馬光胤軍忠状	郡か
山　村			〔朴澤文書〕弘安10(1287)3.13 関東下知状	本所あるも，「庄」と明記なし
上田庄			〔比志島文書〕(元弘3(1333)) 足利氏恩賞地目録	信濃国か

長井庄			〔飯澤文書〕文和5(1356)正.13 中島長宗譲状案	保か

●庄園の所在地については「陸奥・出羽両国の郡・庄・保一覧」参照.

●初見史料の年次が，庄園としての成立の年を推測させる唯一の根拠である場合は推定成立年次は省略した.

（大石直正）

中世初期陸奥・出羽両国の国守（付．鎮守府将軍 秋田城介）一覧表

年代		陸奥国		出羽国
901 延喜 1		藤原滋実		源　悦
902　2				
903　3				
904　4				
905　5				
906　6				
907　7				
908　8				
909　9		（将軍）		
910　10		藤原茂永		
911　11		5.21		藤原経邦
912　12				
913　13		（将軍）（平）		
914　14		藤原利仁		
915　15				
916　16				
917　17				
918　18				
919　19		藤原真興		
920　20		（将軍）		
921　21		平　国香		
922　22		平　良将		
923 延長 1		平　良孫		
924　2		平　良文		
925　3		この頃か		
926　4				
927　5				
928　6				
929　7		藤原元善		
930　8				
931 承平 1				
932　2				
933　3				
934　4		（藤原連煎？）		

935	5			
936	6		（将軍）	（城介）
937	7		藤原有頼	源 嘉生
938	天慶 1		藤原有象	（藤原連茂？） 遷上総守
939	2		平 維扶 この頃か	（城介）
940	3		8月頃任	（藤原？）保利
941	4			4.11任
942	5			
943	6			
944	7			
945	8			（藤原在国？）
946	9		（将軍）	（城介？）
947	天暦 1		平 貞盛	平 斉章
948	2		（藤原忠国？）	
949	3			
950	4		（将軍）	藤原令問
951	5		藤原滋望 藤原千春	
952	6		藤原千常	（城介？）
953	7		藤原千万	（藤原利方）
954	8		藤原倫寧 この頃か	
955	9			
956	10			
957	天徳 1			
958	2		（将軍）	
959	3		藤原国紀 源 仲舒	
960	4		9月任？ 9月任？ 8.21没	（？）在滋
961	応和 1		源 信明	10月任，同年任中没
962	2		10.13任	
963	3			（城介）
964	康保 1		（将軍）	（藤原？）実忠
965	2		源 信孝	
966	3			2.11転守
967	4		（忠）	（藤原？）実忠
968	安和 1		藤原致正	2.11任
969	2			
970	天禄 1			
971	2			橘 時舒 （城介）
972	3		（源 満仲？）	源 満生？

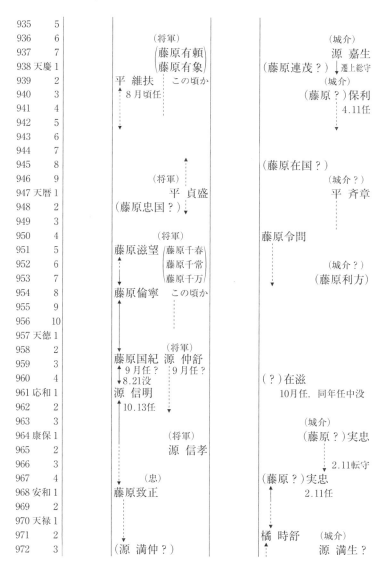

973	天延 1		
974	2	平 貞盛	
975	3	11月任	
976	貞元 1		
977	2		
978	天元 1	(平 元平？)	
979	2		(城介)
980	3	(平 繁盛？)	源 致遠　平 兼忠
981	4	(将軍)	7月頃任？　7.23任
982	5	(藤原季文？)	
983	永観 1	藤原為長	
984	2		
985	寛和 1		
986	2		
987	永延 1	藤原国用 (将軍)(條)	(城介)
988	2	藤原文脩	(源 頼範？)
989	永祚 1	10.3任	
990	正暦 1		
991	2	平 維叙	(平 致利？)
992	3	(将軍)	
993	4	(源 満政？)	
994	5		(城介)
995	長徳 1	藤原実方	源 信親
996	2	1.13任	
997	3		藤原義理
998	4	11.13任中没	
999	長保 1	源 信時	
1000	2	(将軍)	
1001	3	藤原兼光	平 季信
1002	4	源 満政？	
1003	5		
1004	寛弘 1	橘 道貞	
1005	2		(城介)
1006	3		(源 満重？)
1007	4		
1008	5	藤原済家	(平 致成？)
1009	6		
1010	7		

1011	8		(将軍)		
1012	長和 1		藤原兼光	源 親平	
1013	2		(将軍)		
1014	3	藤原貞仲	平 維良		(城介)
1015	4				(?)泰好
1016	5				
1017	寛仁 1			大中臣宣茂	
1018	2	橘 則光	(将軍)		
1019	3		平 永盛		
1020	4			大江時棟	
1021	治安 1			9.19任	
1022	2	平 孝義			
1023	3				
1024	万寿 1		(将軍)		
1025	2		藤原頼行		
1026	3				
1027	4		(将軍)		
1028	長元 1		(平 維茂?)		
1029	2	藤原朝元			
1030	3	1.24任 1.10任中没			
1031	4	藤原兼貞			
1032	5			(藤原)為通	
1033	6				(城介)
1034	7				(源 忠国?)
1035	8				
1036	9	(源 忠重?)			
1037	長暦 1				
1038	2				
1039	3				
1040	長久 1	(橘 則隆?)			
1041	2				
1042	3				
1043	4				
1044	寛徳 1				
1045	2			(藤原明通?)	
1045	永承 1				
1046	2				
1047	3				

1048	4	藤原登任			
1049	5				(城介)
1050	永承 5				平 繁成
1051	6	源 頼義			9月任
1052	7		(将軍)		
1053	天喜 1		源 頼義		
1054	2		兼任	源 兼長	
1055	3	(経)			
1056	4	藤原良綱			
1057	5	守補任.即時辞退 12.25頼義重任		源 斉頼	
1058	康平 1		重任	12.25任	
1059	2				
1060	3				
1061	4	6.2.16遷伊予守			
1062	5	高階経重	(将軍)		
1063	6		清原武則	源 義家	
1064	7		2.27任	2.27任	
1065	治暦 1				
1066	2				
1067	3	源 頼俊			
1068	4			高橋明頼	
1069	延久 1			大江親経	
1070	2				
1071	3		(将軍)		
1072	4	(源)経俊	清原真衡		
1073	5	(？)			
1074	承保 1				
1075	2	橘 為仲		橘 行房	
1076	3			閏4.7任	
1077	承暦 1				
1078	2				
1079	3				
1080	4	(橘 成任？)			
1081	永保 1				
1082	2				
1083	3	源 義家			
1084	応徳 1				
1085	2				

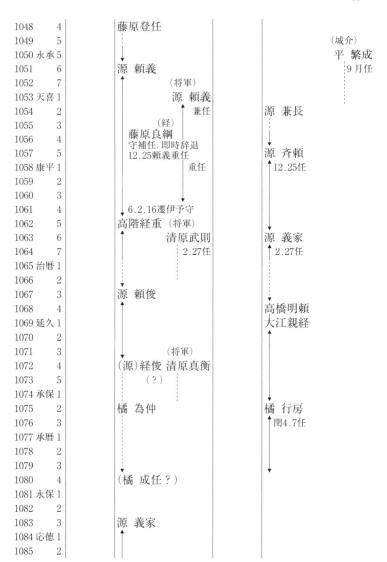

1086	3				
1087	寛治 1				
1088	2		藤原基家		
1089	3		1.25任		源　信明
1090	4				
1091	5				
1092	6		4.27任中没		
1093	7		源　義綱		
1094	嘉保 1		10.18任		藤原季仲
1095	2		源　有宗		2.22任
1096	永長 1		1.28任		
1097	承徳 1				
1098	2		源　国俊　8.28任 3.18死		
1099	康和 1		藤原実宗		平　正衡
1100	2		9.17任.12.14将軍兼任		1.23任
1101	3				
1102	4		10.4任中没		
1103	5		藤原基頼		(藤原季仲？)
1104	長治 1		11.1任		
1105	2		5.2将軍兼任		
1106	嘉承 1				
1107	2				源　光国
1108	天仁 1		12.29重任		
1109	2				
1110	天永 1				
1111	2		遷武蔵守		
1112	3		橘　以綱		
1113	永久 1		7.29将軍兼任		
1114	2				(源　光信？)
1115	3				
1116	4				
1117	5		(源　家俊)		
1118	元永 1			(権守)	
1119	2			藤原師清	藤原俊基
1120	保安 1				1.24任
1121	2				
1122	3				
1123	4				

1124 天治 1		藤原良兼		紀 宗兼
1125 2				1.23任
1126 大治 1				
1127 2				
1128 3		源 信雅		
1129 4		1月任		伊岐宗遠
1130 5				1.24任
1131 天承 1		(1.22重任？)		
1132 長承 1				
1133 2				
1134 3		5.15任中没		
1135 保延 1				
1136 2	(権守)			
1137 3	藤原兼忠	(大介)		
1138 4	2.5	藤原(某) 将軍兼任		
1139 5		藤原師綱		
1140 6				
1141 永治 1				平 知信
1142 康治 1		4.1遷大膳大夫		
1143 2		藤原基成		
1144 天養 1		4.1任.6.29将軍兼任		
1145 久安 1			(権守)	
1146 2			平 親国	高階泰盛
1147 3			1.23	12.21復任
1148 4				
1149 5	(権守)	(藤原兼忠)		
1150 6	源 則定	11.30復任		
1151 仁平 1	12.12			
1152 2				
1153 3		藤原隆親		
1154 久寿 1		閏12.29任		藤原盛方
1155 2		5.18遷内蔵権頭	(権守)	2.8任
1156 保元 1		(円信説5.18任)	藤原資保	
1157 2		藤原雅隆 9.15将軍兼		平 行範
1158 3		源 国雅 任(任中死)		3.26任 高階泰経
1159 平治 1				(高階泰任3.10復任)
1160 永暦 1		8.1任		9.15遷摂津守
1161 応保 1				高階為信

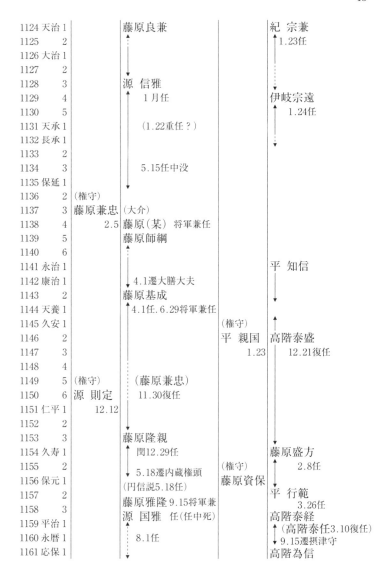

1162　2		藤原長光	(権守)	9.15任
1163 長寛 1		将軍兼任	紀久季	
1164　2				
1165 永万 1				
1166 仁安 1				中原師元
1167　2			(権守)	1月任
1168　3		藤原成房	顕広王 (権守)	
1169 嘉応 1		10.27任	斎部致定	藤原尹明
1170　2		(将軍)		
1171 承安 1		藤原秀衡 5.25任		
1172　2		(藤原実憲？)		(源 光長？)
1173　3	(権守)		(権守)	
1174　4	藤原俊業		藤原兼宗	
1175 安元 1	国主			
1176　2	後白河院	藤原範季		藤原顕経
1177 治承 1	1.30	1.30任. 3.30将軍兼任		
1178　2				
1179　3	国主	11.17解	国主	11.17解
1180　4	藤原実房	藤原実雅	高階仲基	平 信兼
1181 養和 1	1.28	1.28任	1.28	1.28任
1182 寿永 1		藤原秀衡	(権守)	
1183　2		8.15任 将軍兼任？	藤原季忠	8.11解
1184 元暦 1	国主 後白河院	藤原宗長 10.6任	3.11	藤原定長
1185 文治 1	国主 壬生兼忠	12.29解 藤原業宗	国主 藤原兼房	
1186　2	国主 12.6 藤原雅頼	12.29任	6.10	
1187　3				
1188　4				藤原保房
1189　5		藤原朝房		
1190 建久 1				
1191　2				
1192　3		源 師信		
1193　4		7.12任		
1194　5				
1195　6				
1196　7				
1197　8				
1198　9		惟宗時賢		
1199 正治 1				

1200	2				藤原知長　兼治部大輔
1201	建仁 1				
1202	2				
1203	3				
1204	元久 1				
1205	2		藤原懐信		
1206	建永 1				
1207	承元 1		中原師公		
1208	2				
1209	3				
1210	4			（権守）	
1211	建暦 1			藤原実嗣	
1212	2				
1213	建保 1				
1214	2	国主		国主	
1215	3	源　通具	大江広元	藤原忠綱	
1216	4		4.1.17任		藤原秀能
1217	5		北条義時		3.6任　（城介）
1218	6		10.3任		安達景盛
1219	承久 1				3.6任
1220	2				
1221	3		（大介平朝臣）		
1222	貞応 1		8.16辞		
1223	2				中条家長
1224	元仁 1		足利義氏		4.10任
1225	嘉禄 1				
1226	2				
1227	安貞 1				
1228	2				
1229	寛喜 1				平　知広
1230	2	国主			
1231	3	鎌倉将軍家			
1232	貞永 1				
1233	天福 1				
1234	文暦 1		藤原信嗣		
1235	嘉禎 1				藤原光衡
1236	2				（城介）
1237	3				二階堂行義　10.27任　安達義景　11.29任

1238 暦仁 1					
1239 延応 1			（権守）		
1240 仁治 1		惟宗景員	藤原季直	藤原清房	
1241　　2			（権守）	12.5任	
1242　　3			三条公泰		
1243 寛元 1					
1244　　2				源 高遠　3.1.13任	
1245　　3				藤原兼久　12.22任	
1246　　4				（小山長村）	
1247 宝治 1		（大介）			
1248　　2		橘（某）			
1249 建長 1		北条重時			
1250　　2		6.4		（紀宗茂？）	
1251　　3					
1252　　4					
1253　　5					（城介）
1254　　6					安達泰盛
1255　　7					12月任
1256 康元 1		北条政村			
1257 正嘉 1		4.5任 6.12遷相模守			
1258　　2					
1259 正元 1					
1260 文応 1					
1261 弘長 1					
1262　　2					
1263　　3					
1264 文永 1					
1265　　2					
1266　　3					
1267　　4		北条時茂			
1268　　5		10.23任			
1269　　6		1.27死			
1270　　7		藤原経良			
1271　　8		北条時村			
1272　　9		7.8任			
1273　　10					
1274　　11					
1275 建治 1					

1276	2					
1277	3					
1278	弘安 1				大江在匡	
1279	2					
1280	3					
1281	4		8.23遷武蔵守			(城介)
1282	5		安達泰盛			安達宗景
1283	6	国主				10.16任
1284	7	堀川基具	北条業時			
1285	8	(?)	8.8任		佐々木頼綱	
1286	9		6.26死			
1287	10					
1288	正応 1				二階堂行春(行藤)	
1289	2		北条宣時		7.24任	
1290	3		6.23任			
1291	4					
1292	5					
1293	永仁 1					
1294	2					
1295	3					
1296	4					
1297	5					
1298	6					
1299	正安 1					
1300	2		9.27死		藤原盛親	
1301	3		北条宗宣		3.6任	
1302	乾元 1		9.27任			(城介)
1303	嘉元 1					安達時顕
1304	2				(二階堂貞藤?)	
1305	3					
1306	徳治 1					
1307	2	(権守)				
1308	延慶 1	一条家房				
1309	2					
1310	3					
1311	応長 1		6.12死			
1312	正和 1		北条国時			
1313	2					

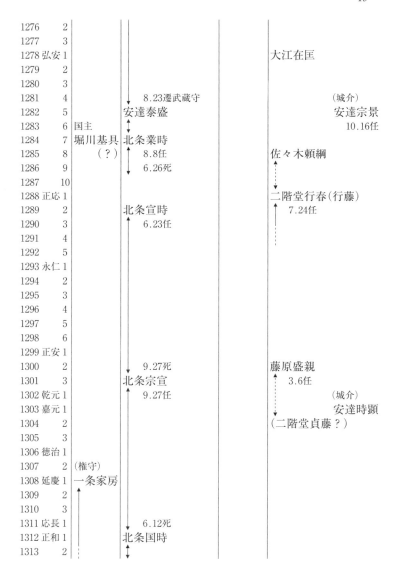

1314	3		北条維貞		
1315	4		10.21任		
1316	5				
1317	文保1				
1318	2				
1319	元応1				
1320	2				
1321	元亨1				八条清秀
1322	2				1.13任
1323	3				
1324	正中1				10.24解
1325	2				（城介）
1326	嘉暦1				安達高景
1327	2		9.7死		
1328	3				
1329	元徳1		北条貞直		
1330	2		12月任		
1331	元弘1				
1332	正慶1		（将軍）		
1333	2		北畠顕家　足利尊氏		葉室光顕
1334	建武1		8.5任　6.5任		8.15任. 城介兼任
1335	2		11.12将軍兼任		（葉室光世？12月任）
1336	3（延元1）				5.21任国死
1337	4（2）		（斯波家長）		

（遠藤　巌）

鎌倉期陸奥・出羽両国の郡(庄・保)地頭一覧表

〔陸　奥　国〕

郡・庄・保	郡(庄・保)地頭
1.　菊田庄	文治5？ 小山氏(朝政—長村—宗朝……) ——→？ 元弘3
2.　好島庄	文治5 岩城氏(清隆—隆宗—隆義………………………隆衡) 元弘3
	〔預所職〕 (東庄)承元2 大須賀通信—宗常-------------→ 元弘3 文治5 千葉常胤—正治2 大須賀胤信—(西庄)大須賀胤村—三浦義村—資村—宝治1 伊賀光宗 ……盛光
3.　白河庄	文治5？ 結城氏(朝光—朝広—祐広—宗広) ——→？ 元弘3
4.　石河庄(郡)	文治5？ 石河氏(光盛・光重系→光義)—北条氏(時頼？—重時—時宗…→) 元弘3 (実際は，下総結城家広綱……朝祐系か)
5.　岩瀬庄	←——建暦3 二階堂行村——→ ←——北条氏——→ 元弘3
6.　田村庄(郡)	藤原姓田村氏(仲能—重教……)→北条氏——————→
7.　標葉庄	←三浦和田氏(時茂—永仁3 義基—義章—義行)——————→
8.　信夫庄	二階堂氏？——→ ←——北条氏？
9.　千倉庄	相馬氏(義胤—土用)——→岩松氏(時兼—経兼—政経—経家)——→
10.　宇多庄	←————北条氏？
11.　長江庄	長沼氏(宗政—時宗………)————→？
12.　蜷河庄	(未詳)
13.(新宮庄)	文治5 三浦氏？———→宝治1 北条氏？——————→
14.(加納庄)	宝治1 北条氏？——————→
15.(門田庄)	文治5 三浦氏？———→宝治1 北条氏？——————→
16.　伊具庄	北条氏(有時—兼義—宗有　……………………………)
17.　南宮庄	建久1 伊沢留守氏(家景—家元—家広—………)→
18.　八幡庄	文治5 平氏(陸奥介景衡—景綱…)——→平姓八幡氏？——→
19.　本吉庄	文治5 熊谷直実？→
20.　小泉庄	(未詳)
21.　栗原庄	文治5？ 和田義盛→建暦3 狩野氏(行光—為佐—為時—為成…)→北条氏？
22.　高倉庄	(未詳)
23.　太田庄	〔預所職〕 毛越寺僧
24.(上田庄)	北条氏——————→

25.　賀都庄　←――東氏？――→

26.　依上保　←――北条氏

27.　小野保（庄）　（未詳）

28.　小手保　［文治・建久頃］興福寺？――→

29.　金原保　北条氏――――→

30.　高城保　［文治５？］千葉常胤？――→

31.　苦谷保　（未詳）

32.　大谷保　［文治・建久頃］菅原氏？――→　――北条氏

33.　長世保　［文治・建久頃］伊佐氏（朝宗―為宗……）→

34.　深谷保　［文治・建久頃］長江氏（義景―景次―［弘安年間］家信……）→

35.　小田保　［文治・建久頃］小田氏（知家―知重…）→　←北条氏？

36.　柳戸保（庄）　（未詳）

37.　安達保　安達氏？（盛長―景盛―義景―泰盛）→［弘安８］北条氏？――→

38.　黄海保　葛西氏（清重…………）――→

39.　興田保　葛西氏（清重…………）――→

40.　奥玉保　←――二階堂氏？――→　←――北条氏

41.　平泉保　幕府直轄〔中尊・毛越両寺惣別当
賢祐―印鑁―定豪―定親―最信―北条一門僧（盛朝―実助―春助…朝演）

42.　遠野保　←阿曽沼氏？（…………朝綱）

43.　岩崎郡　岩崎氏？

44.　岩城郡　岩城氏？

45.　楢葉郡　（未詳）

46.　行方郡　相馬氏（師常―義胤…………）――→

47.　高野郡　八田高野氏

48.　安積郡　［建保年間？］伊東安積氏（祐長―祐能―祐重）――→［弘安・正応年間？］北条氏――→

49.　伊達郡　伊佐伊達氏（朝宗―為重―…………行朝？）

50.　会津郡　［文治５］三浦氏？――→［宝治１］北条氏――→

51.　大沼郡　［文治５］三浦氏？――→［宝治１］北条氏？――→

52.　河沼郡　［文治５］三浦氏？――→［宝治１］北条氏――→

53.　耶麻郡　［文治５］三浦氏？――→［宝治１］北条氏――→

54.　刈田郡　中条刈田氏（義季―西妙）→北条氏（時章―…………）

55.　柴田郡　←小山氏（［正嘉２］朝村―……）→

56.	名取郡	文治5 和田義盛→建暦3 三浦氏(義村—……)→宝治1 北条氏(時頼—………)————→
57.	亘理郡	千葉常胤—千葉武石氏———→　　　←————北条氏
58.	宮城郡	(未詳)
59.	黒河郡	東 胤頼？→　　　←———北条氏(時頼？—…時村—……)
60.	色麻郡	(未詳)
61.	加美郡	文治5 加藤景廉？——→　　　←———足利氏(家時—貞氏—高氏)
62.	玉造郡	←———北条氏(顕時—貞顕—……)
63.	志田郡	文治5 渋谷重国？——→　　　←——北条氏
64.	長岡郡	文治5 畠山重忠→馬場大塚(高泉)氏(資幹…信幹…盛幹)→
65.	新田郡	文治5 小野寺新田氏？→　　　←————北条氏？
66.	遠田郡	文治5？ 宇都宮朝綱—承元4 山鹿遠綱→建暦3 北条氏(泰時—………)————→
67.	牡鹿郡	文治5 葛西氏(清重…………………………)
68.	登米郡	小野寺新田氏？→　　　←北条氏？
69.	桃生郡	山内首藤氏(経俊…時業—通時…)→
70.	岩井郡	文治5 葛西氏(清重—清親—光清………宗清…………………)
71.	伊沢郡	文治5 葛西氏(清重—時重…………………………)
72.	江刺郡	文治5 葛西氏(清重—清親—光清—………宗清…………………)
73.	和賀郡	←中条和賀氏(義行—泰義—盛義—長義)→
74.	稗貫郡	中条家長？———→
75.	斯波郡	足利義兼？——足利斯波氏(家氏…………………………)
76.	岩手郡	文治5 工藤行光→中原光家？→北条氏————————→
77.	気仙郡	文治5 葛西氏？(清重…………………………→)
78.	閉伊郡	←源姓閉伊氏？————→北条氏？————→
79.	久慈郡	北条氏————————→
80.	糠部郡	三浦氏？————→北条氏(時頼…………………泰家)
81.	津軽平賀郡	文治5 宇佐美実政？→建久1 北条氏(義時—泰時…時頼…長時…貞時…………)
82.	津軽山辺郡	文治5 宇佐美実政？→建久1 北条氏(義時-…………………………)
83.	津軽鼻和郡	文治5 宇佐美実政？→建久1 北条氏(義時-…………………………)
84.	津軽田舎郡	文治5 宇佐美実政？→建久1 北条氏(義時-…………………………)
85.	鹿角郡	成田助綱？→　　　←北条氏？
86.	比内郡	浅利氏？

87. 外 浜	北条氏(義時……………………………………………………………)	
88. 西 浜	北条氏(義時……………………………………………………………)	
89. 高用名	建久1 伊沢留守氏(家景—家元—家広—……………)→	
90. 山 村	大河戸(高柳)氏(行元—行頼—忠行—行泰…隆行)→？	

〔出 羽 国〕

1. 成島庄	大江長井氏(……宗秀……)→	
2. 屋代庄	大江長井氏？————→	←——北条氏
3. 北条庄	(未詳)	
4. 長井庄	大江長井氏？(広元—時広……)——→	←——北条氏
5. 大曾根庄	安達大曾根氏(盛長—時長……)——→	
6. 山辺庄	(未詳)	
7. 大山庄 {上大山庄 / 下大山庄}	大江長井氏——→	←——北条氏
8. 成生庄	二階堂氏？——→	〔北庄〕安達氏→北条氏
9. 寒河江庄 {北寒河江庄 / 南寒河江庄}	源仁綱？→大江寒河江氏(親広—広時)<	←——北条氏
		〔南庄〕(未詳)
10. 小田島庄	中条小田島氏(義季—義春…)→	←——北条氏？
11. 大泉庄	武藤大泉氏(資頼—氏平……)——→	←——北条氏？
12. 海辺庄		←——北条氏
13. 遊佐庄	(未詳)	
14. 竹島庄	(未詳)	
15. (長井保)	大江長井氏？——→	
16. (仁賀保)		←——北条氏？
17. (田川郡)	(未詳)	
18. (最上郡)	(未詳)	
19. 由利郡	由利氏(維平？—維久)————→建暦3 大井氏(大弐局—朝光…)→弘安8？ 北条氏？	
20. 雄勝郡	小野寺氏(通綱………)→	←——北条氏
21. 平鹿郡	松葉平鹿氏(助宗—惟泰—惟兼)——→北条氏(時輔？……忠時)	
22. 山本郡	中原親能？→宮道国平？——→北条氏(時頼？……)	
23. (河辺郡)	(未詳)	
24. 秋田郡	橘小鹿島氏(公業—公義…)→安達秋田城介氏————————————→	
25. 小鹿島	橘小鹿島氏(公業…………)→	←——北条氏——→
26. (淳代郡)		←——北条氏？

●実線は系譜の確実なもの，破線は想定分.

(遠藤 巌)

ふりがな ご氏名	年齢　　歳	男・女
〒 □□□-□□□□ ご住所	電話	
ご職業	所属学会等	
ご購読 新聞名	ご購読 雑誌名	

今後、吉川弘文館の「新刊案内」等をお送りいたします(年に数回を予定)。
ご承諾いただける方は右の□の中に✓をご記入ください。 □

注 文 書

月　　日

書　　名	定　価	部　数
	円	部
	円	部
	円	部
	円	部
	円	部

配本は、○印を付けた方法にして下さい。

イ. 下記書店へ配本して下さい。
(直接書店にお渡し下さい)

(書店・取次帖合印)

書店様へ=書店帖合印を捺印下さい。

ロ. 直接送本して下さい。

代金(書籍代+送料・代引手数料)は、お届けの際に現品と引換えにお支払下さい。送料・代引手数料は、1回のお届けごとに500円です(いずれも税込)。

＊お急ぎのご注文には電話、FAXをご利用ください。
電話 03−3813−9151(代)
FAX 03−3812−3544

料金受取人払郵便

本郷局承認

4887

差出有効期間
2023年7月
31日まで

郵便はがき

113-8790

東京都文京区本郷7丁目2番8号

吉川弘文館 行

愛読者カード

本書をお買い上げいただきまして、まことにありがとうございました。このハガキを、小社へのご意見またはご注文にご利用下さい。

お買上**書名**

＊本書に関するご感想、ご批判をお聞かせ下さい。

＊出版を希望するテーマ・執筆者名をお聞かせ下さい。

お買上書店名　区市町　書店

中世奥羽略年表

年代	記事
1051(永承6)	これ以前，安倍頼時(頼良)陸奥国守に叛す．この年，源頼義，陸奥守となる．頼時これに随う．
1053(天喜元)	この年，陸奥守源頼義，鎮守府将軍を兼ねる．〔32〕
1056(天喜4)	8源頼義に安倍頼時追討の宣旨を下す(前九年合戦)．〔10～18〕
1062(康平5)	9安倍貞任，厨川の柵に敗死．前九年合戦おわる．
1063(康平6)	2清原武則，鎮守府将軍となる．〔33〕
1070(延久2)	12陸奥守源頼俊，散位基通らを討ち，閉伊七村の荒夷を平らげ，この月これを朝廷に報告．〔11〕
1083(永保3)	9清原家衡・藤原清衡ら，清原真衡と戦う．陸奥守鎮守府将軍源義家，真衡を助け，家衡らと戦う(後三年合戦)．〔18〕
1087(寛治元)	11出羽の金沢の柵おち，清原実衡・武衡ら滅び，後三年合戦おわる．
1091(寛治5)	6これ以前，平師妙・同師季ら出羽国衙を襲う．
1094(嘉保元)	このころ，藤原清衡，磐井郡平泉に居館を移すという．
1111(天永2)	この年，出羽国に乱逆がある．
1124(天治元)	8平泉金色堂ができる．
1126(大治元)	3平泉中尊寺の伽藍ができる．藤原清衡，供養願文をささげる．〔35〕
1128(大治3)	7藤原清衡死去．
1129(大治4)	藤原基衡，兄弟の惟常と戦う．
1156(保元元)	このころ藤原基衡死去．(7保元の乱)
1170(嘉応2)	5藤原秀衡，鎮守府将軍となる．〔29〕
1181(養和元)	8藤原秀衡，陸奥守となる．〔29〕
1187(文治3)	10藤原秀衡死去．
1189(文治5)	8源頼朝，平泉に入る(平泉藤原氏の滅亡)．〔42〕9頼朝，奥羽両国統治の吉書始をとり行なう．〔52〕
1190(文治6)	2大河兼任の乱，鎮圧される．〔51〕3伊沢家景，陸奥国留守職となる．〔55〕
1200(正治2)	8奥羽両国諸郡郷地頭の所務のことは，秀衡・泰衡の先例を守るべしとの幕府法令あり．〔63，68〕
1239(暦仁2)	1幕府，白河関以東の銭貨流通を禁止．〔63〕
1256(建長8)	6幕府，奥大道の夜討・強盗の取り締りを郡郷地頭に命ず．〔65〕
1258(正嘉2)	8同じく奥羽両国の夜討・強盗禁圧の幕府法令あり．〔65〕
1259(正嘉3)	2陸奥をはじめとする諸国に飢饉．幕府，浪人(被災者)の保護を命ず．〔57〕

1272(文永 9)	6 幕府，平泉中尊寺・毛越寺惣別当の「非法」十八ケ条に関する中尊寺衆徒の訴訟を裁決．〔70〕
1325(正中 2)	6 蝦夷蜂起の責任によって，安藤又太郎季長，蝦夷管領(代官)職を罷免される．〔80〕
1327(嘉暦 2)	6 蝦夷追討使宇都宮高貞・小田高知，鎌倉を進発．〔80〕
1333(元弘 3)	5 六波羅陥落(9 日)，鎌倉陥落(21日)以後，奥羽で北条氏余党の抵抗続く．〔88〕 6 足利尊氏，鎮守府将軍， 8 北畠顕家，陸奥守，葉室光顕，出羽守兼秋田城介に補任される．〔90〕
1334(建武元)	1 陸奥国府体制整う．〔94〕
1335(建武 2)	8 斯波家長，奥州総大将に補任される(12関東執事兼任)．〔105〕 11北畠顕家，鎮守府将軍を兼任．〔103〕 12北畠奥州軍，第 1 次長征に出陣．〔103〕
1336(建武 3 延元元)	3 北畠顕家，鎮守府大将軍として再度下向．〔104〕 5 葉室光顕，出羽国に死す．〔94〕 12後醍醐天皇，吉野に遷幸．〔104〕
1337(建武 4 延元 2)	1 北畠顕家，伊達郡霊山に拠る． 2 石塔義房，奥州大将に補任さる．〔106〕 8 北畠奥羽軍，第 2 次長征に出陣．
1338(建武 5 延元 3)	閏 7 北畠顕信，陸奥介兼鎮守府将軍に補任さる〔104，109〕 9 北畠親房，常陸に入部．
1339(暦応 2 延元 4)	8 後醍醐天皇崩御，陸奥親王義良践祚す．
1340(暦応 3 興国元)	6 北畠顕信，陸奥に入部し，奥羽の合戦激化．〔109〕
1342(康永元 興国 3)	10栗原郡三迫合戦，石塔義房勝利す．〔109〕
1343(康永 2 興国 4)	8 結城親朝，足利方に帰降．〔110〕 11常陸国関・大宝城陥落し北畠親房吉野に帰山．
1345(貞和元 興国 6)	7 畠山国氏・吉良貞家，奥州管領に補任される．〔111〕
1351(観応 2 正中 6)	2 吉良貞家，畠山国氏を国府・岩切城に討つ．このころ，北畠顕信出羽に拠り陸奥国府を攻撃(10〜11陸奥国府を掌握)．〔111，115〕
1352(観応 3 正平 7)	2 足利尊氏，直義を討ち，文和 2 年 9 月まで鎌倉に在陣，奥羽に指令．〔115〕 3 吉良貞経，国府を奪回．北畠顕信，田村庄宇津峯に拠り，合戦続く．
1354(文和 3 正平 9)	春ごろ，吉良貞家死没し，吉良満家・石塔義憲・畠山国詮・斯波家兼ら奥州管領を称して活動を開始．〔116〕
1356(延文元 正平11)	6 斯波家兼死去，斯波直持・兼頼そのあとを継承．〔115〕

1358（延文3／正平13）	4足利尊氏死去．
1367（貞治6／正平22）	4足利義詮，石橋棟義に吉良治家討伐を命ず．〔*115*〕
1368（応安元／正平23）	12足利義満，征夷大将軍となる．
1376（永和2／天授2）	8伊達宗遠と小沢伊賀守，一揆契状を結ぶ．この後，一揆契状盛行する．〔*119*〕
1391（明徳2／元中8）	6幕府，斯波詮持の畠山国詮分郡押領を停め，伊達政宗・葛西満良に遵行を命ず．〔*118*〕
1392（明徳3／元中9）	1幕府，奥州管領を廃止し，奥羽二国を鎌倉府の管轄とす．〔*118*〕
1395（応永2）	この年，小山若犬丸，田村庄司則義・清包の援助をえて田村庄に兵をあげる．〔*135*〕
1399（応永6）	この春，足利満直・満貞，奥州篠川・稲村に下向．〔*137〜39*〕
1400（応永7）	3伊達政宗・蘆名満盛，鎌倉府に叛す．〔*137〜39*〕この年，斯波大崎詮持，奥州探題に補任されたと伝える．〔*140〜41*〕
1404（応永11）	7安積郡を中心とする中小国人20名，一揆契状を結ぶ．〔*127*〕
1410（応永17）	2海道五郡一揆結成される．〔*126*〕
1413（応永20）	4伊達持宗・懸田定勝，鎌倉府に叛す．〔*143*〕
1416（応永23）	10上杉禅秀の乱おこる．〔*143*〕
1423（応永30）	9幕府と鎌倉府の対立激化し，幕府，大崎左京大夫に，篠川に属して鎌倉を伐つことを命ず．〔*146*〕
1428（正長元）	10宇多庄をめぐる白川氏と相馬氏の争いおこる．〔*147〜48*〕
1429（永享元）	5幕府，篠川・伊達・蘆名以下13人の国人に御内書を下し，足利持氏の討伐を命ず．〔*147*〕
1431（永享3）	この年，鎌倉府，幕府と和睦．〔*149*〕
1432（永享4）	10安東氏，南部氏との抗争に敗れ，十三湊からエゾカ島（北海道）に敗走．〔*151*〕
1438（永享10）	8永享の乱おこる．〔*150*〕
1439（永享11）	2足利持氏，鎌倉で自害．〔*150*〕
1440（永享12）	6篠川公方満直，南奥の国人に攻殺される．〔*150*〕
1452（宝徳4）	7幕府，造内裏段銭徴収を奥州探題大崎氏に命ず．〔*154*〕
1454（享徳3）	12足利成氏（古河公方）と上杉氏との間に抗争おこる．さらに古河・堀越両公方の争いに発展．〔*132，152*〕
1457（康正3）	4奥州探題大崎教兼，南部一族の官途を推挙する．〔*154〜56*〕
1460（長禄4）	10幕府，東国・奥羽の諸氏に足利成氏追討の御内書を下す．〔*152*〕
1483（文明15）	10伊達成宗上洛し，将軍義政に謁す．〔*162*〕
1499（明応8）	この年，大崎氏の領内紛乱．〔*153*〕

1514(永正11)	2伊達稙宗，最上領長谷堂城を攻略．〔*167*〕
1522(大永2)	この春，伊達稙宗，陸奥国守護職となる．〔*167*〕
1532(天文元)	この年，武藤氏，一族砂越氏維に攻められ，大宝寺より尾浦に移る．〔*174*〕
1534(天文3)	8南部三戸氏，胆沢郡の柏山明吉らと戦う．〔*170*〕
1535(天文4)	3伊達稙宗，棟役日記を作成．〔*168*〕
1536(天文5)	4伊達稙宗，塵芥集を制定．〔*168*〕
1538(天文7)	9伊達稙宗，段銭古帳を作成．〔*168*〕
1540(天文9)	この年，南部三戸氏，戸沢氏を攻め，岩手郡より仙北郡に走らせる．〔*170*〕
1542(天文11)	6伊達氏天文の乱おきる．〔*166*〕
1553(天文22)	1伊達晴宗，家中に判物を交付(采地下賜録)．〔*168*〕
1560(永禄3)	この年，蘆名盛氏，徳政令を発す．蘆名氏の徳政は以後数回に及ぶ．〔*195*〕
1562(永禄5)	この年，安東愛季，浅利則祐を謀殺．〔*171*〕
1566(永禄9)	6蘆名盛氏・白川晴綱，八槻別当に佐竹との戦勝祈願を命ず．〔*176*〕
1568(永禄11)	9武藤義増，上杉輝虎に服属．〔*174*〕(9織田信長，足利義昭を奉じて入京．)
1572(元亀3)	10蘆名盛隆，耶麻郡に徳政令を発す．〔*195*〕
1575(天正3)	1白川義親，同義顕を追う．2佐竹義重，白川領全土を征服．〔*176*〕
1579(天正7)	この年，佐竹義広，白川家に入嗣．〔*176*〕
1580(天正8)	このころ，最上義光，一族の天童・東根・楯岡らを滅ぼす．〔*174*〕
1582(天正10)	1信直，南部三戸の家督を相続．〔*171*〕(6本能寺の変)
1584(天正12)	6最上義光，白鳥・寒河江両氏を滅ぼす．〔*174*〕
1585(天正13)	7秀吉，金山宗洗を奥羽に遣す．〔*210*〕10秀吉，九州に私戦禁止を発令．〔*210*〕
1586(天正14)	1秀吉，東国出馬を表明．〔*210*〕夏，南部信直，前田利家に使者を送る．〔*211*〕7伊達政宗，二本松領を入手，安達郡を掌握．〔*176*〕9秀吉，上杉景勝に伊達・蘆名の取次を委ねる．〔*210*〕
1587(天正15)	3白川義広，蘆名家に入嗣．〔*176*〕夏，南部信直，前田利家と誓約．〔*211*〕10最上義光，庄内(武藤氏)を制す．〔*174*〕12秀吉，奥羽両国に惣無事を発令．〔*213*〕
1588(天正16)	閏5秀吉の上使金山宗洗，再び奥羽に下向．〔*213*〕6南奥一和．〔*214*〕7最上義光，末吉平次郎に過所を与える．〔*215*〕8上杉方，庄内を制す．秀吉，当事者を召喚．〔*174*，*214*〕9金山宗洗，米沢から帰京．

1589(天正17)	2湊通季，秋田(安東)実季に叛す(湊合戦)．〔*171*〕6伊達政宗，蘆名義広を破り会津を掌握(磨上原合戦)．ついで南奥を統一．〔*178, 216*〕7秀吉，伊達の会津占拠を糾弾(石田三成，蘆名遺臣に軍事援助)．〔*217*〕8北羽争乱，秀吉は秋田領の没収を内定．〔*216*〕11秀吉，北条氏への宣戦を布告．〔*219*〕
1590(天正18)	6奥羽大名，関東(小田原)参陣．〔*219*〕7奥羽仕置はじまる．領知安堵，蒲生・木村ら豊臣大名を奥州に配置．〔*220*〕9検地終わり，豊臣軍引揚げ開始．奥羽に一揆おこる．〔*224*〕この年，蛎崎慶広上洛か．〔*231*〕12石高による領知の公定はじまる．〔*223*〕
1591(天正19)	1伊達政宗・蒲生氏郷を，京に召喚．九戸一揆おこる．〔*226〜27*〕6奥郡仕置の大動員令．豊臣軍ふたたび奥羽に展開．〔*228*〕8伊達氏の国替決定．検地再開．〔*228*〕9奥羽の一揆終熄．豊臣軍引揚．唐入の動員令．〔*230*〕
1592(文禄元)	4奥羽大名の軍，九州名護屋に参陣．〔*231*〕5人掃令，伊達領に実施．〔*233*〕このころ，国替の風説．〔*233*〕9藤島・九戸一揆動く．〔*235*〕仙北の百姓ら課役を拒否．〔*233*〕
1593(文禄2)	4〜9伊達軍，朝鮮南部に転戦．〔*236*〕5南部信直・最上義光ら名護屋本陣の日本のつき合，厭戦の風を国もとに報ず．〔*234〜37*〕閏9伊達など奥羽大名帰陣．出陣21ヵ月におよぶ．

●記事のはじめの数字は月を，〔　〕内の数字は参照すべき本文の頁数を示す．

参考文献目録

〔研究文献〕

朝尾直弘「豊臣政権論」，岩波講座『日本歴史』近世１，1963年
朝日新聞社編『中尊寺と藤原四代』朝日新聞社，1950年
井川一良「封建社会の形成と近世初期検地」，『歴史』28，1964年
石母田正「辺境の長者―秋田県横手盆地の歴史地理的一考察―」，『歴史評論』92・95・96，1958年（『日本古代国家論』第２部，岩波書店，1973年，所収）
板橋　源『奥州平泉』至文堂，1961年
伊藤喜良「鎌倉府覚書」，『歴史』42，1972年
伊藤喜良「奥州探題に関する二，三の論点」，『歴史』50，1977年
入間田宣夫「郡地頭職と公田支配―東国における領主制研究のための一視点―」，『東北大学日本文化研究所研究報告』別巻６，1968年
入間田宣夫「金沢氏と陸奥国玉造郡地頭職」，『金沢文庫研究』16-３，1970年
榎森　進「北海道近世史研究の諸問題」，『松前藩と松前』２，1972年
遠藤　巌「奥州管領おぼえ書き」，『歴史』38，1969年
遠藤　巌「建武政権下の陸奥国府に関する一考察」，『日本古代・中世史の地方的展開』吉川弘文館，1973年
遠藤　巌「石巻地方における中世的開発に関する一考察―特に長者伝説の分析から―」，宮城県石巻工業高校創立10周年記念論集『石巻地方の歴史と民俗』1973年
遠藤　巌「中世国家の東夷成敗権について」，『松前藩と松前』９，1976年
遠藤　巌「平泉惣別当譜考」，『国史談話会雑誌』17，1974年
及川儀右衛門（大渓）「奥州探題考」，『盛岡短大研究報告』３，1954年（『みちのく中世豪族』下巻，国書刊行会，1976年，所収）
大石直正「陸奥国中尊寺領の構成」，『東北学院大学論集歴史学・地理学』３，1972年
大石直正「史料紹介『境沢文書』」，『東北学院大学東北文化研究所紀要』７，1976年
大島延次郎「吉野時代における朴沢鬼柳両氏の去就」，『史学雑誌』50-１，1939年
大島正隆「北奥大名領成立過程の一断面」，『喜田博士追悼国史論集』1942年
大島正隆「奥州留守氏考」，『仙台郷土研究』13，1943年
大塚徳郎「鎌倉室町両幕府奥羽支配形態の変遷」，『地域社会研究』５，1953年
大槻文彦「伊達行朝勤王事蹟の大要」，『史学雑誌』８-５，1896年
大山喬平『鎌倉幕府』，小学館『日本の歴史』９，1974年
小川　信「奥州管領吉良貞家の動向」，『歴史』46・47，1974年
小川　信「奥州管領斯波氏の発足」，『日本歴史』342，1976年
海保嶺夫「北海道における封建制諸段階設定への一試論」，『地方史研究』119，1972年
海保嶺夫「松前藩家臣団の成立―道南における中世的世界の解体過程―」，『松前藩と

松前』9，1976年
勝俣鎮夫「戦国法」，岩波講座『日本歴史』中世4，1976年
加藤民夫「豊臣政権下の六郷領」，『秋大史学』21，1974年
加藤民夫「北奥羽における石高制の成立」，『秋大史学』24，1977年
菊池利雄「奥州森山村」，『国見町郷土の研究』5，1975年
喜田貞吉「源頼朝奥州役後の処分と『みちのく』の蝦夷」，『歴史地理』69-5，1930年
小林清治「東北大名の成立」，『東北史の新研究』文理図書出版社，1955年
小林清治「仙台領における太閤検地」，『歴史』13，1956年
小林清治『伊達政宗』吉川弘文館，1959年
小林清治「戦国大名下級家臣団の存在形態—伊達家名懸衆の研究—」，『福島大学学芸学部論集』17-1，1965年
小林清治「天文期伊達家臣団の知行分布状況—『伊達晴宗采地下賜録』による分析一覧—」，『福島大学教育学部論集』18-1，1966年
小林清治「奥羽における戦国大名の成立と守護職」，『歴史』34，1967年
小林清治「東昌寺と陸奥安国寺」，『福大史学』12，1971年
小林清治「伊達氏と奥州探題職」，『福大史学』18，1974年
小林清治「陸奥国田村荘における大名権力と荘園制」，『福大史学』20，1975年
小林　宏「塵芥集に於ける若干の問題」，『法学論叢』73-2，1962年（『伊達家塵芥集の研究』創文社，1970年，所収）
小林　宏「塵芥集の成立と伊達家天文の乱」，『法学論叢』80-2，1966年（『伊達家塵芥集の研究』創文社，1970年，所収）
佐々木光雄「奥州惣奉行小考—葛西清重を中心に—」，『東北歴史資料館研究紀要』2，1976年
佐々木光雄「陸奥国留守職小考」，『東北歴史資料館研究紀要』3，1977年
佐々木宗雄「陸奥国検断職についての再検討」，『文化史学』31，1975年
佐々木慶市「陸奥国好島庄補考」，『東北学院大学東北文化研究所紀要』2，1970年
佐々木慶市「東国における庄園制解体過程の一断面」，『日本古代・中世史の地方的展開』吉川弘文館，1973年
塩谷順耳「南北朝期北奥の農民層について」，『歴史』32，1966年
塩谷順耳「北羽戦国大名の趨勢—その成立と家臣団—」，『秋大史学』16，1968年
塩谷順耳「北羽織豊大名領の景観」，『秋大史学』22，1975年
司東真雄「南北朝期における時衆教団側面観」，『岩手史学研究』33，1960年
鈴木　勲「陸奥・出羽両国の買地安堵状について」，『山形県地域史研究』2，1977年
鈴木節夫「葛西・大崎一揆」，『仙台郷土研究』5-1・3・6，1935年
鈴木　登「戦国末期由利地方における一勢力の形態」，今村教授退官記念『秋田地方史の研究』1973年
高橋健一「伊達氏外様家臣団論考」，『福大史学』21・22，1976年
高橋富雄「奥州惣奉行について」，『歴史』2，1950年

高橋富雄『奥州藤原氏四代』吉川弘文館，1958年
高橋富雄『蝦夷』吉川弘文館，1963年
高橋富雄「平泉政権の成立とその権力構造」，『東北大学日本文化研究所研究報告』別巻２，1964年
高橋富雄『胆沢城』学生社，1971年
高橋富雄『古代蝦夷』学生社，1974年
戸田芳実「国衙軍制の形成過程」，日本史研究会史料研究部会，『中世の権力と民衆』創元社，1970年
豊田　武「初期の封建制と東北地方」，『東北史の新研究』文理図書出版社，1955年
豊田　武（編）『東北の歴史』上巻，吉川弘文館，1967年
豊田武・遠藤巖・入間田宣夫「東北地方における北条氏の所領」，『東北大学日本文化研究所研究報告』別巻７，1970年
長井政太郎「散村の発達―特に鬼面川扇状地の場合―」，『山形大学紀要人文科学』２－１，1952年
長井政太郎「置賜地方の豪族聚落」，『山形県文化財調査報告書』1956年
長井政太郎・工藤定雄「在家と村落」，『山形大学紀要人文科学』３－４，1957年
新野直吉『古代東北の覇者』中央公論社，1974年
日本歴史地理学会（編）『奥羽沿革史論』歴史図書社，1972年再刊
藤木久志「戦国大名制下における買地安堵制」，『地方史研究』81，1966年（『戦国社会史論』東京大学出版会，1974年，所収）
藤木久志「戦国大名制下の守護職と段銭」，『歴史』32，1966年（『戦国社会史論』東京大学出版会，1974年，所収）
古田良一「秋田家文書による文禄慶長初期北国海運の研究」，『社会経済史学』11－３・４，1942年
古田良一「津軽十三湊の研究」，『東北大学文学部研究年報』７，1956年
誉田慶恩「伊達領における段銭徴収について」，『歴史の研究』９，1962年（『東国在家の研究』法政大学出版会，1977年，所収）
誉田慶恩『最上義光』人物往来社，1967年
誉田慶恩「東国地頭の在家支配について」，『日本社会経済史研究（近世編）』吉川弘文館，1967年（『東国在家の研究』法政大学出版会，1977年，所収）
三鬼清一郎「朝鮮役における軍役体系について」，『史学雑誌』75－２，1966年
三鬼清一郎「水主役と漁業構造」，『日本社会経済史研究（近世編）』吉川弘文館，1967年
三鬼清一郎「人掃令をめぐって」，『名古屋大学日本史論集』下巻，1975年
森　茂暁「南朝局地勢力の一形態」，『日本歴史』327，1975年
山口啓二「藩体制の成立」，岩波講座『日本歴史』近世２，1963年（『幕藩制成立史の研究』校倉書房，1974年，所収）
山口啓二「豊臣政権の成立と領主経済の構造」，『日本経済史大系』３，東京大学出版会，1965年（『幕藩制成立史の研究』校倉書房，1974年，所収）

渡部正俊「篠川・稲村御所をめぐる歴史の展開(上)」,『福島史学研究』復刊22, 1976年
渡辺世祐『関東中心足利時代之研究』雄山閣, 1926年(新人物往来社復刊, 1971年)

〔地方史誌・史料集〕

『会津若松史』2,「築かれた会津」, 会津若松市, 1965年
『青森県史』1～5, 青森県, 1926年
『秋田県史』資料古代中世編, 秋田県, 1961年
『岩手県中世文書』上・中・下, 岩手県教育委員会, 1960・63・68年
『上杉家文書』1～3　大日本古文書・家わけ12, 東京大学史料編纂所
『奥州平泉文書』岩手県教育委員会, 1958年
『奥州藤原史料』東北大学東北文化研究会編, 吉川弘文館, 1959年
『九戸地方史』上, 森嘉兵衛著, 九戸地方史刊行会, 1970年
『大和町史』上, 宮城県大和町, 1975年
『伊達家文書』1～3　大日本古文書・家わけ3, 東京大学史料編纂所
『伊達史料集』上・下, 小林清治編, 人物往来社, 1967年
『中世政治社会思想』上　日本思想大系21, 岩波書店, 1972年
『鶴岡市史』上, 鶴岡市, 1962年
『南部家文書』鷲尾順敬編, 吉野朝史蹟調査会, 1939年
『弘前市史』藩政編, 弘前市, 1963年
『福島県史』1原始・古代・中世, 福島県, 1969年
『福島県史』7古代中世資料, 福島県, 1966年
『松前史年表』松前町, 1972年
『松前町史』史料編・第1巻, 松前町, 1974年
『宮城県史』1古代・中世史, 宮城県, 1957年
『宮城県史』2近世史, 宮城県, 1966年
『宮城県史』30古代中世資料, 宮城県, 1965年
『盛岡市史』2, 盛岡市, 1958年
『山形県史』資料篇14・慈恩寺史料, 山形県, 1974年
『山形県史』資料篇15上・古代中世史料1, 山形県, 1977年

本書は、一九七八年に東京大学出版会より刊行されました。
復刊に当たっては、第六刷（一九九八年）を底本といたしました。

編者略歴

小林清治

一九二四年　北海道に生まれる
一九四八年　東北大学法文学部（国史専攻）卒業
福島大学教授、東北学院大学教授などを歴任
二〇〇七年　没

〔主要著書〕
『秀吉権力の形成』（東京大学出版会、一九九四年）
『伊達政宗の研究（新装版）』（吉川弘文館、二〇一七年）

大石直正

一九三一年　東京府に生まれる
一九六〇年　東北大学大学院文学研究科博士課程単位取得退学
東北大学助手、東北学院大学文学部教授などを歴任
二〇二一年　没

〔主要編著書〕
『奥州藤原氏の時代』（吉川弘文館、二〇〇一年）
『平泉と奥州道中』（共編、吉川弘文館、二〇〇三年）

中世奥羽の世界（新装版）

二〇二二年（令和四年）二月十日　第一刷発行

編　者　小《こ》林《ばやし》清《せい》治《じ》
　　　　大《おお》石《いし》直《なお》正《まさ》

発行者　吉川道郎

発行所　株式会社　吉川弘文館
郵便番号一一三―〇〇三三
東京都文京区本郷七丁目二番八号
電話〇三―三八一三―九一五一（代表）
振替口座〇〇一〇〇―五―二四四番
http://www.yoshikawa-k.co.jp/

組版＝株式会社キャップス
印刷＝藤原印刷株式会社
製本＝誠製本株式会社
装幀＝河村　誠

ISBN978-4-642-08408-6